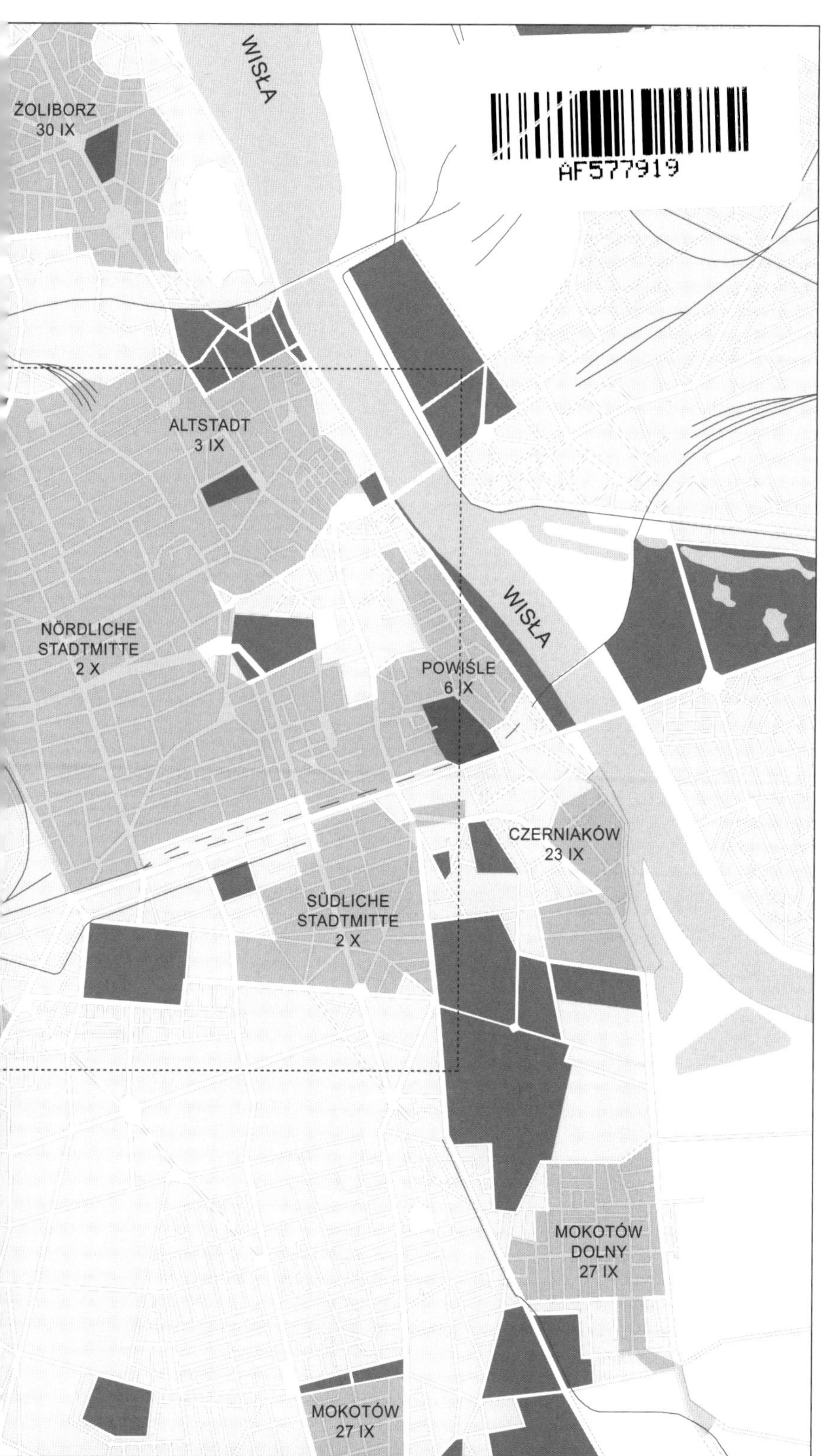
WISŁA
ŻOLIBORZ
30 IX
ALTSTADT
3 IX
NÖRDLICHE
STADTMITTE
2 X
WISŁA
POWIŚLE
6 IX
CZERNIAKÓW
23 IX
SÜDLICHE
STADTMITTE
2 X
MOKOTÓW
DOLNY
27 IX
MOKOTÓW
27 IX

SV

Band 1508 der Bibliothek Suhrkamp

Miron Białoszewski
Erinnerungen aus dem Warschauer Aufstand

Aus dem Polnischen übersetzt
und mit einem Nachwort
von Esther Kinsky

Suhrkamp

Die Originalausgabe erschien 1970 unter dem Titel
Pamiętnik z powstania warszawskiego;
die Übersetzung folgt der neuen, um die zensurbedingt gestrichenen Stellen erweiterten Ausgabe, die 2014 bei PIW in Warschau erschienen ist.

Erste Auflage 2019

Satz: Satz-Offizin Hümmer GmbH, Waldbüttelbrunn
Karten im Vorsatz: Paweł Kwiatkowski
Druck: Pustet, Regensburg
Printed in Germany
ISBN 978-3-518-22508-0

Erinnerungen aus dem Warschauer Aufstand

Am Dienstag, den 1. August 1944 war es bedeckt, nass, es war nicht besonders warm. Am Nachmittag bin ich wohl hinaus auf die Chłodna gegangen (damals meine Straße, Hausnummer 40), und ich erinnere mich an die vielen Straßenbahnen, Autos, Menschen und dass mir gleich an der Ecke Żelazna das Datum einfiel, der 1. August, und ich dachte bei mir etwa in diesen Worten:

»1. August – Fest der Sonnenblumen«. Allerdings ist mir das so in Erinnerung, dass ich die Chłodna in Richtung Kercelak vor mir hatte. Doch woher die Assoziation mit Sonnenblumen? Weil sie um diese Zeit blühen, ja verblühen, weil sie reif werden … Und damals, da war ich naiver und sentimentaler, ungewieft, so stand einem der Sinn in diesen Zeiten, naiv, ursprünglich, irgendwie sorglos, romantisch, mit Untergrund, Krieg … Also – irgendwo musste dieses Gelb ja sein – das Licht, dieses Schlechtwetter mit diesem Hervorkommenwollen (und ja dann auch Durchbrechen) der Sonne, auf den roten Trambahnen, wie es in Warschau so ist.

Ich werde aufrichtig sein, mich auf das alles in Tatsächlein besinnen, vielleicht zu detailliert, aber dafür wird es nur die Wahrheit sein. Jetzt bin ich fünfundvierzig, dreiundzwanzig Jahre ist es her, ich liege auf der Couch, unversehrt, lebendig, frei, bei guter Gesundheit und Laune, es ist Oktober, Nacht, das Jahr 67, Warschau hat wieder eine Million dreihunderttausend Einwohner. Ich war siebzehn Jahre alt, als ich mich eines Abends ins Bett legte und zum ersten Mal Artillerie hörte. Das war die Front. Es muss der 2. September

1939 gewesen sein. Mein Schrecken damals war berechtigt. Fünf Jahre später – und die so wohlbekannten Deutschen spazierten in Uniform durch die Straßen.

(Ich benutze hier die Bezeichnung »Deutsche«, und nicht nur hier, denn sonst hört es sich künstlich an. Die Wlassow-Leute[1] wurden ja auch oft für Ukrainer gehalten. Wir wussten, dass die Nazis nicht nur Deutsche waren. Wir sahen es sogar. 1942, nach der Liquidierung des kleinen Ghettos, waren es die Letten, die mir in Erinnerung geblieben sind. Mit Gewehren. Ganz in Schwarz. Sie standen längs der Sienna. Dicht an dicht. Auf dem arischen Gehsteig. Und tage- und nächtelang behielten sie unverwandt die Fenster auf der jüdischen Seite der Sienna im Blick. Das waren Reste von Fensterscheiben in den Rahmen, mit Federbetten zugestopft. Leichenflaum. An der Straße – dieser einen Straße – verlief von der Żelazna bis zur Sosnowa keine Mauer, sondern Stacheldraht. Der Länge nach. Die Fahrbahn, die Pflastersteine – auf der anderen Seite standen Unkraut und Hahnenfuß schon hoch – waren ganz schrundig und grau verkohlt. Und trotzdem hockten die da. Und zielten. Und ich weiß noch, wie ab und zu einer schoss. Dort in die Fenster hinein.)

An diesem 1. August also hatte meine Mutter so gegen zwei Uhr Nachmittag gesagt, ich solle zu Teiks Kusine in die Staszica gehen und Brot holen; offensichtlich war kein Brot da, und sie hatten das so abgemacht. Ich ging los. Und als ich zurückkam, das weiß ich noch, waren überall sehr viele Menschen, und es ging schon drunter und drüber.

»Auf der Ogrodowa haben sie zwei Deutsche getötet«, hieß es.

Ich bin wohl nicht dorthin gegangen, wohin ich sollte, denn da ging es sofort los mit Festnahmen, trotzdem muss ich wohl doch über die Ogrodowa gegangen sein. Der Aufruhr dort in Wola kann auch ganz lokal begrenzt gewesen sein, denn ich traf mich dann später mit Staszek P., dem Komponisten, und Staszek sagte lachend:

»Und meine Mutter hat noch gesagt, heute ist so ein ruhiger Tag.«

Staszek hatte selbst jede Menge Tiger gesehen.

»Da sind Panzer, groß wie Häuser.«

Sie waren also unterwegs. Jemand hatte gesehen, wie an der Mazowiecka 11 tausend Berittene (unsere Leute) ankamen. Es sah also nicht überall gleich aus. Aber es war noch nicht fünf, die »Stunde W«. Staszek und ich sollten zur Chłodna 24 gehen, zu Irena P., einer Freundin von mir aus der Untergrunduni. (Unser Polonistikseminar war Ecke Świętokrzyska und Jasna, im zweiten Stock, da saßen wir auf Schulbänken, Handelsschule Tynelski nannte sich das.) Wir sollten also um fünf bei ihr sein (um sieben war ich mit Halina verabredet, die in der Chmielna 32 wohnte, bei meinem Vater und Zocha), und weil es noch zu früh war, gingen wir die Chłodna von der Żelazna bis zur Waliców hinunter und zurück. Ein Küster rollte auf den Eingangsstufen einen Teppich aus und stellte grüne Bäume in Kübeln auf, für eine Prunkhochzeit. Plötzlich sehen wir, wie der Küster alles wieder wegräumt, den Teppich aufrollt, die Kübel mit den Bäumen wegschafft, ganz schnell, das hat uns zu denken gegeben. Und am Tag davor, glaube ich, also am 31. Juli, war Roman Ż. gekommen, um sich von uns zu verabschieden. Man hörte gerade die sowjetische Front, Panzerblitze und gleichzeitig Bomber über den deutschen Stadtteilen. Wir gingen also bei Irena vorbei. Es war noch vor fünf. Wir reden, auf einmal Schüsse. Dann irgendwie schwerere Waffen. Geschütze waren zu hören. Und überhaupt alles Mögliche. Und dann ein Schrei:

»Hurraaa!«

»Der Aufstand!«, sagten wir uns sogleich, wie alle in Warschau.

Seltsam. Denn dieses Wort hatte man vorher noch nie im Leben gebraucht. Nur in Geschichte, es kam in Büchern vor. Bis zum Überdruss. Und hier, schlagartig ... ist es da, und zwar so mit »Hurraaa« der Menge, und Tamtam. Dieses »Hurraaa« und Tamtam, das war die Eroberung des Gerichtsgebäudes von der Ogrodowa aus. Es regnete. Wir hielten Ausschau, versuchten so viel wie irgend möglich mitzubekommen. Irenas Fenster gingen auf den zweiten Hinterhof mit einer roten Mauer am hinteren Ende, und hinter der Mauer zog sich ein weiterer Hof bis an die Ogrodowa, mit einem Sägewerk, mit Schuppen, Holzstapeln, Wagen. Wir schauen, da kommt einer in deutscher Felduniform, mit Feldmütze und Armbinde, er springt über die Mauer aus jenem Hof dort in unseren. Er sprang auf unseren Mistkübel mit Deckel. Vom Kübel auf einen Hocker, vom Hocker auf den Asphalt.

»Der erste Aufständische!«, riefen wir aus.

»Ach, Mironek, weißt du, dem würde ich mich glatt ergeben«, sagte Irena hingerissen zu mir, durch den Vorhang hindurch.

Gleich darauf kamen Leute von der Ogrodowa auf den anderen Hof gerannt und packten Bretter und Wagen für die Barrikaden.

Später – das weiß ich noch –, nachdem Staszek Nudeln gekocht und wir gegessen hatten, spielten wir irgendein Spiel, blätterten in »Gargantua« von Rabelais (für mich die erste Begegnung mit ihm). Und gingen schlafen. Natürlich wurde es nicht still. Die ganze Zeit nicht. Nur die schwereren Kaliber sind leiser geworden, das wusste man später. Irena ging also in ihrem Zimmer schlafen. Und Staszek und ich im Bett ihrer Mutter, im Zimmer der Mutter, die nicht aus der Stadt nach Haus gekommen war, versteht sich. Es regnete. Niesel. Es war kühl. Man hörte die Maschinengewehre – dieses Rattern. Serien, mal näher, mal ferner. Und bunte Leuchtraketen. Ab und zu. Am Himmel. Darüber sind wir wohl eingeschlafen.

Von Bombardierungen hatte ich so richtig zum ersten Mal 1935 gehört. Als die italienischen Faschisten Abessinien angriffen. Da saß die hinkende Mania bei uns, sie hatte Kopfhörer auf und hörte Radio, und auf einmal verkündete sie:

»Addis-Abeba wird bombardiert.«

Ich stellte mir das Haus in der Wronia vor, das von Tante Natka, ich weiß nicht, warum ausgerechnet das, und den fünften Stock, dass wir da auf dem Treppenabsatz sind, zwischen viertem und fünftem Stock. Und mit der Treppe zusammen einstürzen. Danach habe ich sofort gedacht, dass das doch unmöglich ist. Aber – wie sieht es denn aus?

Was war am 2. August 1944? Im Westen lief seit Juni die Offensive der Alliierten durch Frankreich, Belgien, Holland. Und von Italien aus. Die russische Front stand an der Weichsel. In Warschau brach der zweite Tag des Aufstands an. Das Dröhnen von Explosionen weckte uns auf. Es regnete.

Man begann sich zu organisieren. Blockweise. Wachen. Ummodeln der Keller. Ummodeln der Duchgänge zu Tunneln. Nächtelang. Barrikaden. Zuerst dachten die Leute, alles sei geeignet, so wie die mit den Brettern und Karren vom Sägewerk an der Ogrodowa. (Die ganze Ogrodowa – die konnten wir ja aus den Fenstern sehen – war polnisch geflaggt – ein merkwürdiger Feiertag!) In den Höfen Versammlungen und Beratungen. Bestimmen – wer, was. Wohl auch schon ein Blättchen gabs. Eine Aufstandszeitung. Überhaupt die Aufständischen. Sie zeigten sich jetzt. In deutschem Zeug, was ihnen zwischen die Finger gekommen war: Helm, Stiefel, mit weiß der Himmel was in der Hand – Hauptsache, es schoss. Wir warfen einen Blick auf die Chłodna hinaus. Wahrhaftig: eine Front hatte sich gebildet. In ganz Warschau. Aus dem Boden gewachsen. Oder besser gesagt, etliche Fronten. Die erste Nacht hatte sie gefestigt. Und der Tag ließ sie nun vorrücken. Das berichteten die Zeitungen. Es krachte. Von allen Fronten. Geschütze. Bomben. Maschinengewehre. Vielleicht die Front? Die richtige, die deutsch-russische? Aus der Gegend von Modlin kam sie nach Warschau (unsere große Hoffnung). Von Wola kam noch nichts Schreckliches. Doch mit der Chłodna sah es schwierig aus. Irgendwie war sie schon unser Gebiet. Mit all den Flaggen. Aber an der Ecke Walicków und Chłodna war eine Wache. Ecke Chłodna – Żelazna – die zweite Wache – das Haus mit den Pfeilern. Wache, das hieß ein Haus, das ganz deutsch besetzt war, und das hieß – Schüsse aus allen Etagen (insgesamt fünf). Mit Maschinengewehren. Granaten. Immer wieder einzelne Schüsse vom Dach, hinterm Schornstein hervor, ein Verwundeter, ein Toter. Das waren die Verborgenen, die da schossen.

»Taubenhalter«[2] wurden sie genannt. Man rannte ihnen hinterher, suchte sie, nichts. Sie schossen aus unseren Häusern. Später erwischten sie ab und zu einen. Aber es waren viele. Die ganze Zeit. Bis zum Schluss. Angeblich kamen sie den anrückenden Panzern hinterher und sprangen in die Tore. Granaten krachten aus den deutschen Geschützen, von Wola her, vom Güterbahnhof, oder den Gleisen, vom Panzerzug, vom Sächsischen Garten aus. Flieger kamen im Tiefflug und warfen Bomben ab. Immer wieder. Oft. Manchmal alle halbe Stunde. Und noch öfter. Und die Panzer. Und von den Mirów-Hallen her. Und von Wola. Sie wollten eine Trasse erstürmen oder freibomben. Über die Chłodna. Die ersten Barrikaden, die provisorischen aus Holz, taugten nichts, die Panzer rollten einfach über sie weg. Die Granaten ließen sie sofort in Flammen aufgehn. Oder die Brandbomben. Ich weiß noch, wie sie aus dem Haus an der anderen Ecke von Chłodna und Żelazna, dem gegenüber der Wache, Tische, Stühle, Schränke aus dem zweiten Stock auf die Straße warfen, und unten standen die Leute wartend, packten sofort alles und rauf damit auf die Barrikaden. Und sofort fuhren die Panzer alles platt.

Dann fing man an, Platten aus dem Trottoir zu reißen, Pflastersteine aus der Straße. Es gab Werkzeug dafür. Die Straßenbahnler hatten für den Aufstand soundsoviele eiserne Brechstangen und Spitzhacken beiseitegeschafft. Die verteilten sie an die Leute. Und damit wurde das Pflaster aufgerissen, die Platten hochgestemmt, die harte Erde aufgebrochen. Doch diese beiden Wachen, die störten sehr. Ich weiß noch, dass meine Mutter plötzlich am Haus Nummer 24 auftauchte, auf dem Hof bei Irena. Sie machte sich Sorgen um mich. Sie war von jenseits der Żelazna gelaufen gekommen, von der Chłodna 40. Sie hatte was zu essen mitgebracht. Ich wollte lieber mit Staszek bei Irena bleiben. Ich brachte meine Mutter bis zur Ecke. Diese Ecke bei der Wache. Wir trennten uns sofort, und jeder ging in seine Richtung. Alles gebückt, im Laufen, in Deckung an den Barrikaden lang. Über der Kreuzung selbst hatten sich die gerissenen Oberleitungen irgendwie verheddert und verwickelt – vom Beschuss war das –, und außerdem hatte einer ein Hitlerporträt darangehängt, was die Deutschen erboste. Und sie schossen auf die Kreuzung. Die Taubenhalter ließen es qualmen.

Ich kann nicht mehr genau auseinanderhalten, was am 2. und was am 3. August passiert ist (Mittwoch und Donnerstag). Beide Tage waren bedeckt, und es nieselte. Brände gab es schon, Bomben. An beiden Tagen mussten wir runter. »In den Luftschutzraum!« – das hieß einfach in den Keller. Zu Beratungen auf den Hof, zum Wacheschieben, zur Arbeit beim Schweißen, beim Bau der Barrikaden. Noch wohnte man oben, im dritten Stock. Aber man hielt sich im Flur auf, allenfalls in der Küche, in den innersten Räumen jedenfalls, weil die Geschosse einschlugen. Einmal rannten Irena P. und ich hinunter, ohne Schuhe, glaube ich, der Fliegerangriff fing schon an, mit Bomben. Staszek saß gerade auf der Toilette. Die Bomben fielen schon. Aber auf unser Haus keine. Ein paar Minuten später kam Staszek herunter:

»Also wisst ihr, ich sitz auf dem Klo, da geht die ganze Schüssel samt Brille und mir einen Stock tiefer ... Also ich sag euch ...«

Doch man konnte nicht direkt auf die Chłodna hinaus. Klar. Das Tor war verbarrikadiert wie alle anderen. Wir beschlossen, die Fahne zu hissen. Steckten sie so auf, dass sie durch das Eisengitter hinausragte.

»Habacht!« und: *Noch ist Polen nicht verloren.*

Die Deutschen ballerten los. Auf die Flagge. Aufs Tor. Einer kriegte was am Finger ab. Wohl der Leutnant, der die Flagge rausgehängt hatte. Oder vielleicht der Fliegerabwehr-Kommandant des Streifens, auf dem sich das Haus befand. Ich weiß es nicht mehr. Irgendwann dann ein schreckliches Krachen. Alles machte einen Satz. Wir runter.

»Die Deutschen haben sich mit der Wache an der Ecke Waliców in die Luft gejagt!«, schrien die Leute.

»Und fünf Häuser mit!«

Wir alle raus auf die Chłodna. Die Straße ganz in Schwaden gehüllt. Rot und braun. Ziegelstaub, Rauch. Als sich die Schwaden legen, erblicken wir eine schreckliche Verwandlung. Rötlich grauer Staub bedeckte alles. Die Türen. Das Laub. Sicher einen Zentimeter dick. Und diese Zerstörung. Eine Wache war weg. Aber um welchen Preis. Die Stimmung änderte sich. Wurde unruhig. Zunehmend. Und dieser Anblick. Vom Żelazna-Brama-Platz, vom Bank-Platz, der Elektoralna, über die Chłodna auf unserer Seite rannten Menschen an der Mauer entlang, rannten und rannten, Frauen, Kinder, alle geduckt, grau, staubbedeckt. Ich weiß noch, dass die Sonne unterging. Es brannte. Die Menschen rannten und rannten. Ein Strom. Aus den zerbombten Häusern. Sie flüchteten nach Wola.

Am nächsten Tag gegen Abend hieß es, Staszek und ich sollten Gehsteigplatten schleppen. Auf die andere Straßenseite. Staszek packte eine Platte und trug sie hinüber. Ich war verblüfft. Auf einmal Granaten. Eine schlägt in die hölzerne Feuerwehrbarrikade auf der Chłodna ein, hinter der Kirche. Sie geht in Flammen auf. Im nächsten Moment schlägt was in die Mirów-Hallen ein. Sie fangen Feuer. Lichterloh. Tomatenfarben und so. Die Sonne geht unter. Zum ersten Mal schönes Wetter. Die Leute rennen auf unserer Seite der Chłodna an den Mauern entlang zur Elektoralna und weiter. So wie gestern. Dieselben Leute. Sie flüchten aus Wola.

»Die Ukrainer kommen von Wola und schlachten ab! Werfen alle ins Feuer!«

Am fünften Tag, Samstag, den fünften August. Langes Krachen. Ich laufe aus dem Tor hinaus.

»Die Wache ist eingenommen!« Ich raste die Treppe hinauf. Mit dieser Freudenbotschaft. Zu Irena und Staszek. Die Chłodna war frei. Im Handumdrehn war die ganze Straße geflaggt. Bald strömten die Menschen in Massen heraus. Um Barrikaden zu bauen. Alle. Frauen. Greise. Das weiß ich noch. Verkäuferinnen in weißen Schürzen. Und die ältere Dame, die mir schnell mit einer Hand die Ziegel reichte, denn in der anderen Hand hielt sie eine Tasche. Ich gab die Ziegel an eine Verkäuferin in weißer Schürze weiter. Und so fort.

»Kette! Kette!«, schrien wir.

Die Ziegel kamen von einem der gesprengten Mietshäuser an der Ecke Walicców-Straße. Plötzlich Flieger. Wir flüchten ins Treppenhaus eines Jugendstilhauses, Nummer 22 oder 20. Bomben. Wir runter in den Keller. Es war glaube ich das Haus von Herrn Henneberg dem Ingenieur, einem der Brüder Henneberg, dem Vater von drei Schul- und Pfadfinderkameraden von mir, die ich vor dem Krieg hier besucht hatte. Ich weiß noch, als ich damals bei ihnen eintrat, waren viele Leute da, die Tür zum Balkon war offen, ein schrecklicher Lärm von der Straße, als ob der Verkehr mitten durch die Wohnung ging. Gestern oder vorgestern hatte Herr Henneberg an einem Oberleitungsmast der Straßenbahn gestanden und hatte Kabel durchgeschnitten und heruntergeworfen, damit sie sich unter den Panzern verhedderten, er fluchte dabei auf die Deutschen, ganz laut. Vor kurzem, erst in diesem Jahr, habe ich aus der Wochenzeitung »Stolica«[3] erfahren, dass einer der jüngeren Henneberg-Brüder, also einer von meinen Kameraden, damals im Aufstand gefallen ist. Ein zweiter ist auch umgekommen. Ihre Mutter ist mir noch aus der Schulzeit in Erinnerung, damals war sie in Trauer, sie hatte sehr helles Haar. Man hörte jetzt Panzer. Sie kamen näher. Gingen aufs Ganze. Wir mussten fliehen.

In diesem Keller dort oder im Haus, da war ein älterer Mann.

»Woher sind Sie gekommen?«, fragte ich ihn.

»Von Krakowskie Przedmieście.«

Dann erzählt er, wie die Deutschen Menschen abgreifen und sie vor den Panzern her auf die Aufständischen zu jagen, damit diese zuerst auf die Gejagten schießen.

»Und die ganze Straße ist abgebrannt.«

»Welche?«

»Na, Krakowskie Przedmieście.« Ganz traurig sagte er das.

Ich hatte mich damals gewundert, erstmal darüber, dass jemand Krakowskie Przedmieście als Straße bezeichnete, und zweitens, dass dieser ältere Herr deshalb so schrecklich betroffen war. Heute wundert mich das nicht.

Nach dem Bombenangriff gingen wir hinaus. Wir sollten zur nächsten Barrikade kommen, direkt auf der Żelazna. Die Männer jedenfalls. Ich rannte hin. Hacken und Spaten wurden ausgeteilt. Für die Pflastersteine und die Gehsteigplatten. Zum Teil waren auch schon Gräben ausgehoben. Zum ersten Mal sah ich das Gewirrr von Leitungen und Rohren dort unter der Erde. Wir wurden angehalten, möglichst vorsichtig zu graben. An der vierten Kreuzung auf der Żelazna hatten sie einen Zigarettenkiosk umgeworfen, als Hindernis. Die Zigaretten lagen verstreut herum. Ein Typ fing an, sie aufzusammeln.

»He, Mann, in so einem Augenblick!« Alle möglichen Leute schrien auf ihn ein. Da wurde es ihm peinlich, er hörte auf, grub mit uns weiter. Auf einmal tragen sie die Leichname dieser Deutschen aus der Wache an uns vorbei. Halb entkleidet. Und barfuß. Die grünen Fußsohlen ragen auf. Nackt. Und von einem oder zwei Deutschen ist mir der Bauch in Erinnerung geblieben, der sich über der Schubkarre wölbte. Auf jeder Schubkarre lagen mehrere. Die müssen jetzt begraben werden. Auf der Grünfläche vor der Borromäus-Kirche. Und kein Kreuz drauf. Und dann musste der Kreis aus Erde wieder hergerichtet werden. (Später, schon fast im Dunkeln, sah ich, dass sie das gemacht hatten.) Sie rufen mich zum Helfen. Ich schäme mich, abzulehnen. Aber ich wünsche mir in dem Augenblick einen Bombenangriff, damit der es für mich erledigt. Und der kommt auch. So schnell, blitzschnell. Im Tiefflug. Und da sind schon die Bomben! Und die mit den Schubkarren lassen die Griffe los, die Karren fallen, alles in Aufruhr, die Leichen der Deutschen rein in die Gräben, in die Schützengräben, prallen auf Rohre, Leitungen und bleiben irgendwo dort unten. Allerdings gab es dann welche, die sie wieder rausholten. Doch das waren dann andere. Nach den Bomben. Ich rannte weg vor alldem, zwei Häuser weiter.

Danach zurück zu Irena. Wir beschließen, uns zu trennen. Jeder zu seiner Mutter. Irena bleibt hier, bei sich zu Hause. Ich soll nach Hause gehen, Chłodna 40. Staszek zu sich, Sienna 17. Doch von dort kommen schreiend Menschen gerannt:

»Die Pańska ist zerbombt!«

»Die Pańska ist zerbombt!«

Zwischen Walicόw und Żelazna verabschieden wir uns. Ich renne Richtung Żelazna. Menschenmengen, Gegenstände, Zerstörung, Veränderungen, Durcheinander. Gedränge. Rennen. Taubenhalter. Das weiß ich noch. Ich schaue: Von der Chłodna aus kommen über die einzelnen Gassen bei den Arkaden etliche Pfadfinderchen eingebogen, ich glaube in grünen Uniformen. Mit Benzinflaschen. Sie biegen in die Żelazna ein. Das Wetter ist schön. Samstag. Sonne. Ich gehe in unsere Wohnung. Meine Mutter ist da. Und außer meiner Mutter:

»Babu Stefu!« Tatsächlich, da saß sie auf einem Stuhl. Im Wohnzimmer. Mir nichts dir nichts. Ich hatte ihr diesen Namen gegeben, nachdem ich gerade Rabindranath Tagore gelesen hatte, wo ein Panu Babu vorkommt. Stefa – eine Jüdin – war bis zum Frühjahr 44 unsere Untermieterin gewesen. Fastfamilie. Vorher hatte sie bei der zweiten Frau meines Vaters gewohnt (der unehelichen, Zocha), an der Chmielna 32, zusammen mit Zocha, meinem Vater und Halina. Ich weiß nicht mehr, es muss noch einen anderen Grund gegeben haben, vielleicht hatten sie sich einfach gestritten, jedenfalls war es an einem Tag im Jahr 42, als wir also gerade eine ehemals jüdische Wohnung bekommen hatten, denn dort war das Ghetto gewesen, die Ghettomauer ging zwischen Wronia und Towarowa quer über die Chłodna, sie hatten das Ghetto gerade verkleinert, dauernd machten sie es kleiner, deshalb gab es etliche leere Wohnungen, und mein Vater hatte sich eben um diese bemüht, in der Chłodna 40. Diese Wohnung war eigentlich nicht beschädigt, nur irgendwie befremdend, mitten in unserer Küche lag ein vertrockneter Haufen, von einem Menschen natürlich, und just dort in der Küche quartierte sich Stefa ein, zog den grünen Vorhang vor, wenn jemand bei uns zu Besuch kam, obwohl sie ihn manchmal auch wieder zurückzog, denn ein paar Familienfreunde und -angehörige kannte sie, sie hatte Vertrauen, und im Übrigen wussten ganz wenige über sie Bescheid. Ich also rufe aus:

»Wie kommen Sie hierher!« ... und wir freuen uns, begrüßen uns, rufen, wundern uns, was für ein Zufall! Ich bin wohl am meisten erstaunt. Babu Stefu, nein, so was! ... Wie haben Sie es hierher geschafft?

»Ach!« Der Stuhl, auf dem Stefa saß, hatte auch früher jüdischen Leuten gehört, aber nicht aus unserem Haus, sondern aus einem Haus, das, glaube ich, bis heute noch steht, ob unversehrt oder wieder aufgebaut, in dieser Sackgasse, ein wahrer Sack, von der Żelazna aus gleich links in der Chłodna, auf der Weichselseite. Dort hatte es damals eine Versteigerung gegeben. Möbel, die Juden gehört hatten. Mein Vater tauchte plötzlich zu Hause auf, bei uns. Rief, ich sollte mitkommen. Swen war gerade da, also kam er auch mit, zur Gesellschaft. Obwohl ich gar nicht wollte. Dass wir dorthin gingen. Aber was sollte ich machen, Vater wollte es so. Im Tor dieses Hauses, wo die Versteigerung von jüdischen Sachen stattfand, stand lauter Krempel. Gerümpel. Trödel. Zeug. Von Menschen. Mein Vater packte ein paar Stühle, kunterbunt durcheinander, alles ging bloß nach Größe und Gewicht, und die haben wir dann in die Chłodna 40 gebracht. Und so hatte mein Vater 42 auch Stefa einfach zu uns an die Chmielna gebracht, angeblich für ein, zwei Nächte, sie blieb zwei Jahre. Er hatte ihr die Papiere auf Zosia Romanowska gefälscht. Denn Zosia Romanowska hatte sich am 8. September nach Grochów aufgemacht, zu Schwester und Schwager, und sie nahm auch Nora mit, ihre Nichte. Ihnen fiel die Tür ins Schloss und sie hatten keine Zeit mehr, mit den Schlüsseln herumzumachen, denn die Flieger kamen schon, und ehe sie sich versahen, waren sie schon im Keller gelandet, nur eine einzige Überlebende gab es, Hanka (oben lag sie, unter Trümmern), auch eine Nichte von Zosia, die noch die kleine Tochter der Nachbarin an der Hand hielt. Die war schon tot, sie selbst war verschüttet gewesen, und als sie später hier in der Leszno neben uns wohnte, bei Nanka, als wir die Wohnung in der Stadtmitte verloren hatten, wie sie also da in Zosias ehemaligem Zimmer wohnte, da weiß ich noch, wie sie Angst hatte, sich die Decke bis zum Hals zu ziehen. Denn wenn sie sich nicht mehr bewusst war, dass es eine Decke war, dann verwechselte sie das mit Trümmern, die ihr bis zum Hals reichten. Stefa also hatte die Kennkarte auf Zosias Namen und Vornamen, sie war ein bisschen älter, aber sowieso war sie blondiert, nicht richtig rothaarig, sie wirkte allerdings rothaarig, im Großen und Ganzen sah sie sehr jüdisch aus, bloß kannten die Nazis sich damit nicht so aus, und unsere Halunken auch nicht, und zu ihrem noch größeren Glück hatte Stefa viel Mut und eine lebensrettende Chutzpah, sobald sie Deutsche auf der Straße sah – sie ging auf unterschiedlichen Routen von Służewiec runter nach Wilanów oder Augustówka mit sogenannten Kurzwaren, sehr kurz waren die – Broschen, Granatschmuck, davon lebte sie und hatte noch ein wenig extra –, also, wenn sie dann unterwegs einen Deutschen sah, ging sie absichtlich auf ihn zu und fragte: »Wie spät ist es?«, und immer kam sie mit der Straßenbahn zurück, in dem Teil, wo stand »Nur für Deutsche«, und einmal, als wir uns in der Stadt begegnet waren und zusammen nach Hause gehen wollten, sagte sie: »Kommen Sie mit, ich geb Ihnen mal eine Lektion.« Und tatsächlich, nicht nur setzte sie sich in den Wagen »Nur für Deutsche«, sie drängelte sich sogar bis ganz vorne durch, da, wo ein Teil mit einer Kette von dem Rest abgetrennt war, in dem die Menge stand, dort war Platz genug, und ich hinter ihr her, ein bisschen belämmert stand ich da, und sie saß und sie fing noch an, mit einer Volksdeutschen zu zanken, die ihr angeblich zu sehr auf die Pelle rückte.

Nachdem mein Vater also Stefa gebracht hatte, brachte er auch die Stühle rüber. Zwei Jüdischkeiten. Die für kurze Zeit getrennt gewesen waren. Und dann wieder zusammenfanden.

In diesem Haus mit der Stuhlversteigerung oder vielleicht auch in dem Haus gegenüber, in jedem Fall aber in diesem

Gassensack, der von der Żelazna abging, machten wir – also Swen, Irena, Staszek und ich – 43 einen von unseren sogenannten bunten Abenden. So einen patriotisch-literarischen Abend, mit Theater, Swen gab eine Vorstellung, er spielte damals Nick[4], und ich spielte, fast als Statistenrolle, so wie er sich das dachte, den König. Vor Zaghaftigkeit und Verlegenheit saß ich die ganze Zeit steif da und sprach auch so. Wojtek, mein Freund aus der Untergrunduni, der später auch im Aufstand umgekommen ist, in Żoliborz, sagte, ihm hätte das sehr gefallen. Ich sagte ihm, warum es so geworden war.

»Macht nichts, es war sehr schön.«

Wir spielten dort, das weiß ich noch, ein Stück aus Wyspiańskis »Hochzeit«. Swen spielte Stańczyk, in die Nationalflagge gehüllt, die er ganz unbekümmert zusammengerollt oder in der Aktentasche mitgebracht hatte.

Mein Vater wiederum trieb alle möglichen sonderbaren Geschäfte. Einmal schleifte er einen ganzen Korb Kartoffeln vom Kercelak in die Leszno, damals noch bis in den vierten Stock. Faulig. Angefroren. Trotzdem waren sie kostbar. Nanka, mein Vater, meine Mutter und Sabina wussten noch vom letzten Krieg, dass man aus diesen angefrorenen Kartoffeln Kartoffelpuffer machen konnte. Die machten sie, und sie schmeckten gut. Ein anderes Mal kaufte mein Vater bei einer solchen Versteigerung einen Kühlschrank. Mama und Stefa fragten sich dauernd, wozu. Er war nämlich kaputt. Oder er geht auf die Chłodna und kommt mit dem Mantel voll kleiner Fischchen zurück. Einfach so. In den Mantelschößen. Es tropft. Er sagt meiner Mutter, sie soll Frikadellen draus machen. Das hat sie auch gemacht. Und es wurden so viele! Alle Fensterbänke waren voll. Und wir hatten damals vier Fenster. Irgendwann, Heiligabend war es, 42 oder 43, geht abends die Tür auf – und Vater bringt einen Weihnachtsbaum. Eine Weihnachtskiefer. Meine Mutter kann sich nicht einkriegen. Ich auch nicht. Mein Vater tut, als sei nichts dabei. Jetzt müssen wir den Baum schmücken. Ich hab mich darangemacht. Es kam mir komisch vor, den Weihnachtsschmuck an die Kiefernzweige zu hängen. Kiefern waren für mich gar keine Bäume. Das war, als hinge man Weihnachtsschmuck an die Kiefern in Otwock.[5] Nichts daran kam mir wie ein Weihnachtsbaum vor. Eine ganz andere Konsistenz. Nichts von diesem Duft. Und auch kein Stechen.

Zu den Einfällen meines Vaters gehörte auch das Nutzbarmachen von Verstorbenen, ein Beispiel davon habe ich schon gegeben. Aber das war nicht das einzige. Wir holten Marmelade, Brot und verschiedene Lebensmittel, die es nur auf Karten gab, unter den Namen von sicher vier Verstorbenen. Verwandte und Freunde natürlich. Damals machte man so was. Was hat man damals nicht gemacht?

Aber noch mal als Erklärung zu Stefa: Stefa hätte bis zum Schluss bei uns gewohnt. Doch eines Tages im Frühjahr 44 komme ich aus der Stadt zurück, und meine Mutter (sie nähte damals Röcke für Frauen, um was zum Leben zu haben für sich und auch für mich, und sie schneiderte um, das waren Umänderungen von Umänderungen, sogenannte Fummelchen, und wenn eine sich irgendwas mit Pelz am Mantel oder Umhang machen wollte, dann war es aus Kaninchenfell, jede wusste, dass das haart wie Katzen im Frühjahr, aber daran ließ sich nichts ändern) – Mama also, die auch unsere Hausmeisterin benähte, sagte mir schon in der Tür:

»Stell dir vor, was ich heute gezittert hab.« Die Hausmeisterin ist gekommen, ihren Rock abzuholen, und hat gesagt: »Also, Ihre Unnamietarin, die geht sich da was übern Hof und tut hierhin gucken und dahin und sich so daherschleichen, joj, da sieht einer von weit, dass die eine Jüdische ist.«

Also musste Stefa ausziehen. Die Hausmeisterin hatte das, wie sich später herausstellte, gar nicht in böser Absicht gesagt, aber wer konnte das damals wissen. Der Boden war heiß geworden, wie man damals sagte. Nachdem Stefa ausgezogen war, wache ich dann eines warmen Tages, ich glaube, es war im Mai, morgens um sechs Uhr auf und höre Krawall. Unten. Es durchfuhr mich gleich. Ich zum Fenster, noch im Hemd. Und da steht ein Deutscher mit Gewehr vor jedem Treppenaufgang. Und sie sind in allen Treppenhäusern und kontrollieren bei allen. Keine Ahnung warum. Bei uns jedenfalls endete es mit der Kontrolle der Kennkarte, meines Ausweises, und dann gingen sie wieder. Ein Deutscher und ein Vertrauensmann, der Polnisch sprach, in weißem Mantel. Vielleicht wär auch gar nichts passiert. Mit Stefa. Wenn sie noch da gewesen wäre. Vielleicht wär sie als Zofia Romanowska durchgegangen. Aber wer konnte das wissen bei dem im Mantel.

Am 5. August 44 nun aber sitzt Stefa auf diesem Stuhl, der ehemals Juden gehört hatte und mit dem sie nun wieder unter einem Dach ist, sie hatte einen Turban auf dem Kopf, denn Turbane als Kopfbedeckung und Pantinen an den Füßen waren damals Mode, notgedrungen, angeblich in ganz Europa, und besonders die deutschen Frauen erkannte man an diesen Turbanen, und Stefa musste ja als Deutsche durchgehen, jedenfalls sitzt sie da auf dem Stuhl und sagt:

»Ach, wo bin ich nicht überall gewesen. Ich sitze in der Straßenbahn. Plötzlich Gedrängel. Ich schaue in meinen Korb. Da hatte mir jemand eine Armbinde reingeworfen. Jude. Sie halten die Straßenbahn an, führen uns ab zur Gęsiówka.[6] Wir kommen an, die Aufständischen drängen uns zurück, wir rennen durch den Krasiński-Park, dann die Bielańska lang, durch den Sächsischen Garten, da sind die Deutschen, wir also umgedreht, Żelazna Brama, Leute knien am Boden, sollen erschossen werden, wir kommen durch ein Wunder davon, ach, Herr Miron!«

»Aber wie sind Sie hierhergekommen?«

»Ach, das war vielleicht was!«

Gleichzeitig war glaube ich auch Tante Józia da. Das Haus, in dem sie wohnte – Ogrodowa 49 – stieß an unseres, Chłodna Nummer 40. Und in der hintersten Mauer im dritten Hof war ein Loch, das war ein Durchgang in unseren Hof, der einzige. Ich war froh, dass wir zu mehreren waren. Allerdings ging Tante Józia dann später zu sich nach Hause zurück. Aber Stefa blieb, es war nicht so traurig. Und sie hatte überlebt. Doch dann plötzlich – nach verschiedenen Niederlagen und Nachrichten – trat eine Verschlimmerung ein und es wurde eine solche Hölle, man wollte nicht mehr. Der Angriff auf die Chłodna und Ogrodowa ging weiter. Dort wurden die Leute bereits erschossen, auf den Straßen Górczewska, Bem, Młynarska und Wolska wurden sie verbrannt. Denjenigen, die mit Hartnäckigkeit (und was für einer – sage ich, bewundernswert) die polnische Frontlinie verteidigten, fanden sich immer wieder abgeschnitten von Treppen und unterirdischen Gängen, sie lagen auf den Dächern, auf diesen vierten, fünften Stockwerken, die Dächer fingen Feuer, brannten, und mit den Dächern stürzten sie in die Tiefe. Ein Glutofen, wie Ostern 43 im Ghetto.

Rausholen, abschotten, löschen, helfen – das alles war schwierig, aber es wurde versucht, so lange, bis neue Bombenangriffe und Brandanschläge es unmöglich machten. Immer im Kreis. Sobald einer ruft:

»Flieger!«

wir hinunter in den Keller, ein niedriges Souterraingeschoss mit einer Werkstatt voller Röhren und Ballons aus

Glas. Gedränge. Panik. Beten. Krachen. Dröhnen. Rattern der Bomben. Stöhnen und Angst. Wieder kommen sie im Tiefflug. Anscheinend hat es in unsere Fassade eingeschlagen, wir ducken uns. Neben mir klopft sich eine alte Nachbarin an die Brust:

»Heiligstes Herz Jesu, erbarme dich unser …«

Heulen der Flieger, Bomben.

»Heiligstes Herz …«

Und plötzlich ein Einschlag in unser Haus. Rahmen, Fenster, Türen, Glasscheiben fliegen raus. Krachen. Das Ende? Wieder Krachen. Explosionen, weiter weg. Wir gehen sogleich hinaus. Der Hof sieht ganz verändert aus, schwarz, staubbedeckt, ergraut, die Fenster leere Löcher, mit Scherbenzacken. Vor dem Haustor ein Trichter über die halbe Fahrbahn. Wir blicken aus dem zweiten Stock unseres Hauses. Darauf hinunter. Menschen drängen sich im Hof. Die Hölle – immer schlimmer und noch schlimmer – ohne Unterlass. Schlimm. Menschenmengen in hellem Aufruhr. Mit Bündeln, Päckchen. Rennend. Die einen zum Tor. Die anderen aus dem Tor. Wieder andere durch das Loch zur Ogrodowa. Die von der Ogrodowa zu uns. Plötzlich großes Durcheinander. Ein furchtbarer Schrei. Die Menge wie im Strudel. Leute tragen etwas. Jemanden … Legen ihn nieder. Leichen? Ein Schrei … Wer hat geschrien?

»Das ist Frau Górska – ihr Sohn ist in der Schule an der Leszno umgekommen.«

Sie brachten die Leichen herunter. Die ganze Schule war zerbombt. Leszno hundertwieviel? 111 oder 113. Dort war ich mal zum Krippenspiel. Lange vor dem Krieg natürlich. Mitten in einem Akt lösten sich die Vorhangdecken in der linken Ecke der Bühne. Plötzlich lagen die Kulissen bloß. Katastrophe, denn dort standen all die Engel, drei Könige und dergleichen und warteten auf ihren Auftritt. Kreischend flüchteten alle in eine Ecke, drängten sich zusammen. Die Engel schmiegten und drückten sich ineinander, schlugen die Arme über Kreuz, piepsten. Ach, wie schwer war es mir jetzt ums Herz auf diesem Hof.

(Frau Górska mit Sohn und Schwiegertochter, die waren Patrioten, Baptisten. Die Frauen ließen bei meiner Mutter nähen. Beide. Meine Mutter fragte einmal: »Würden Sie denn Ihren Glauben nicht aufgeben?« »Ich? Niemals. Mit diesem Glauben bin ich aufgewachsen und in ihm werde ich sterben.«)

Ich beschloss, zurück zu Irena zu gehen, in die Chłodna, Nummer 24. Dort fand ich alle im Keller. Düstere Stimmung, doch war es stiller hier und weniger voll.

Mir gegenüber saßen zwei Frauen. Die eine ängstigte sich um ihre Kinder, die hatte sie in Praga bei Wedel gelassen. Die zweite, etwas jünger, gehörte zu ihr. Gekrümmt hockten sie da. In diesem kleinen Gang. Durch den man zu den Kartoffeln ging, zur Kohle. In normalen Zeiten.

»Wie Eulen«, sagte Staszek in diesem schrecklich vernehmlichen Flüstern, das er an sich hatte, und sehr langsam.

Ich erinnere mich an die Ruhe. Die Erleichterung. Nach der Erfahrung in unserem Haus. Wir haben auch dort übernachtet. Denn ich weiß, dass am nächsten Tag die Sonne schien, es war warm, Sonntag, der 6. August. Die Eulen (die älteste hieß Heńka, die jüngere – wie hieß die noch? – ich weiß noch, dass sie Karten legen konnte) sagten: »Heute ist Verklärung des Herrn. Soll er uns auch was verklären.«

Und gleich darauf traf uns die Nachricht:

»Der Aufstand ist niedergeschlagen!«

»Mein Gott!«, stöhnte es in Kellern, Treppenhäusern, heulten die Weiber und die Menschenmengen, »so viel Mühe und für nichts und wieder nichts, mein Gott? Unmöglich!«

»Doch so ist es.«

»Mein Gott!« Sie rangen die Hände, rannten über die Höfe. Nach etlichem Maulen – am Anfang – jetzt diese Haltung, diese Solidarität. Denn es herrschte Verzweiflung.

Und plötzlich kommen Leute, schreien, rufen, mit Zeitungen: Es stimmt nicht.

Die Aufständischen selbst – daran kann ich mich erinnern – redeten von Niederlage und lösten die Verzweiflung aus, doch jetzt – welche Freude.

Aber der Sonntag fing erst an. Ein Grauen ging um, schrecklich wie noch nie. Deshalb beschlossen wir, uns auf drei verschiedene Orte aufzuteilen. Staszek in die Sienna. Irena blieb, wo sie war. Ich wieder heim. Sonne, Hitze, Rauch, Brände, Krachen, ich renne nach Hause. Und da traf ich Tante Józia an. Am Mittag hatten die Deutschen, hinter einer Vorhut aus Wlassow-Leuten, mit dem endgültigen Angriff auf den Kercelak-Platz und die Straßen Okopowa und Towarowa begonnen. Der Kercelak fiel. Unsere Frontlinie wurde zurückgedrängt, sie lagen schon bei den Barrikaden an der Ecke Wronia-Straße. Und schossen. Doch hinter der Linie Towarowa – Kercelak – Okopowa sollten weitere Straßen fallen, nicht mehr in Wola, sondern schon Richtung Stadtmitte. (Übrigens gehörten auch wir auf der Chłodna bis zur Linie Kercelak, Towarowa und Okopowa eigentlich zur Stadtmitte, aber nicht im traditionellen Sinn der Bezirksverwaltung, sondern in der Stadtmitte des Aufstands, zumindest nach dem Prinzip der Aufteilung Warschaus in einzelne Bezirke, die vor dem Aufstand vorgenommen worden war.) Derzeit also wurde dieser Streifen zwischen Towarowa, Kercelak und Wronia verteidigt. Doch der Angriff wurde nicht nur mit Infanterie, Panzern, Artillerie, Maschinengewehren, Granaten, Flammenwerfern und Panzerfäusten über die Straßen geführt, sondern – und das war das Schlimmste – auch von oben, vom Himmel. Die Flieger kamen jetzt ohne Unterbrechung, von denen unten unterstützt, kamen sie in Geschwadern, kehrten um, kamen wieder und bombardierten Haus um Haus, Hof um Hof. Chłodna. Ogrodowa. Krochmalna. Leszno. Grzybowska. Łucka. Und so weiter. Sie bombardierten, schossen und brannten.

Auf einmal schreit einer:

»Kommt, die Verschütteten ausgraben!«

Ich melde mich. Wir warten am Tor. Dann winken sie ab.

»Sie sind schon los. Andere.«

Und gleich darauf wieder ein Schrei:

»Die Chłodna 39 brennt! Wer kommt löschen?«

Wir rennen los. Das war genau gegenüber. Das ganze Haus steht in Flammen. Drei Geschosse glaube ich. Wasser ist keines da. Das heißt, es gibt Wasser, aber nebenan, aus der Pumpe, wir brauchen Eimer. Rennen. Durch das Loch in der Mauer. Wir können auch mit Erde löschen. Die Frauen rennen hin und her, helfen. Hitze. Flammen. Die Mittel zum Löschen sind jämmerlich. Und die Mauern brennen schon. Rauch kommt aus einer Tür im dritten Stock. Doch sie ist verschlossen. Wir werfen uns dagegen. Nichts. Hauen mit Äxten. Kommen rein. Die Mauer brennt. Die nackte Mauer. Wir rennen mit diesen Eimern. Wasser holen. Kommen zurück. Schütten. Was hier nicht viel heißen will. Rennen wieder runter.

»Erde! Erde!«, schreien die Frauen.

Wir wieder los. Da kommen die Flieger. Lassen die Bomben regnen. Und Bömbchen.

»Brandbömbchen! Bomben löschen!«

Wir runter. Schütten Erde auf die Brandbomben. Zwanzig Stück. Oder dreißig. Auf einen Haufen. Auf dem Treppenabsatz. Wieder fast auf diesem dritten Stock. Sie brennen, zischen. Und schon fassen ihre Flammen nach den Wänden. Die Erde wirkt bestens. Immerhin. Wir schütten. Wird es helfen? Eine nach der anderen geht hoch. Es hilft. Doch da sind auch noch die Wände, rechts und links. Die brennen. Wir wieder runter. Aneinander vorbei, treppauf, treppab. Gut, dass wir zu mehreren sind. Und die Frauen auch dabei. Die reichen die mit Erde gefüllten Eimer an. (Ich weiß nicht mehr, ob es vielleicht plötzlich kein Wasser mehr gab.) Sie reichen sie durch das Loch in der Mauer, damit wir nicht unnötig hin- und hermüssen. Bringen sie bis an die Treppe. Wir reißen sie ihnen aus den Händen. Rennen rein. Ich weiß noch, wie ich diesen Brandbomben hinterhergerannt bin. Wie ich auf ihnen herumgetrampelt bin. Anders ging es ja nicht. Im Vorüberlaufen löschte man sie. Die, die schon ausgingen. Der ganze Haufen. Doch das Beste war: Immer weniger Mauern brannten. Nicht zu glauben. Irgendwann nach einem Eimer schnurrte das Feuer zusammen, bis es fast weg war. Ein Wunder! Und wir löschten es ganz. In dieser Hölle. Aktion beendet. Wir kehren zurück.

Der Angriff wird stärker. Immer mehr Bombenabwürfe. Die Überlebenden, kaum noch heil und bei Verstand, strömen in unsere Keller. Schreckliches Durcheinander. Auch draußen. Wir selbst sind ganz durcheinander. Wir ziehen um zu Tante Józia. Durch dieses Loch. In das Haus Ogrodowa 49. Dort sind Frauen auf dem Hof an Herden zugange, es raucht, Kerle gehen mit Äxten aufeinander los. Jagen sich gegenseitig. Werfen die Äxte. Die Äxte sausen durch die Luft. Ich übertreibe nicht. Wir gehen in Tante Józias Wohnung im vierten Stock. Doch dort lässt es sich kaum zwei Minuten aushalten. Zusammen mit Tante Józefas Untermieterin, einer älteren Frau, und deren Bruder (auch grau) rennen wir mit ihren und unseren Habseligkeiten in ein unteres Stockwerk zu jemandem. In die Küche. Wir setzen uns. Tante Józias Untermieterin gibt ihrem grauen Bruder zu essen.

»Da hast du Brot mit Zucker.« Er nimmt, isst.

»Willst du noch mehr Brot mit Zucker?«

Er nickt.

Zwei Tage konnte ich dort nichts essen.

Auf einmal Krachen, Einschläge, wir rennen nach unten.

Ausgebombte kommen an. Alle grau. Vom Trümmerstaub. Verraucht. Tante Józia, Stefa, meine Mutter meinen, der Keller sei schwach, das ganze Haus nur aus Brettern, Lättchen mit Kalk und Ziegeln. Doch das Nachbarhaus, Nummer 51, hatte ein Kleinsches Gewölbe[7], mit Eisenverstärkung, ein neues Haus, noch nicht verputzt. Wir wechseln rasch den Keller durch die unterirdischen Durchstiege. Mengenweise sind sie schon dort. Sitzen auf dem Beton. Dem feuchten. In den Ecken Karbidlampen. Mutter, Tante Józia und Stefa legen das Bettzeug ab, breiten es in einem Winkel aus. Zwischen all den Leuten. Getöse. Krachen, Granaten, Bomben, unerträglich. Und am schlimmsten die Ukrainer, die umherziehen. Abschlachten. Jeden. Dauernd reden sie darüber. Alle Leute. Nach zwanzig Jahren – also jetzt, 1964, 1965 – gibt es genaue Zahlen der Zeugen von beiden Seiten. Unsere Zeitungen haben Listen gebracht, wie viele Menschen allein in Wola an jenem Samstag und Sonntag, dem 5. und 6. August, umgebracht worden sind. Mehrere zigtausend Menschen. Ein paar, die nur angeschossen waren, haben sie zusammen mit den Toten verbrannt. Sie wurden alle ins Feuer geworfen. Im Spital des heiligen Stanislaus, an der Ecke Wolska und Młynarska (jetzt Infektionsspital Nr. 1), schossen sie aufs Geratewohl herum und warfen die Kranken lebendig aus den Fenstern auf den Hof. Dort verbrannten sie sie, wie es gerade kam. Ob sie lebendig waren oder tot. Und sie verscharrten sie an Ort und Stelle. Auch so, wie es gerade kam. 1946 war ich als Reporter bei der Exhumierung dabei. Ich war mit einem Fotoreporter dort. Wir gingen auf diesen Hof. Drei oder vier Reihen frisch ausgegrabener formloser Klumpen, an denen noch Erdschollen klebten. Ich hatte alle möglichen Assoziationen dabei. Frikadellen im Brötchen, mit irgendetwas zugepampt. Eine solche »Frikadelle« ist mir wegen eines Knochens haftengeblieben, eines einzelnen Knochens, der herausragte. Der Rest war diese Pampe.

Auf einmal erscheint eine Sanitäterin im Luftschutzraum:

»Wer kann helfen, einen Verletzten zu tragen?«

Plötzlich, nach all dem Lärmen – und trotz des Getöses draußen – Stille.

»Keiner will helfen?«

Hunderte Frauen waren da. Und sicher ebenso viele Männer. Alles erstarrte.

»Wirklich niemand?«

»Ich komm mit.« Ich stand auf.

Keiner rührte sich. Ich sprang hinter der Sanitäterin her hinaus, über die Treppe und direkt auf die Straße. Ogrodowa.

»Hier! Hier!« Ich packte die vorderen Enden der Trage. Und los gings, schnell schnell. Wir schlossen uns einer ganzen Prozession mit Tragen an. Die zog vor uns her. Und hinter uns. In Richtung Żelazna und weiter – Richtung Gerichtsgebäude, dort war das Aufstandslazarett. Der ganze Rummel zog zum Gerichtsgebäude, in die Stadtmitte. Es war Nachmittag, vier oder fünf, Sonntag, heiß, Rauch weht herbei, aber vermischt mit Staubschwaden, in der Nähe muss ein Brand sein oder etwas Heißes, Krachen, Kopfsteinpflaster unter den Füßen (wir gingen schnell, schauten abwechselnd auf den Boden und nach vorne, dann hinter uns, auf die Häuser, zum Himmel), Gerenne, hohe Mietshäuser, Barrikaden kreuz und quer, Simse. Und Tauben, wollte ich schon sagen. Aber die Tauben waren entweder schon weg oder sie hatten sich versteckt und flogen deshalb nicht, oder sie waren vielleicht in Wirklichkeit doch da, flatterten aber bei jedem Knall auf, und jetzt waren sie gerade aufgeflattert und davongeflogen, die Rauch- und Staubschwaden kamen nur von den Simsen und Fensterrahmen. Ich trau mir nicht ganz, was die Erinnerung an die Tauben angeht (bestimmt wusste ich auch damals nicht so richtig, was los war), denn ein anderes Mal und auch an einem anderen Ort kam es mir genauso vor, das war gleich nach dem Krieg, da wohnte ich in der Poznańska und es war Ostern, Auferstehungsfeier ganz früh morgens, da meldeten sich die Tauben – diesmal echte – bei jedem Böllerschuss und plusterten sich auf und machten Lärm zwischen den Simsen. Wir also im Laufschritt. Ins Tor – so ein ganz traditionelles, mit Einfahrt in den Hof und eisernen Nikoläusen an den Seiten und mit Nischen – schlug es auch ein. Und in die Barrikaden. Und die Mauern.

Wir mussten uns durch einen ganz schmalen Durchgang quetschen (solche schmalen Durchgänge zwischen Barrikaden und Hauswand waren überall, zur Sicherheit), vor der Żelazna. Und hinter der Żelazna. Zweimal glaube ich, kurz hintereinander. Denn die Barrikaden standen dicht an dicht. Überall. Und da auf der Żelazna lagen Soldaten und schossen mit Maschinengewehren. Normalen. In Richtung Kercelak. Aufruhr. Flüchtende Zivilisten. Verzweifelte Verteidigung. Berichte von den Verbrennungen, Erschießungen gingen um, Fakten gingen um, gingen uns nach, kamen immer näher. Ruckzuck rannten wir mit dieser Trage. Die Sanitäterin und ich trugen eine Frau. Ganz mit Asche bedeckt. Das Gesicht. Die Haare. In Krämpfen. Der Rock zerfetzt. Sie war verschüttet gewesen. In der Chłodna. Gleich hinter uns jemand, ein Mann, seine Arme, seine Beine waren zwar dick verbunden, doch strömte das Blut so, dass es von der Trage tropfte. Was sonst noch war, weiter hinter uns, weiß ich nicht. Da das Gerichtsgebäude. Wir rein ins Tor, alle möglichen Leute stehn dort, eine Nachbarin von uns, aus der Chłodna 40. Sie fängt an zu weinen bei dem Anblick. Vielleicht fing jetzt überhaupt das Weinen an, so mit Krämpfen, schluchzend, stoßweise. Überall im Eingang. Ich sollte die Verschüttete abstellen, hieß es. Dort lassen. Das war ja das Lazarett. Die Tragen wurden irgendwie wieder zusammengeklappt. Und schon rannte man, die Nächsten zu holen. Und die anderen trugen sie nach drinnen.

Ich rannte hinaus, wollte zurück. Unterwegs ging ich kurz – durch die Rückseite, vom Sägewerk her – in der Chłodna 24 vorbei, in Irenas Keller. Ich traf Irena an, die beiden Eulen und Herrn Malinowski mit Fliegerabwehr-Armbinde, als Blockwart. Und es war still, ruhiger als an allen anderen Orten. Zumindest dort im zweiten Hinterhof. Nach vorne raus nicht. Da hörte man weiterhin alles. Und das war schlimm. Aber die Ruhe in diesem Keller. Diesem normalen Keller. Schmale Gänge, um Ecken, mit Verschlägen. Dunkel. Oder höchstens etwas graues Licht, das hereinfiel. So gut wie nichts. Ich wollte nicht weitergehn. Ich erzählte. Was ich gesehen hatte. Was hinter der Żelazna los war. Denn sie fragten. So zögerte ich das Fortgehn hinaus. Immer weiter hinaus. Bis zum Abend. Sie raten mir abzuwarten. Hier. Die Nacht. Wozu sich zurückkämpfen an die Żelazna? Vielleicht wars dort jetzt noch schlimmer als vorher, vielleicht kamen sie schon. Von hier konnte man fliehen. Es war näher an der Altstadt. Denn fast alle, die jetzt fliehen wollten, hatten vor, in die Altstadt zu gehen. Mit diesen beiden Eulen kam ich immer mehr ins Gespräch über dieses Thema. Die ältere, diese Heńka, die mit dem Dutt, machte sich immer noch Sorgen um ihre Kinder, denn die waren in Praga im Wedelhaus geblieben. Die jüngere – Jadźka glaube ich – fing an, uns Karten zu legen. Ich sagte ihnen, dass ich in der Rybaki einen Freund habe, Swen. Dass der eigentlich schon seit einigen Monaten in Wola in der Szlenkierów-Straße wohnt, aber irgendwie hab ich das Gefühl, dass er in der Rybaki ist. Denn seine Mutter war dortgeblieben. Natürlich hatte ich keinen Beweis dafür. Höchstens gefühlsmäßig. Und sozusagen wunschmäßig. Dass sich zuerst Teik und Swen aus einem nichtigen Grund zerstritten hatten, dann ich mit Teik, aus Solidarität mit Swen, und dann ich mit Swen, aber dafür mich mit Teik wieder versöhnt hatte (der aus der Staszica, nur zur Erinnerung), daran dachte ich in dieser Situation überhaupt nicht. Und noch was: Mir kam die Idee, auf die andere Seite der Weichsel zu schwimmen. Darauf gingen sie ein, als sei es ganz selbstverständlich. Ich sagte, die Rybaki, die sei ja genauso wie die Wybrzeże Gdańskie, die Große Uferstraße. Nämlich Blocks. Solche roten. Stahlbeton. Nicht fertig gebaut. Groß. (Während des Krieges angeblich eine »Unterkunft für Obdachlose«, doch Swen hatte dort bis vor kurzem gewohnt, obwohl er schon lange als Sozialhelfer an der Parysów arbeitete.) Also, diese Blocks stehen mit der Fassade zur Rybaki. Mit der Rückseite zur Weichsel. Schwimmen konnten wir alle drei, da waren wir uns einig. Und drüben konnte man sich nachts klammheimlich nach Żerań und Jabłonna stehlen. Und in Jabłonna, da waren schon die Russen. Ich hab übrigens keine Ahnung, wie wir uns vorgestellt hatten, dass wir bis zum anderen Ufer schwimmen konnten, wo auch die Deutschen waren, und obendrein noch durch die Front. Und das war eine Front, wie es sie bis zu diesem Krieg in der Weltgeschichte noch nicht gegeben hatte. Vielleicht kam hier ins Spiel, dass es in Warschau war, und in Żerań, alles geht, wenn man zu Hause ist, am eigenen Ort.

So saßen wir noch einige Zeit herum. Bis es Nacht war. Der Angriff ließ nach. Es gab normale Explosionen, Explodiereien. Vielleicht auch völlige Stille. Alles strömte auf den Hof hinaus. Beratschlagen. Bequatschen. Blättchen. Weiteres Aufstemmen. Keller, Durchgänge. Herr Malinowski schlägt Irena und mir vor, bei ihnen zu übernachten. Denn was wollen wir da oben im dritten Stock? Sie haben eine große Wohnung am ersten Hof, im Parterre. Wir gingen mit ihm. Ich kriege ein Zimmer. Ein eigenes. Mit Bett. Decke. Ich ziehe mich aus. Schlage die Decke zurück, um darunterzukriechen, da – kracht eine Granate an die Hausecke. Und es kracht eine zweite, dritte, vierte, Granaten, nichts als Granaten. Und Feuer. Alles stürzt los. Hinaus auf den Hof. In Wellen drängt es sich auf den Hof von der Ogrodowa her. Mit Koffern, Kindern, Rucksäcken. Die einen schon auf dem Weg hinaus. Die anderen sortieren sich noch. Gedränge. Krachen. Beratschlagen. Hin und Her von Gruppe zu Gruppe. Irena steht da mit dem Brotsack. Wir beraten uns. Mit Herrn Malinowski. Ja, und mit der ganzen Gruppe. Wir stehn nah an dem (hölzernen) Tor zur Ogrodowa. Doch etwas lässt Irena zögern. Aber ich meine, es ist jetzt so weit. Berate mich mit den Eulen. Sie sind bereit.

»Ich renn bloß und bring meiner Mutter den Schlüssel, von der Wohnung.«

Ich nämlich hatte die Schlüssel mitgenommen, als wir in

dem Aufruhr das Haus verlassen hatten. Jetzt klirren sie mir dauernd in der Tasche. Ich renne zur Żelazna. Vor der Żelazna liegen wieder Aufständische, schießen in Richtung Wronia, übermüdet, verschwitzt, zwischen irgendwelchem Gerümpel.

»Wohin, wohin?«

»Dringend. Chłodna 40.«

»Was? Das geht nicht.«

»Aber meine Mutter. Ich hab ihre Schlüssel mitgenommen.«

»Guter Mann! Da wird Ihnen nichts helfen. Weder irgendwelche Schlüssel noch überhaupt etwas ...«

»Aber ...«

»Da sind schon die Deutschen.«

Ich also zurück. Kam auf Irenas Hof. Heńka und Jadzia waren bereit. Ich fragte Irena noch mal, was mit ihr ist. Doch sie steht bloß da immer weiter am Tor, in demselben Grüppchen, genauso wie eben hängt ihr noch der Brotbeutel über der Schulter, und überhaupt dringt das, was ich sage, nicht zu ihr durch. Heńka, Jadźka und ich also, wir rennen hinaus auf die Ogrodowa, diesmal nach rechts. Im Laufschritt ...

Eine sagt:

»Wir sollten bloß die Schuhe ausziehen, damit sie uns nicht hören.«

Schuhe aus. Wir rennen. Barfuß. Ogrodowa. Barrikaden. Wir quetschen uns durch. Zur Solna. Unterwegs brennt es. Kracht. Balken fliegen. Zischend. Fallen ins Feuer. Dröhnend. Wir die Solna entlang. Zur Elektoralna. Barrikaden. Wir quetschen uns durch. Und weiter. Die Elektoralna lang. Zum Bank-Platz (da, wo heute der Dzierżyński-Platz ist, nur kleiner und dreieckig). Rechts brennt es. Das ganze Haus eine einzige Flamme. Wir rennen. Irgendwo hinter der Orla brennt links ein ganzes Haus. Es brennt schon nieder. Den Dachstuhl gibt es praktisch nicht mehr. Und auch keine Wände. Nur ein großes Feuer drei Stockwerke hoch. Wieder krachen Balken, stürzen ab. Heiß ist es. Das ist, glaube ich, das Eichamt. Nacht. Hier ist es stiller. Aber vielleicht ist auch der ganze Angriff überhaupt stiller geworden? Wir sind nicht die Einzigen, die laufen. Ein ganzer Strom in Richtung Altstadt. Hinter den Leuten halten wir uns nach links. In die Höfe – die rückwärtigen – der Resursa, oder Rotunde, des ehemaligen Finanzministeriums und Leszczyński-Palais. Etwas luftiger, weniger gedrängt. Vom Bank-Platz einzelne Explosionen. Und wieder die Gesimse. Nur weniger grau. Eher gelb. Das heißt in diesem Licht (so gerade Dämmeranbruch) wie mit Grünspan bedeckt. Vielleicht wars hier mit den Tauben. Die aufflogen. Oder doch nur die Gesimse. Bloß die sind anders. Mit Corazzi-Engeln. Girlanden. Tympanons. Durchgang auf die Leszno. Dort plötzlich tatsächlich Morgendämmer. Sie halten uns an der Barrikade fest, bis sich mehr Leute gesammelt haben. Es sind sogar ein paar Juden mit ihren Frauen dabei. Die eine dieser Jüdinnen hielt einen Sack unterm Arm. Die Barrikade geht quer über die Leszno, da, wo es heute auf die Ost-West-Schnellstraße geht. Nur auf der rechten Seite war damals die Rymarska, als Ausfahrt vom Bank-Platz. Und links – der Przejazd mit Ausblick, so wie heute, auf das Mostowski-Palais. Den Juden kontrollieren sie die Papiere. Stellen sie beiseite. Sie sollen bei den Arbeiten helfen. Die Juden haben Bündel unter den Armen, so eine Art Sack. Uns lassen sie durch. Die ganze Gruppe. Wir rennen zwischen den Barrikaden die Leszno entlang. Auf den Przejazd, auf diesem ein Stück weit. Und ab nach rechts. Durch eine Barrikade. Długa. Krachen. In der leichten Biegung der Długa links das Palais zu den Vier Winden. Das steht ganz in Flammen. Sinkt schon in sich zusammen. Das Feuer heult in den Hinterhöfen, an der Fassade. Die Balken krachen, fallen. Das Tympanon mit den Bas-Reliefs ist noch da. Die Medaillons blitzen auf. Die eisenbeschlagenen Hoftore. Und diese Vier Winde. Auf den Torpfosten. Sie haben vergoldete Flügel. Funkeln, leuchten. Noch tänzelnder als sonst. Wir rennen weiter.

Da schon die Altstadt. Sichtbar. Am Ende der Długa – hinter soundsovielen Barrikaden – rötet sich die blaugrüne Kugel auf dem Glockenturm der Dominikaner. Seltsam. Ist es das, was vom verbrannten Blechhelm übrig ist? Gut möglich. Wir rennen weiter – nicht mehr barfuß – an der Ecke Leszno und Przejazd war es wohl, wo wir die Schuhe angezogen hatten –, die Długa lang, Mostowa runter, auf die Rybaki. Es ist schon Tag. Und still. Die Altstadt ist völlig ruhig. An der Rybaki, hinterm Pulverturm, in den Ruinen des Gehwegs an der Mauer des Nachbargrundstücks spielten Kinder im Gras zwischen den Pflastersteinen. Die Rückseite des Pulverturms ging zur Weichsel hin, so wie die Rückseiten aller Häuser an der Rybaki. Diese Mauer, die ich erwähnt habe, war sehr alt. Darin zwei muschelförmige Rokokotüren. Eine alte Einfahrt. Kaum waren wir daran vorbei, sagte ich zu Heńka und Jadzia:

»Hier ist es.«

Rybaki 14/16. Zwei unverputzte Blocks, zweigeschossig, Ziegel mit Stahlbeton, und darangeklebt noch ein dritter Block, dreieckig, der mir nicht so wichtig vorkam. Diese beiden Blocks standen quer zu Rybaki und Weichsel. Dazwischen ein großer Hof. Von der Rybaki bis ganz ans Ufer. Und von der Rybaki und von der Weichsel auch mit Eisengitter abgeriegelt. Wir durchs Gittertor rein in den Hof. Und links an der Wand lang – in der Mitte war alles voll mit Kleingärtchen und zugewachsen – in das Stiegenhaus, wo Swens Mutter die Wohnung hat (und Swen würde auch noch dort sein, hoffte ich bang). Dieses Stiegenhaus war direkt an der Großen Uferstraße, der Wybrzeże Gdańskie, die Fenster gingen nämlich auf die Weichsel raus. Ich gucke, da stehen in der Eingangsnische zum Stiegenhaus zwei Wachmänner, noch von der Nacht, beide mit Armbinden, der eine mit der roten Armbinde der AL, der Volksarmee. Hier in der Altstadt waren viele von der AL. Und der andere ein Bekannter aus dem Haus, und aus Swens Büro, der Herr Ad.

»Ist er da? Swen?«, frage ich. »Sind sie zu Hause?«

»Ja. Alle. Auch Herr Swen mit seiner Verlobten. Und die Tante mit ihrem Sohn. Und meine Frau mit dem Kind.«

»Wo denn?«

Herr Ad. sagt, immer noch lächelnd:

»Im Luftschutzraum, sie schlafen noch.«

Wir die Treppe hinunter, ein Geruch nach Beton, Ziegeln und Unfertigkeit, in den tiefen Keller mit dicken Mauern. Stille. Und der Geruch nach Wäschedampf. Das war es, was uns an die Ohren drang und in die Nase stieg. Und was uns in die Augen fiel – das lässt sich kaum sagen.

Ein düsterer Abgrund mit tröpfelnden Kerzen auf dem Altärchen einer Muttergottes aus Porzellan, und der Rest – lauter seltsame Abteilungen, rappelvoll, alle schlafend, schnarchend, bedrückend.

Diese Abteilungen waren, wie sich herausstellte, Pritschenverbände. Jeder Verband bestand aus mehreren Pritschen, die in einer geschlossenen Reihe hintereinanderstanden. So waren sie lang, denn etliche Leute müssten darauf liegen. Zwischen den Pritschenverbänden türmte sich im Dämmer allerhand Krempel. Und nur ein Durchgang von der Tür bis zum Altar und um diesen herum ließ sich erkennen. Und Betonpfeiler. Die ganze Grausigkeit einer Katakombenkapelle.

Ich suchte die Abteilung mit Swens Familie. Dann sah ich sie, alle in einer Reihe. Wie sie schliefen. Ich beugte mich über Swen. Und sagte was. Ich weiß nicht mehr, was. Swen räkelte sich, sah zu mir auf, wunderte sich, wurde munter, begrüßte. Sofort begann auch der Rest, allen voran Swens Mutter, sich zu regen, wuselte.

Tante Uff. schlief zusammen mit Zbyszek. Ich sagte, mit wem ich gekommen war. Gut, sagten sie. Bieten uns Platz an, wir sollen uns hinsetzen. Heißen uns willkommen. Gastgeberlich. Dann wacht auch Celinka auf, und die Tante, und Zbyszek, und Frau Ad. mit der kleinen Tochter in der Nachbarhöhle. Und andere. Bewegung. Halbes Aufstehen. Richtig aufstehen, das war damals nicht in Mode. Wozu auch? Bloß um im Gedränge zu stehen?

Sie gerieten also in Bewegung, reckten und streckten sich, wühlten in ihren Bündeln, alles, ohne aufzustehen. Und dann ging es los:

Ratsch-ratsch-ratsch – da wurde gequatscht, aber wie! Und wohl auch noch das Morgengebet am Altar oder eher vom Altar her oder zum Altar hin. Morgengebet, also das erste. Denn danach gab es noch jede Menge Gebete. Und Singen. Das heißt, in der ersten Woche nicht mal so viele, wie sich zeigte. Denn hinterher wurden sie noch häufiger. Und dichter. Bis es so weit war, dass in ganz Warschau in allen Kellern dauernd im Chor gebetet und gesungen wurde, ohne Pause und von allen.

Und dann? Von diesem Zeitpunkt an, diesem Eintritt dort begann eine neue, entsetzlich lange Geschichte des Miteinanderlebens vor dem Hintergrund des Todes, der jederzeit kommen konnte. Was habe ich noch in Erinnerung? Viel, aber auch wiederum nicht so viel, nicht immer in der richtigen Ordnung, also Tag für Tag. Vielleicht bringe ich was in der Reihenfolge durcheinander oder ein Datum (vielleicht auch eins, das wichtig ist, obwohl ich einige fest eingemeißelt im Gedächtnis habe) oder die Lage der Fronten, unserer und der großen.

Ich erfuhr dort, dass der Aufstand Tante Uff. und Zbyszek in der Freta überrascht hatte, im Laden. Schon ein paar Tage zuvor hatte sich das Leben von den oberen Stockwerken nach unten, in den Luftschutzraum verlagert. Mit allem, was sich tragen ließ. Die Nachbarin, taub, aber nicht stumm, die schiefsingende Bacia nämlich beziehungsweise die fälschlich Baciakowa Genannte, saß an der Maschine, den kleinen Sohn bis zur Hüfte eingegipst bei sich, nähte im Keller nebenan auf der Maschine und sang viel – Swen lachte – weil sie das Krachen nicht hörte. Der Eingang (das, was mal hatte eine Tür werden sollen, aber dann 39 nur eine Öffnung blieb) zu dem Keller mit der Baciakowa drin war nur ein winziges Elementchen dieses Labyrinths unter den Blocks Rybaki 14/16. Denn Korridore, die Kellerräume mit und ohne Pfeiler, Durchgänge, Ausgänge zu Treppen, Winkel, Kabausen, Verschläge, Taschenkellerchen Unterkeller, Abstiege in Heizkeller mit unzähligen Rohren und Abflüssen – das alles gab es hier in rauen Mengen. Zudem hatten die beiden Hauptblocks (A und B) eine Verbindung, beziehungsweise einen Tunnel, wie es hier hieß. Unter den Kleingärtchen mit Kürbissen. Und Tomaten. Und wohl auch mit Kartoffeln, die während der Besatzungszeit so in Mode waren, dass nicht nur Plätze und Grünflächen (aus denen man im Winter 39 die im September hastig Beerdigten exhumierte), nicht nur die Uferstraße, sondern auch die Aleje Jerozolimskie mit Kartoffeln besät waren und im Juli in Blüte standen.

Es gab zwar noch andere Keller»säle«, die so waren wie unserer, doch unserer war irgendwie der Hauptsaal des Blocks. Hier stand ja der Altar. Oder war er vielleicht auch größer? Ich glaube schon. Neben der Tür, also neben der Eingangsöffnung, vom Treppenhaus gleich rechts, stand eine Tonne voll Wasser, für den Brandfall. Das Wasser war am 7. August nicht mehr das frischeste. Das gab Anlass zu Gestank, Gestreit und laufendem Wechsel des Wassers in der Tonne. Es gab Türen zu Gängen, Halbkellern, Durchgängen mit Herd-Kanonen-Trommelöfen, um die sich die Frauen gleich in die Haare kriegten und die Männer mit den Äxten aufeinander losgingen. Zum zweiten Mal Äxte in diesem Aufstand. Von dort aus führten Treppen nach oben ins Parterre. Gleich links von uns waren die Aborte (vorläufig noch mit Wasser), alles funktionierte, auch das Licht. Hier fielen von oben Sonnenstrahlen ein, mit Staubkörnern darin, vom Morgen an schienen sie soundsoviele Stunden, denn das Wetter war die ganze Zeit schön. Hier gab es die wichtigsten Ein- und Ausschlüpfe, Begegnungen, Beratungen, mein Herumsitzen auf einem Haufen Ziegel, schreibend.

Und gegenüber ging es weiter mit den Kellern. Eine ganze Flucht begann dort. Unsere später berühmte Spazierflucht. Denn dort ging man spazieren. Aber es war nicht so wie oben. Es war dort. Und es gab auch Straßen, Plätze, Menschenmengen, Leben, neue Bekanntschaften.

Zurück zum Datum. Am Tag vor mir waren Swen und Celinka angekommen. Am ersten August um fünf Uhr waren sie draußen auf der Straße gewesen, aber in der Nähe der Chmielna. Mit erhobenen Händen sind sie wohl zwischen den Panzern über den Nowy Świat gelaufen. Celinka hatte ein Zimmer, Chmielna 10. Damals schon fing es an mit dem Durcheinandergewohne vieler Leute, verirrt, gestrandet, von den Ihren getrennt. Die Gemeinschaften, die auf einem Haufen wohnten. Aber Essen? Über längere Zeit? Swens Mutter, älter und erfahren, hatte mehrere Jahre lang trockenes Altbrot in einem Beutel gesammelt. Am Sonntag nahm Swen dann Celinka mit. Auf einem Umweg schlichen sie sich um die halbe Stadtmitte. Denn es ging nicht so wie sonst. Irgendwo auf die Złota oder Pańska, dann über Waliców zur Chłodna, dann Ogrodowa zur Solna, Elektoralna lang, Bank-Platz, ja und dann über die Długa zur Mostowa beziehungsweise Staszeks Strecke von der Chłodna zur Sienna und meine von der Chłodna zur Rybaki. Das Palais zu den Vier Winden brannte da schon. In Staszeks und meiner Gegend war die Hölle los. Denn da rückte der Angriff von Wola aus an. Doch in der Rybaki überraschte sie auch diese freundliche Ruhe. Sie also rauf in den zweiten Stock. Nichts. Na ja, aber diese Ruhe, Sommer, die Weichsel, Swen dachte sich, seine Mutter sei bestimmt irgendwo unten, er wollte sie suchen gehen, Celinka sagte er, sie solle unterdessen ein bisschen aus dem Fenster gucken. Das Fenster ging direkt auf Praga raus. Auf die großen Bäume im Zoo. Den Strand. Die Eisenbahnbrücke, damals die alte, links an der Zitadelle vorbei. Rechts – Kierbiedź mit Eisenstreben. Gut, dass nichts und niemand damals von Praga her schoss, sonst wärs um Celinka schlimm bestellt gewesen. Die Leute im Luftschutzraum griffen sich an den Kopf, als sie das hörten. Er kam also schnell zurück und holte sie.

Fast sofort fragte Swen mich, ob ich den neuesten Schlager kenne:

Weißt du noch die hei-
ße Juli-
nacht?

Und dann sagten sie mir, dass die Tochter, die Kleine von den Ad.s, Basia mit Vornamen heißt. Und dass sie vorgesungen bekam:

Ich hab einen Hampelmann
der hüpft nach rechts und hüpft nach links
und hampelt rund so gut er kann.

Und das sangen sie ihr den ganzen August lang vor. Und wenn ich daran denke, dann macht mich das so traurig wie nichts sonst, sowohl die Melodie als auch die Worte, ich weiß nicht warum. (Die Ad.s haben doch alle drei überlebt, alles, sie leben, nur hatte ich sie seit Jahren nicht gesehn, bis eines schönen Junitages vor ein paar Jahren ebendie Basia zu mir kommt, sich vorstellt, wer sie sei, sie interessiere sich für meine Gedichteschreiberei und ich habe sie doch angeblich damals im Luftschutzraum als kleines Mädchen gekannt, und daraus sei doch später eine gute Bekanntschaft geworden, und sie, Basia, habe einen italienischen Polonisten geheiratet, jetzt also sei sie in Florenz, obwohl ihre Mutter, nachdem wir weg waren und sie noch da in der Rybaki gesessen haben, ihre Mutter Róża also soll da zu ihr gesagt haben: »Heul nicht, du überlebst sowieso nicht«, und sie wurden auch tatsächlich sogar vor den Panzern hergejagt.) Ebenfalls später erst habe ich erfahren, dass sie dort an den Mauern der Zitadelle in einer Menschenmenge aufgestellt worden sind, und da hat Frau Ad. ihre Schuhe ausgezogen, weil die ihr lästig waren. Und dann wurden sie deportiert. Und die ganze Zeit über war sie barfuß.

An diesem einen Tag lief ich mit Jadźka und dieser anderen und mit Swen und Celinka auf die Mostowa. Den Hang hinauf. Über drei oder vier Barrikaden. Nicht solche Barrikaden, wie wir sie am Anfang gemacht hatten, auch nicht solche wie nach sechs Tagen an der Ogrodowa, sondern jede ganz hoch aus Gehsteigplatten errichtet, mit Erde befestigt, mit Straßenbahnschienen, die in diese Erde gerammt waren, wie mit Stacheln besteckt. Sie waren einfach nicht zu überwinden. Jetzt erst schaute ich ungläubig auf das alles hier. Denn erst hier begann dieser Aufstand auszusehen wie etwas aus einem Buch. Einem Buch über eine Belagerung. Im Mittelalter. In so einer exotischen, heißen Stadt. Wo man anfängt, Baumrinde zu essen und Schuhsohle. Und das drohte hier ja praktisch schon. Eine Belagerung war das. Und Sturmangriff. Bloß, dass es die ja auch schon gegeben hatte, aber davon später. Und dieser Himmel, und diese Hitze. Und die Menge. Mir wurde fast schwindlig vor Staunen. Bis heute kann ich mich an dieses Gefühl erinnern. Und dabei diese Hitze in der Nase.

Wir liefen also die Mostowa bergauf (der Abhang und diese Steilheit sind noch da). Zur Ecke Freta. In einen Laden. Einfach so. Nicht zu glauben. Der Laden war in Betrieb. Nur irgendwie so merkwürdig. Halb geöffnet (die Tür angelehnt). Aber es wurde verkauft. Was? Ich glaube, Grütze. Brot? Denn diese beiden Sachen haben wir wohl gekauft. Jedenfalls haben wir etwas gekauft. Das einzige und letzte Mal. Denn weder vorher noch nachher habe ich noch mal Geschäfte gesehen.

Auf der Straße war so viel los, die Leute gingen sogar auf der Fahrbahn. Lauter Flüchtlinge aus ganz Warschau. Alle, die aus Wola geflüchtet waren, waren hier. Die Altstadt – die berühmte Festung. (Schon damals berühmt.) Nicht einzunehmen. Barrikaden. Engen. Nichts für Panzer. Die Altstadt ist massiv. Lauter Mauern. Dick. Und überhaupt. Und die Traditionen.

Begegnungen. Im Vorbeigehen mit Irena P. Mit Brotbeutel. Sie war der AK beigetreten.[8] Teik war an der Spitze einer Gruppe in Eile unterwegs zu einer Aktion, im Gänsemarsch hintereinander, schnellschnell über dieses Katzenkopfpflaster der Mostowa, bergauf, unsere Wege kreuzten sich nämlich an der Ecke Mostowa – Stara, und entweder er bemerkte uns nicht oder es spielte für ihn wirklich überhaupt keine Rolle, so sehr war er, waren sie mit dem befasst, was sie vor sich hatten. Letzten Endes weiß ich nicht, ob ich ihn im August zweimal dort auf der Mostowa getroffen habe oder das erste Mal an der Ecke Chłodna – Żelazna, damals am Samstag, als ich von Irena zu mir zurückging. Oder auf dem Weg in die Rybaki (diese beiden Male, nacheinander). Denn sonst hätte ich sie nicht durcheinandergebracht, so wie es in der ersten Niederschrift ins Unreine war, diese Leute in einer Reihe hintereinander, seine Uniformierten, diese Pfadfinderchen in Uniformen. Doch andererseits: wenn es beide Male auf der Mostowa war, dann hab ich ihn einmal allein getroffen und das zweite Mal, als ich mit Swen dort entlanglief. Aber davon jetzt genug. So dem Gefühl nach war das später, als ich mit Swen zusammen Teik begegnet bin, deshalb davon auch später.

Noch was – von diesem Spaziergang, der mich an etwas erinnert hat, an etwas in der Stimmung damals 1939, da war es ja auch Sommer, und alles hatte so was Feierliches und Defätistisches. Aber ich wollte ja von der Długa reden. Denn die Długa, die war die wichtigste Straße in diesem Teil von Warschau. Auch die breiteste übrigens. Und die hübscheste. Und da waren auch wohl, wie ich damals hörte, die wichtigsten Stellen untergebracht, am Anfang sogar die Leitung der AL. Ich hab schon gesagt, dass die Długa zwischen dem Krasiński-Platz und der Freta zwei Fahrbahnen hatte. Die beiden

Fahrbahnen waren durch zwei oder drei kleine parkartige Grünflächen getrennt. Das gab der Straße so etwas Schickes. Boulevardhaftes. Es gab auch Grasstreifen. Lautsprecher tönten auf dieser und der anderen Seite der Straße. Und redeten. An jedem Haustor hingen Fahnen. Auf den Balkonen, diesen schmiedeeisernen, saßen mengenweise Leute. Das weiß ich noch. Und ich weiß auch noch, dass sich zwischen diesen Menschenmengen ein elegantes Automobil hindurchschob, mit der polnischen Nationalflagge.

Am Abend in unserem Keller – nicht in unserer Ecke, sondern in ihrer, sie hatten sich nämlich eine Ecke gefunden, Heńka und Jadźka – Pritschen an der Wand neben einem Pfeiler in einem anderen Schiff ... da las Jadźka Swen und mir aus den Karten. Sie wahrsagte einzelne Dinge daraus, die gar nicht so übel waren. Was das Leben angeht. Ich erinnere mich nicht mehr an meine Wahrsagung, aber an die für Swen schon: ein sehr sehr typisches Zusammentreffen von Personen, und dass sie ihm da alles so mir nichts dir nichts frei Schnauze unterjubelte und dabei doch letztlich diese Krassheit der Aussagen über ihn (aus den Karten) riskierte.

Was noch? Gebete. Wahrscheinlich fing Swen da schon an, sie zu leiten. Nein. Noch nicht. Stimmt. Noch wars eine Frau. Eine. Swen nach zwei, drei Tagen. Er lehnte erst ab. Er las laut aus der Zeitung vor (auf Anhieb fällt mir das ein, denn das ist ja auch eine gleichförmige Liturgie), damals stand er immer in der Mitte von allem, im Hauptgang des Hauptschiffes, so weit waren wir schon mit dieser Gleichsetzung, aber doch mit Grund, denn der Keller war dreischiffig. Immer hielt Swen sich rechts von der Eingangsseite dieses Gangs, in der Nähe der Pritschen und wohl auch nah am Pfeiler, aber vielleicht gebe ich das jetzt auch aus meiner Einbildung dazu. Zwei Frauen nahmen zwei Kerzen vom Altar, zur Beleuchtung für die neuesten Nachrichten. Nicht unbedingt nur einmal am Tag. Genau wie mit dem Beten. Auch abends und morgens. Mindestens. Diese Frauen nahmen also die Kerzen vom Altar. Zündeten sie an. Und wie zur Lesung des Evangeliums näherten sie sich Swen und traten ihm zur Seite, jede an einer. Diakonissinnen. Ich war der Subdiakon oder Küster. Der Rest unserer Familie ganz nah, auf den Pritschen sitzend. Swen allein in der Mitte, umgeben von uns und den weiteren Kreisen der Menge, die vorne saß und hockte, in größerer Entfernung stand. Aber immer aufmerksam lauschend. Auf die Berichte. Denn die waren wichtig. Und wie! Alles wurde dann still. Schon am Anfang. So dass es dann wirklich ganz gottesdienstlich wurde. Das Lesen. Das Blatt, der Lappen Zeitung waren unterschiedlich, unterschiedlich groß, von unterschiedlichen Redaktionen herausgebracht, mal von der AK, mal von der AL, mal vom KB[9]. Beim Vorlesen gab es sofort Mienenziehen, Bedauern, Händeringen oder Freudenausbrüche, immer in Menge.

Weiter – bei einer Reihe von Tagen werde ich ziemlich durcheinanderkommen. Bis zum 15. August. Außer dem 12. – mir ist nämlich eingefallen, dass da was war – etwas war da. Und auch am 13. war was. Und zwar was Bekanntes, bis heute. Aber was mir in Erinnerung ist: Gegenüber der Straßenbahner mit seiner Geliebten auf der Pritsche daneben, fast an der Tonne. Denn mir kommt vor, sie waren auch bei der Tür, dieser unfertigen, dem Ausgang zur Treppe, oder irgendwie an diesem Pfeiler, obwohl ich vor kurzem noch meinte, sie wären an der Wand gewesen. Auf jeden Fall in unserer Nähe, in Hörweite. Sie hatten eine Karbidlampe. Und die ließen sie brennen. Aber sie sind mir viel im Dämmer in Erinnerung. Diesem betonigen. Oder pfeilerschattigen. Oder vielleicht haben sie später auch den Platz gewechselt. Aber immer noch nah. Denn alles war in diesem Dämmer. Und bestimmt war es so. Sie galten als Paar. Unverheiratet. Er war grobknochig. In blauer Uniform. Straßenbahneruniform. Sie – sie ist mir hauptsächlich von oben in Erinnerung, zerzaustes Haar, so üppig, strubbelig. Gegen die Karbidlampe. Dieses Haar. Sie war auch grobknochig. In einer Art Kostüm, oder eher Jackett. Gaukariert oder Pepita. Leidlich jung, ein bisschen hübsch und nett, und sie liebten sich bei alledem. Wir schlossen Bekanntschaft mit ihnen. Oder es war so: auf der einen Seite, der zum Altar hin, freundeten wir uns mit Familie Ad. an, und auf der anderen Seite, der mit der Tonne und dem Ausgang, mit den Straßenbahnern.

Ich kehre erst mal zurück zum siebten August, immer noch mein erster Tag in der Altstadt. Was ich da noch erfahren habe. Gleich am Anfang. Dass es mit dem Durchschwimmen der Weichsel überhaupt … Na ja, das war nicht das Erste, was ich gefragt habe, denn ich hab mich geniert, ich hatte ja gleich das Gefühl, dass es irgendwie nicht angebracht war, danach zu fragen. Als ich mich dann getraut habe, leise und nebenbei, da winkte Swen ab und lachte.

»Waaaas – geh und schau's dir an … das ganze Ufer ist verrammelt, Panzer fahren auf und ab, die ganze Nacht beleuchten sie pausenlos die Uferstraße und die Weichsel mit Scheinwerfern, von beiden Seiten.«

Natürlich überzeugte mich das sofort, mich hatte ja schon der erste Moment überzeugt, als ich auf dieses Gelände und in diesen Luftschutzraum gekommen war. Jadźka und Heńka hörten es auch. Und reagierten genauso wie ich. Sie winkten ab. Das waren ja auch nur solche blinden Instinkte. Mal wollte man hierhin. Dann wieder dahin. In Wola herrschten Angst und Schrecken wegen der Erschießungen und Verbrennungen auf den Haufen. Also wollte man auf irgendeinem wundersamen Weg raus aus dieser Hölle. Aber hier schlug einem sogleich etwas anderes entgegen. Eine neue Stimmung. Von Anfang an. Und ich weiß, so wie ich mich und jeden durchschnittlichen Warschauer kenne, dass ich außerhalb von Warschau sofort wieder zurückgewollt hätte, aus einer wundersamen Rettung zurück in die Hölle. Denn 39 war ich ja mit meinen Eltern bis nach Zdołbunów unterwegs gewesen, war also am 5. September nicht in Warschau, ich bedauerte ohne Ende, dass ich den ganzen September nicht in Warschau gewesen war. Und sie erzählten mir, was los gewesen war, und rauften sich die Haare dabei, an diesem 23., 24., 25. September – um diese Tage ging es mir vor allem. Die ganze Okkupation über bedauerte ich wahnsinnig, dass ich am 25. September nicht hier gewesen war, während dieses berühmten Bombenangriffs von acht Uhr morgens bis acht Uhr abends. Als Nanka und Sabina und Michał in der Ogrodowa Ecke Wronia bei Olek in der Wohnung waren. (Olek – das war der Bruder von Zosia Romanowska, die mit Oleks Frau am 8. September nach Grochów wollte, in die Kawcza, zu Schwester und Schwager, und da sind sie alle vier auf einen Schlag umgekommen, denn ihnen war die Tür ins Schloss gefallen, sie suchten die Schlüssel, die Flieger kamen an, sie gleich runter in den Keller, und nur ihre Tochter Hania hat überlebt, die in Zosias früherer Wohnung wohnte, und dafür wies sich unsere Stefa als Zofia Romanowska aus, so haben uns damals sogar die Umgekommenen noch gerettet.) Nanka also saß – das hat Sabina erzählt – die ganze Zeit reglos da, zusammengekrümmt und sich an die Leber fassend. Na, jetzt hatte ich ja, was ich wollte. Und ich wollte weglaufen. Aber wenn ich weggelaufen wäre, das muss ich betonen, dann hätte es mir wieder leidgetan, dass ich das nicht erlebte, was ich erleben sollte. Deshalb tat es mir so leid um die, die beim Angiff umgekommen waren. Dass ihnen diese Freude des Überlebens entging. So ein Erlebnis, und alles umsonst. Dabei geht es ja genau darum. Dass man eben auch *nicht* überleben kann. Aber jetzt Schluss mit diesen Überlegungen. Davon wirds sowieso immer mehr geben. Nicht deshalb, weil mir jetzt so der Sinn danach steht. Aber sie gehörten zum Material des Lebens damals. Diese Vorstellungen, was sein könnte oder sicher bald sein wird, die machten wohl die Hälfte der Gedanken aus. Der Rest ging auf Erledigungen täglicher Dinge drauf, verschiedener Art, Essensgedanken, Unterkunftsgedanken, Verstecksgedanken. Es war heiß und es war Sommer, das machte weiter keine Probleme, denn man hatte ja nichts als die strapazierte Kleidung, mit Erdklumpen an den Hosenbeinen, in Schuhen, Sommerschuhen, mit Löchern, es gab also diese Hier- und Jetztfragen des Daseins, die hautnahen, und schließlich diese Drohung von der Weichsel her, und noch schlimmer die vom Himmel. Das übrige füllten Erinnerungen aus. Man kann eigentlich nicht von »Erinnerungen« im engen Sinne sprechen. Denn das war auch das vom Vortag. Und der letzten Stunde. Und die aus Wola, und die frisch von der Mostowa. Das alles verwob sich miteinander. Um und um. Und zusammen damit die Möglichkeiten. Das, was sein könnte. Vor dem Hintergrund dessen, was geschah. Und natürlich brauchte man auch eine Lücke zum Quatschen. Und zwar eine große. Allerdings drehte sich auch beim Quatschen alles um diese Themen. Hauptsächlich.

Und dann erfuhr ich noch etwas. Dass Celinka – Swen lachte sich kaputt dabei – jeden Tag zur Arbeit in der Miodowa gegangen war. Zum Gesundheitszentrum. Sie hatte ja im Gesundheitszentrum in der Parysów gearbeitet. Dann ging sie mit einer Freundin, die sie hier getroffen hatte, zum hiesigen Zentrum. Swen ging nicht. Es war nämlich so:

»Na ja, sie sollten ja sowieso jeden Tag gehen und Dienst machen, bis heute sind sie gegangen, und heute war das Zentrum nicht mehr da!« Und Swen lachte los und fiel um vor Lachen. Und ich mit. Und Celinka auch.

»Da haben sie lange Dienst gemacht.«

An diesen ersten Tagen gingen wir an die Ecke Mostowa und Stara, oder vielmehr über die Ecke hinaus, in die Stara hinein, rechts von der Mostowa, zum Mittagessen, gratis, bei den Nonnen. Was für welche es waren, weiß ich nicht mehr. Die Stara führte von der Mostowa den Abhang entlang, allerdings eher weiter oben als unten, bis zur Neustadt, bis an den Markt selbst. Diese Nonnen mit dem Freitisch, wo wir hingingen, waren gegenüber der Rückseite der Dominikaner. Die Gärten der Dominikaner gingen allerdings bis an die Rybaki. Also, ihr Bereich ging, durchschnitten von der Stara und wohl auch von diesen Nonnen, den ganzen Abhang hinab, bis nach unten in die Rybaki, und war von der Rybaki durch eine alte, ganz altertümliche Mauer getrennt, weiß, mit einer Pforte, darüber war ein Relief, aber aus Metall, das zeigte – wie echt – eine Monstranz, das Symbol des heiligen Jacek Odrowąż[10], unseres polnischen Heiligen, mittelalterlich, altstädtisch, Dominikaner, also der heilige Jacek, eben Patron der Dominikanerkirche. Die vom Ende der Długastraße, der der Helm des Glockenturms ganz grün gebrannt war. Diese Mauer also (weiß, dick und weiß!), wenn man von der Mostowa kommend die Rybaki entlang links vom Abhang ging, zu Swen, dann fing sie bald hinter der Ecke an, hinter einem Haus, einem Hof, dann kam gleich dieses Tor mit der Monstranz in so einem Knick des Gehsteigs, der war aber nicht aus Platten, sondern aus Kopfsteinpflaster, so ein kleines Dreieck genau wie gegenüber, hinter dem Pulverturm, wo morgens ganz früh die Kinder auf dem Gras spielten, und auch hier wuchs bestimmt ein bisschen Gras, ich erinnere mich sogar, dass unter dieser Dominikanermonstranz so ein zopfiges Gras wuchs, mit Blättchen an den flachliegenden Halmen, und wohl auch Kamille, so gewöhnliche, niedrige, wie sie gern zwischen Kopfsteinpflaster wächst. Der Garten, das war nämlich ein Garten, mit Gemüse und Obst, der ernährte die Dominikaner und ihre Zöglinge und Schutzempfohlenen, die hatten sie nämlich, dieser Garten also zog sich in die Länge und in die Breite, und man sah, wie er sich von unten nach oben ausdehnte. Aber weiter Richtung Kościelna grenzte er an die Wohnhäuser der Rybaki und an den Garten – auch am Abhang und auch ein Nutzgarten – der Sakramentki[11]. Davon wird noch mehr die Rede sein. Und in mehr Einzelheiten. Denn diese Gelände, die werden wichtig sein.

Aus verschiedenen Gründen. Also, dort in der Stara bei den Nonnen stand man um die erwähnten Süppchen an, und dieses »Süppchen« soll gar nicht herablassend klingen, denn das war wahrhaftig ein Luxus und eine Wohltat, so eine Suppe auszuteilen, und dazu noch eine so gute und gehaltvolle. Man stand mit dem Geschirr von der Straße aus an, auf den Treppenstufen zu ihrem roten kleinen Bau. Der war gegenüber von den weißen Dominikanern. Dem Kloster. Massiv, Barock, schon hoch auf dem Abhang, fast ganz oben. (Und weiß war bei ihnen alles, weil sie diese Farbe angenommen hatten. Sie tragen auch weiße Kutten, allerdings mit Schwarz, und die polnischen Dominikaner binden sich sogar eine dicke rote Schärpe um, das ist ihr Privileg, deshalb, weil die Tataren einst in Sandomierz die polnischen Dominikaner umgebracht haben, was einem im Allgemeinen ganz egal sein kann, solange man nicht die Glaskästen in Sandomierz gesehen hat, in der Kirche, mit den kürzlich ausgegrabenen Schädeln dieser Dominikaner, gespalten mit Tatarenbeilen, und in einem solchen Schädel steckt sogar noch das Beil drin – wenn es einmal reingeschlagen war, dann kriegte man es nicht mehr raus.) Umso mehr bleibt diese Weißheit in Erinnerung, dass es heiß war, August, ja und dieser Rauch oder auch zuweilen weißer Himmel vom Rauch und von der Hitze, und so war der Pulverturm weiß und die Sakramentki waren weiß, das heißt, ihre hohe Kirche, die man auch von unten sah, mit der hellblauen Kuppel, also wieder mit dem Himmel verbunden. Und dazu noch die Pauliner (jetzt im 20. Jahrhundert gibt es die Pauliner nur noch in Polen). Die Pauliner sind ganz in Weiß gewandet – allerdings waren sie auch nicht mehr in ihrer Kirche, denn im 19. Jahrhundert hatte der Zar die Pauliner, die Dominikaner, die Redemptoristen, die in der Neustadt hinter den Sakramentki waren, ausgewiesen und die Paulinerkirche zur Messerfabrik Bieńkowski gemacht (das heißt, er hat das genehmigt, und so blieb es bis zum Aufstand, aber davon später, das spielt noch eine Rolle für die Handlung). Aber es waren mit Sicherheit noch Vertreter dieser Orden da. Und die Pfarrer vom heiligen Jacek und den Paulinern waren da, die ihre Kirche gegenüber den Dominikanern hatten, so dass die Vorderseite auf die Nowomiejska und auf die Einmündung der Nowomiejska in die Mostowa ging – so wie die Dominikaner gegenüber ihrerseits, wie ich schon erwähnt habe, den Ausgang der Długa bildeten. Die Pauliner hatten übrigens zwei Türme, Barock, diese sind nicht abgebrannt, sie sind erhalten geblieben, sie hatten eine zweiflügelige Treppe zum Haupteingang. Vor dem Hintergrund dieser ganzen Gelbheit, wie es eben mit diesen gelben Anstrichen ist, stand die Muttergottes zwischen Laternen. Und das alles sah man von unten, von der Ecke Mostowa und Rybaki, und diese Muttergottes stand am Abschluss eines steilen, aber langen langen Aufstiegs, mit viel Kopfsteinpflaster. Bei der Gelegenheit will ich auch erwähnen, dass die Mostowa noch eine Fortsetzung bis an die Weichsel hat. Nur heißt sie dort anders: Boleść. Die linke Seite der Boleść vom Abhang aus gesehen, das war vor allem die Seite des Pulverturms. Die Boleść führte bis ans Ufer, wie übrigens auch heute noch, so verlief sie auch damals und überhaupt seit Jahrhunderten, und einmal war sie sogar bedeutend, als die Brücke – noch so eine niedrige, pontonartige – nicht an der Bednarska begann, sondern an der Mostowa. Und ja, wenn man darüberging, nach Praga, dann kam man nicht nur an die Bäume, die im Aufstand schon riesig waren, aber früher vielleicht ganz klein, also außer zu den Bäumen kam man gleich dahinter zum Zentrum von Praga. Mit dem Rathaus. Danach benannt auch die Rathausstraße an dieser Stelle, so als würde die Mostowa über die Weichsel weitergeführt. Und die Kirche der Muttergottes von Loreto. Barock. Sogenannte Kirche in der Kirche. Vielleicht rede ich hier zu viel von diesen alten Baudenkmälern. Aber sie waren wichtig. Denn sie sind mit uns untergegangen. Praga konnte man sehen. Der Abhang mit all dem, über das ich hier schreibe, war über uns. Und dass es Heiligtümer waren – das tut auch nichts zur Sache. Die Altstadt war auch der Sitz der AL. Und eine Verdichtung von Heiligkeit und Geistlichkeit. Aber davon schreibe ich mit Zuneigung. Denn über diese Geistlichkeit kann man viel Gutes sagen. Angefangen zum Beispiel mit diesen Süppchen. Das war geradezu verblüffend. Dass sie nicht nur nicht abweisen, sondern von sich aus einfach einladen. Man solle essen, was sie geben. Das Schlangestehen ging schnell. Das

Stehen an sich wurde einem nicht lang. Niemand war ungeduldig. So wie mit allem damals. Man wurde nicht ungeduldig. Man stand ja in Gesellschaft. Mit Familie, mit Freunden, mit ganz frisch geknüpften Bekanntschaften. Sogleich gab es gemeinschaftliches Schwatzen. Alle waren Bekannte. Freunde. Und es war sogar schön. So wie ich es in Erinnerung habe. Bloß diese Flieger, die kamen. Dann flüchteten alle in den Schatten. Und dann stellte man sich wieder an der Treppe an. Mit den Henkelmännern. Denn ich weiß noch, dass wir etwas hatten, das leicht war und schepperte. Und man hat wohl gleich dort gegessen, gleich da auf dem Kopfsteinpflaster, in der Gosse. Wie lange ging das? Wohl auch nicht so lange. Diese täglichen Gänge. Das heißt, diese armen Nönnchen kochten und kochten. Ich sage das nur, weil es dann plötzlich mit ihnen genauso war wie mit dem Gesundheitsamt in der Miodowa. Und wie mit allem. Jedenfalls war es so um den 13. August aus mit der Suppe. Und überhaupt mit dem Stehen auf der Stara, dem Ausblick, auf dem Abhang, überhaupt draußen, das war eigentlich unmöglich. Und jetzt fällt mir ein, dass es genau beim Gang um so eine Suppe war, an einem dieser Nachmittage, dass ich diese Menschenreihe sah, die im Kampfschritt ganz schnell bergauf kam, mit Teik an der Spitze. Also einmal wohl war es in Zusammenhang mit dem Laden. Und das zweite Mal in Zusammenhang mit der Suppe. Und das mit der Chłodna, das war wohl eine Täuschung.

Das alles ist übrigens ganz und gar wie eine einzige Täuschung. Schrecklich abgegriffene Worte. Aber nur das scheint mir zu passen. Zu dem, was man damals empfand. Denn man brauchte dafür kein Dichter zu sein, dass einem alles Mögliche in den Kopf kam. Auch wenn ich wenig über Eindrücke schreibe. Und das alles in gewöhnlicher Sprache.

Einfach so. Und so, als ginge ich fast gar nicht in mich dabei und wäre nur an der Oberfläche. Das liegt nur daran, dass es anders nicht geht. So hat man sich ja übrigens auch gefühlt. Und überhaupt ist es ja die einzige Art und Weise, ohne künstliche Ausgefeiltheit, sondern einzig eben natürlich. Um das alles zu vermitteln. Zwanzig Jahre konnte ich nicht darüber schreiben. Obwohl ich so wollte. Und redete. Vom Aufstand. Mit so vielen Leuten. Allen möglichen. Soundsoviele Male. Und dauernd habe ich gedacht, ich muss diesen Aufstand beschreiben, aber irgendwie eben doch *beschreiben*. Und dabei wusste ich doch nicht, dass dieses Reden über zwanzig Jahre – seit zwanzig Jahren nämlich rede ich darüber, es ist doch die größte Erfahrung meines Lebens gewesen, so in sich abgeschlossen –, dass eben dieses Reden die einzige Art ist, auf die man den Aufstand beschreiben kann.

Zurück zur Handlung. Um den 13. August. Bombenangriffe. Auf die Altstadt. Natürlich früher schon auf die Miodowa. Aber damals war die Miodowa noch nicht so ausdrücklich mit der Altstadt verbunden, solange sie noch nicht zusammen mit der Altstadt so ganz und völlig vom übrigen Warschau abgeschnitten war, so wie auch die ganze Długa und sogar die Bielańska und Przejazd – das war alles Altstadt. Anders nannte man es gar nicht mehr. Und das wirkt sich, glaube ich, sogar heute noch aus. Dass die Altstadt bis dorthin geht. Ich werde noch andere Beispiele geben für diese Art von topographischer Neuzuordnung. Die Bomben fielen auch auf Muranów. Den Teil von der Bonifraterska bis zur Weichsel. Also – den von der Altstadt an, genauer gesagt der Neustadt. Und auch das nannte man dann plötzlich »Altstadt«. Und bis heute ist es so geblieben. Also die Neustadt. Und hier bringe ich nichts durcheinander, denn die

Neustadt ist ein Teil der Altstadt. Also, es fielen Bomben auf Muranów, auf die Zakroczymska, und die trafen einen riesigen Behälter mit Treibstoff. Es gab eine gewaltige Explosion. Etliche Menschen kamen um. Nur zählte das als Muranówer Unfall. Für uns. Ich erinnere mich, dass in der Altstadt die ersten Bomben genau auf die Ecke Mostowa und Nowomiejska fielen. Dort, wo heute – wenn ich mich nicht irre – die Milchbar »Nowomiejski« ist. Zwischen den Mauern und der Mostowa. Den heutigen Mauern. Denn damals gab es auf dieser Seite der Mostowa und Nowomiejska zur Weichsel hin keine Mauern. Es gab ja auch nicht den Barbakan. Denn der war in den Danziger Keller eingemauert. In ein Wohnhaus dieses Namens.[12] Irgendwo also krachten die Bomben, in dieses Haus gegenüber dem Laden oder in das mit dem Laden, dem einen, wo wir am ersten Tag etwas eingekauft hatten. Und da begriff ich, dass es jetzt so weit war. Dass man sich jetzt auf nichts mehr verlassen konnte. Auf keinen halben Tag Ruhe mehr. Dass meine Altstadtferien zu Ende waren. Was ja von Anfang an vorauszusehen war. Seit der Ankunft hier. Aber diese Tatsache, dass es jetzt passiert war, die machte alles anders. Es war keine Vorahnung mehr. Es war jetzt so weit. Und wie wir da an die Stara kamen, war da plötzlich nur noch ein Haufen roter Ziegel, Staub und eine Treppe ganz für sich. Vielleicht waren da auch schon die ersten Bomben auf die Sakramentki gefallen. Vielleicht hatte es dort schon angefangen zu brennen. Denn es brannte ganz ab. Alles, was sie hatten, nacheinander. Die Dominikaner hatten, glaube ich, auch etwas abbekommen.

Auf der Weichsel fuhr ein Kanonenboot und schoss. Und am anderen Ufer saßen die Deutschen angeblich in den hohen Bäumen mit ihren Ferngläsern. Es hieß, sie sahen und hörten alles.

Auf der Danziger Uferstraße rollten die Panzer und drangen ab und zu auch bis in die Kościelna, bis zur ersten Barrikade. Ich weiß nicht genau, wie es mit diesen Panzern war. Denn damals kam schon ein Spruch in Mode, mit dem man sich Schrecken einjagen wollte:

»Leise! Panzer hinter der Wand!«

Und der ganze Luftschutzraum wiederholte:

»Leise! Panzer hinter der Wand!«

Selbst der Herr mit der roten Armbinde sagte das gerne laut.

Swen lachte sich kaputt darüber. Aber das mit dem Panzer hinter der Wand stimmte manchmal wirklich. Denn einmal – ich gucke – und da ist hoch oben in so einem roten Kellerfensterchen ein Aufständischer mit einer Flasche mit Benzin, kauernd, gekrümmt, wartet er. Aber das war glaube ich später.

Was war noch an diesen ersten vier, fünf Tagen in der Rybaki? Was noch?

Das Unternehmen Kürbisernte. Das war schon damals. Auf dem Hof. Im Laufe von zwei, drei Tagen war alles so anders geworden, dass ein solcher Gang – im Trab hinaus auf den Hof, Abreißen von zwei Kürbissen und Zurückrennen in die Treppennische – schon ein großes Risiko war. Die Kürbisse schnitten wir sofort in Scheiben und aßen sie mit der ganzen sogenannten Familie. Mit Nahrung wurde es schon schlimm. Jetzt – wo die Stadtteile sich zu Festungen verrammelten, wie lange konnte es reichen? Und außerdem – wie sollte man graben, wenn hier die Granaten und Bomben flogen? Die Altstadt mit einem Teil von Muranów und Stawki, das heißt mit den Speichern auf den Stawki, lebten vorläufig von dem, was in diesen Speichern war. Dauernd wurde darum gekämpft, dass das in unseren Händen blieb. Genauso wie das Elektrizitätswerk in Powiśle. Das Wasserwerk hatten wir schneller verloren. Das war die erste Katastrophe: kein Wasser mehr. Die zweite kam etwas später: Wir verloren das Elektrizitätswerk, es gab kein Licht mehr. Die dritte – die die Altstadt betraf: Verlust der Stawki, also Hunger. Damals retteten die Sakramentki noch die Leute so gut sie konnten. Aber davon später.

Und wie war es überhaupt? Wola – das ist ja schon bekannt – war gefallen. Mokotów hielt sich noch. Żoliborz auch. Czerniaków. Powiśle. Der größte Teil der Stadtmitte. Das war alles unser Gebiet. Natürlich nicht buchstäblich ganz Mokotów oder ganz Żoliborz oder Czerniaków. Das war ja das Problem. Dass die oberirdischen Verbindungen immer schwieriger wurden. Bald drangen die ersten Nachrichten zu uns, dass es Verbindung gibt mit Czerniaków, Żoliborz, Mokotów, aber nur durch die Abwasserkanäle. Und dazu musste man in Czerniaków – so hieß es – ein ganzes Stück kriechend zurücklegen. Die Verbindung mit Żoliborz wurde durch den Überlaufkanal erschwert (wohl an der Krasiński-Straße), und die Nazis hatten auch hier und da Einstiege entdeckt und Granaten hineingeworfen oder (das weiß ich aber nur aus Filmen) den ganzen Ausstieg mit Stacheldraht überzogen, an dem Granaten hingen.

Trotzdem lief die Verbindung ohne Unterbrechung. (Oberirdisch kamen sie auch um. Was war da schon der Unterschied!) Die Kuriere waren meistens Mädchen oder kleine Jungen. Mit Powiśle gab es noch lange eine oberirdische Verbindung. Also zwischen Stadtmitte und Powiśle. Und wir hatten auch zumindest vorläufig noch oberirdisch Verbindung mit Stadtmitte. Allerdings eine ziemlich problematische. Und kostspielige.

Was machten wir im Luftschutzraum?

Reden. Liegen. Manchmal ging ich durch den Korridor in

den Mittelkeller, den mit dem Schacht, in den von oben Sonnenlicht fiel, und dort saß ich und schrieb. Es wurde viel gebetet, daran nahm man teil. Ich war damals auf gewisse Weise noch gläubig. (Manche betrachten das sicher skeptisch oder ironisch. Oder machen eine spöttische Bemerkung dazu, was mich ärgert, auch wenn ich nichts sage, denn ich habe eine rein gefühlsmäßige Beziehung dazu.) Man wartete auf die Zeitungen. Sie kamen mehrmals täglich. Es gab nämlich etliche Druckereien. Von der AK. Der AL. Der PL[13]: Ich weiß nicht, ob der KB auch eine hatte. Es gab rechtsgerichtete (zum Beispiel die »Warszawianka«). Wir haben damals nicht so differenziert, wie es sich gehört hätte. Wir meinten, polnisch ist polnisch. In der Altstadt gab es diese faschistisch angehauchten Sachen übrigens nicht. Da gab es AK und AL. Sie akzeptierten einander. Nach anfänglichen kleinen Voreingenommenheiten gewöhnten sie sich einfach. Und es war friedlich.

Noch was zu unseren Zeitvertreiben. Wir machten jetzt Spaziergänge. Swen und ich. Spazieren hieß, wir gingen untergehakt der Reihe nach durch alle Keller unseres Blocks. Am Ende der Kellerreihe von unserem Block B war ein Tunnel. Lang. Betoniert. Unter dem Hof. Unter all diesen Kartoffeln und Kürbissen. Und durch diesen Tunnel gingen wir manchmal zu einer Runde durch die andere Kellerfolge unter Block A. Der Genauigkeit halber muss man ergänzen (später wird es nicht um Genauigkeit gehen, sondern um das Leben in dieser Topographie), dass zu unserem Block B noch zwei Seitenblocks gehörten, kleinere, die eigentlich mit unserem zusammen eine Einheit bildeten, allerdings hatte einer der beiden seinen eigenen dreieckigen Hof. Dorthin ging man also auch. Die Spaziergänge dauerten lange. Denn in jedem Keller waren viele Leute. In den Gängen und Gänglein auch. Und unterwegs kam man auch an kleinen Kellerchen vorbei. Ohne Türen. Solche offenen Abteile. In einem hatten wir neue Bekannte. Ein junges Ehepaar. Zu ihnen gingen wir, um zu quatschen und um die Grille zu hören. Die saß bei ihnen in der Wand. Es gab übrigens mehrere Grillen. Aber diese war am lautesten. In einem der weiter entfernten Keller, einem großen, stießen wir auf einen Bekannten, Leonard. Er saß meistens auf ein paar Bündeln herum, die glaube ich nicht ihm gehörten. Er war nämlich allein. Oder waren es Ziegelsteine? So ein ganz dünner. Mit Brille. Und einen weißen Mantel hatte er bei sich. Tatsächlich. Leonard wohnte an der Rybaki. Ich glaube, Nummer 23. In einem vierstöckigen Gebäude auf der anderen Straßenseite. Nicht auf unserer, sondern auf der Abhangseite. Über dieses Haus, das vorläufig noch stand (Leonard war also entweder früher hierhergekommen, weil es ein sicherer Ort war, wir waren ja schließlich aus Eisenbeton, oder ich greife hier einigen Fakten um mindestens eine Woche vor), über dieses Haus von Leonard werde ich noch schreiben. Das war das Haus auf zwei Ebenen, durch das die Neustadtroute führte, erst eine der beiden existierenden, später und bis zum Ende die einzige. Leonard kam sicher öfters bei uns vorbei. Aber ich habe mehr Erinnerungen an ihn dort in seinem Keller. Im grellen Licht der Glühbirne. Vielleicht kam es einem damals nur so grell vor. Denn es herrschte so viel Dunkel. Unter der Erde. Gegen dieses Rot der Wände. Denn dort waren die Wände so schrecklich rot. Eigentlich genauso wie bei uns. Nur dass sie dort keine Betonpfeiler hatten. Bei den letzten Begegnungen war Leonard wohl sehr traurig. Unentschlossen. Wohin er gehen sollte. Als sein Haus schon nicht mehr stand. Er überlegte sich, so wie wir auch, ob er nicht zu den Sakramentki hinaufgehen sollte. Irgendwann schließlich sagte er uns, dass er jetzt dorthin gehen würde. Glaube ich jedenfalls. Beim nächsten Spaziergang haben wir ihn schon nicht mehr angetroffen. Erst nach dem Krieg, als wir wieder zurück in Warschau waren, erfuhren wir, dass er das auch tatsächlich gemacht hatte. Er war zu den Sakramentki gegangen. Und dort war er mit den anderen Leuten verschüttet worden. Später, vielleicht 46, erzählte wiederum jemand, er sei bei den Sakramentki verschüttet worden, habe aber den Zugang zu einem kleinen Fensterchen gefunden, sich freigegraben und sei angeblich hinausgelangt. Aber später dann sagte wieder jemand anders, das sei wohl nicht wahr. Zumal niemand, weder wir noch irgendjemand sonst, Leonard je wiedergesehen hat. Und nach dem Aufstand auch niemand nur gehört hat, dass er noch am Leben sei.

Im Tunnel hatten sich Leute eingenistet, dabei herrschte dort der größte Betrieb, vor allem aber Durchzug. Ein schrecklicher Durchzug zu jeder Tages- und Nachtzeit, egal wie heiß es war. So sehr, dass man schließlich fror. Irgendwann beim Umherlaufen in den Kellern während eines schrecklichen Bombenangriffs auf unseren Block hetzten wir in blindem und dummem Instinkt Richtung Block A. Durch den Tunnel. Versteht sich. Mit der ganzen Familie und allem Sack und Pack. Vorher waren wir nämlich bei einem solchen Spaziergang auf meine entfernte Cousine gestoßen – die Tante Trocińska, die Schwägerin von Tante Józia. Ich hätte sie vielleicht gar nicht erkannt. Aber sie zupfte mich am Ärmel, voller Freude. Sie hatte während der Okkupation ja im Block A gewohnt. War also dort sozusagen unter dem eigenen Zuhause. Und nachdem sie der ersten Unterschlüpfe überdrüssig geworden war, war sie in den Tunnel umgezogen. Sie war allein. Hatte nur ein paar Dinge bei sich. Ich weiß noch, dass sie gleich an der Tür wohnte, der zum Block A. Sie überredete uns, auch dorthin umzuziehen. Swen und ich kehrten schnell zu unserem Familienstützpunkt zurück, zum Urkeller. Und sehr bereitwillig drängte sich am Abend, ich glaube spät, fast schon in der Nacht, die ganze Familie mit uns an der Spitze zum Tunnel durch, an die Wand, gleich bei der Tür, wo die Trocińska war. Damals waren noch nicht so viele Leute im Tunnel. Nur dieser Durchzug, Türenschlagen und Vorüberhasten mit Bündeln und ohne, schnell und schneller, denn von langsam konnte während des Aufstands wohl keine Rede mehr sein. In derselben Nacht kamen noch viel mehr Leute und ließen sich dort an der Wand nieder. Am Morgen war der Tunnel schon vollgestopft. Wir saßen dort sicher nicht länger als anderthalb Tage. Vielleicht nicht mal so lange. Es waren nicht die Leute, die uns den Garaus machten. Nur der Durchzug. In der ersten Nacht schon bibberten wir. Und die zweite Nacht machte uns den Garaus. Gleich zu Anfang schon. Wir hatten ja auch nichts Rechtes zum Zudecken. Wozu auch solch ein erbärmlicher Luxus, wo es doch Sommer war? Und man fast erstickte an Hitze und Feuer?

Wieder lief ich voraus.

In den Kellern von Block A kannten wir einen Ingenieur. Später, als Swen schon die Gebete an unserem Altar leitete, schrieben wir, beide gemeinsam, eine richtige Litanei.

Von der Litanei ist mir noch das in Erinnerung:

Von Bomben und Fliegern – Erlöse uns, Herr,
Von Panzern und Goliaths – Erlöse uns, Herr,
Von Granaten und Geschossen – Erlöse uns, Herr,
Von Minenwerfern – Erlöse uns, Herr,
Von Bränden und Lebendig Verbrennen – Erlöse uns,
Herr,

Vom Erschossenwerden – Erlöse uns, Herr,
Vom Verschüttetwerden – Erlöse uns, Herr …

Die Litanei war ziemlich lang. Wir sagten sie jeden Tag auf. Laut. Das war schrecklich ergreifend. Auch die anderen Keller begannen zu beten. Ich erinnere mich, wie wir sie dem Ingenieur aufgeschrieben haben. Am nächsten Abend begegnet uns der Ingenieur und sagt:

»Wissen Sie, meine Herren, anderthalbtausend Leute in meinem Block sagen in diesem Augenblick Ihre Litanei auf.«

Denn an dieser einen Adresse waren wir mindestens dreitausend. Allein an Aufständischen waren es dreihundert, dreihundertfünfzig. Und es wurden auch immer mehr. Ebenso die Zivilisten. Aus anderen zerbombten Häusern. So wie dieser Leonard.

Dass Swen das Gebet sprach, hatte weniger mit seiner Frömmigkeit zu tun als mit seiner Schauspielerei. Vorher waren die Gebete ziemlich monoton gewesen. Bei Swen wurde das alles auf einmal interessant. Und sinnvoller. Außer seiner Schauspielkunst hatte Swen ein Gespür für Lebensnähe, für die allerbrennendsten Bedürfnisse. Nach einem Abendgebet, ich glaube an dem Tag, an dem die Leute in dem kleinen Luftschutzraum beim Eingang mit Äxten aufeinander losgegangen waren (ohne übrigens einander etwas zuzufügen), wandte sich Swen an alle, vom Altar aus:

»Bitte, liebe Leute, geloben wir einander, dass wir uns nicht mehr streiten werden!«

»Wir geloben!«, wiederholte die Menge gehorsam.

Und das half sogar. Zumindest für eine gewisse Zeit. Und dann sagte Swen es noch einmal. Und wieder gelobte der ganze Luftschutzraum zerknirscht. Und wieder half es für soundsolange. Also waren es nicht bloß leere Worte.

Ich kehre jetzt zur Reihenfolge der Ereignisse zurück. Zum befreundeten Straßenbahnerpaar. Mit den beiden verbindet sich bei mir das Datum des 12. August.

Am 12. August verließen wie üblich tagsüber ein paar Leute unseren Keller, für Erledigungen, um Essen zu besorgen, was weiß ich, Wasser, zu einer Rettungsaktion, vielleicht auch zum Barrikadenbau, darunter war auch der Straßenbahner. Inzwischen hatte man sich an die Geschosse gewöhnt. An die Bombardierungen. Von Praga aus. Von dem Kanonenboot auf der Weichsel. Und vom Panzerzug auf den Gleisen am Danziger Bahnhof. Diese ganzen Angriffe waren noch nicht so häufig wie schon bald darauf. Der 12. August brachte allerdings einen Umbruch. Am Nachmittag, als sie fort waren, erzitterte die ganze Altstadt von einer plötzlichen Explosionsfolge mit Stoßwellen. Das war etwas völlig Neues, wie ein Taifun. Wir waren überzeugt, dass es der ganzen unteren Altstadt die höheren Stockwerke weggerissen hatte. Es hieß auch, alle Dächer seien weggefegt. Eine unbekannte Waffe. Für die Waffenarten hatte man ein Gefühl entwickelt. Die Leute rannten hinaus, um zu sehen, was los war. Sie kamen zurück mit der Nachricht von den Dächern. Und dass da überhaupt etwas ganz Schlimmes passiert sei. Irgendein »V«. Panik brach aus. Was war das? Aber sie dauerte nicht lange. Denn bald wiederholte sich das Krachen. Bis jetzt waren die Nächte ruhiger gewesen. Flieger hatte es nachts nicht gegeben. Wohl plötzliche Artillerieangriffe. Und noch weitere Dinge. Wie die Panzer. Aber von da an verfolgte uns diese neue Waffe – der Minenwerfer – noch zu den anderen Waffen, vor allem nachts und immer öfter, soundsoviele Male pro Nacht.

Es gab auch Feuerwerfer. Wir wussten nicht, wie sie aussahen. Weder die einen noch die anderen. Man hörte sie nur, erst drei- oder sechsmal so ein Knirsch-Quietschen, sofort danach dieselbe Zahl Explosionen mit Stoßwellen. Bei diesem Quietschen hieß es:

»Da drehen sie einen Schrank auf.«

Sofort kam ein lustiger Vers in Umlauf – wir lasen davon in der Zeitung –, der handelte vom Aufziehen der Schränke.

Werfer – der Name passte. Denn diese Stoßwellen warfen Mauern und uns um.

Aber zurück zu der Straßenbahnerin. Bis zum Abend wartete sie auf den Straßenbahner. Er kam nicht zurück. In der Nacht schlief sie nicht. Sie weinte. Am Morgen war er nicht zurück. Wir trösteten sie. Und nach etlichen Stunden hörten wir wohl auf, sie zu trösten. Es gab nichts mehr zu sagen. Jetzt im Moment erscheint es mir nicht mehr so gewiss, dass es der 12. war. Eine einzige Sache macht mich da unsicher. Der nächste Tag war der 13. Der berühmte Tag, an dem der Goliath-Panzer auf der Długa explodierte. Aber trotzdem habe ich wohl Recht. Noch vor dem Goliath, also früh am 13. oder vielleicht am Nachmittag wandte sich die Straßenbahnerin an uns:

»Können Sie mir helfen, in den Lazaretten nach ihm zu suchen?«

»Aber natürlich!«

Und so brachen wir drei, sie, Swen und ich, auf in die Stadt.

Oder war es vielleicht doch der 14.? Der 13. war nämlich ein Sonntag. Aber nein. Sonntage waren nur zwei, und ein Feiertag, nämlich der 15. August. Die Sonntage unterschieden sich in nichts. Wie auch? Wer von den persönlichen Zeugen verbindet oder verband jemals die Explosion des Goliath mit einem Sonntag? Das ist ja wohl ein Beweis.

Und dass ein kleines Stück Zeit einem sehr groß vorkam, das ist nicht verwunderlich. Jeden Tag hieß es:

»Schon der zwölfte Tag des Aufstands.«

»Schon der dreizehnte Tag des Aufstands.«

Und wir meinten, ganze Jahre schon so hinter uns zu haben, und was hatten wir vor uns? Nichts anderes war je gewesen, nichts anderes würde je sein als Aufstand. Den man nicht länger ertragen konnte. Jeden Tag wieder konnte man es nicht mehr aushalten. Dann jede Nacht. Dann alle zwei Stunden. Dann alle fünfzehn Minuten. Ja. Man zählte die Zeit, ununterbrochen. Man erlauschte aus der Luft oder ertastete es auf dem Boden, bebte er jetzt oder nicht, wo sind sie? Diese Ostfront? Gleich hinter der Weichsel, aber wo? In Wiśniewo? In Piekiełko? Man lauschte dem Radio oder denen, die Radio hörten bzw. die Nachrichten über das, was sich im Westen tat. Dort rückte auch (seit Juni) die Front vor. Die französischen Städte waren befreit. Die belgischen auch. Und wir? Es gab Abwürfe. Waffen. Sie kamen mehrmals mit Flugzeugen. Erst die vom Westen. Die Alliierten. Hauptsächlich polnische Piloten. Hauptsächlich oder ausschließlich. Einmal geriet ein ganzes Geschwader Flugzeuge mit Sachen zum Abwerfen für uns von England oder Afrika kommend in einen Kältestrom über den Alpen (glaube ich). Alle Motoren starben ab. Und alle kamen sofort runter. Einmal stürzte vor unseren Augen ein Flugzeug der Südafrikanischen Union ab. Auf Praga. Ein anderes stürzte auf der Miodowa ab. An der Einmündung in den Krasiński-Platz. Genau auf die Barrikade, auf der schon eine Straßenbahn stand. Die Piloten haben sie rausholen können. Und genau diesen beiden sollte ich – an jenem 13. August – begegnen. Zufällig. Es waren Polen. Auch diese.

In der Długa, zwischen der Einmündung der Kilińska und der Garnisonskirche, natürlich auf der Weichselseite, waren neue Lazarette in den Kellern. Gerade eingerichtet. Hauptsächlich wegen des Goliath-Panzers. Wie ich aus den letzten Berichten einer Bekannten gehört habe, einer Lehrerin, die dort war, kam am 13. August, an diesem Sonntag oder Nichtsonntag gegen Abend, wohl schon nach Sonnenuntergang, aus der Świętojerska in die Freta ein von den Deutschen losgelassener Goliath gefahren. So ein kleiner Panzer. Eher ein Tank. Dass er auf die Straße losgelassen war, wusste man anfangs nicht. Vielmehr wirkte er sozusagen verlassen. Oder hinterlassen. Und von den Polen mit Beschlag belegt. Sofort brach die Menge in Hochrufe aus. Führte ihre eroberte Beute davon. Eskortierte sie. Aus der Freta bogen sie dann in die Długa. Und irgendwo in der Nähe der Kilińska (der Einmündung), während die Euphorie ihren Gipfel erreichte und sich die Menschen auf den Balkonen drängten, kam es zur Katastrophe. Die Zeitbombe detonierte. Viele, die auf den Balkonen gestanden hatten, wurden von den Eisenstäben durchbohrt. Die meisten Leichen, Stücke von Beinen, Armen, Innereien, Kleidungsfetzen lagen auf den Grünflächen in der Mitte. Sofort wurden zur Nacht neue Lazarette eingerichtet. Die Lehrerin, meine Bekannte, hatte zwei Brüder, die im Aufstand aktiv waren. Einer, der ältere, kam im Gefecht um. Der andere, noch ein kleiner Junge, half aus. War dauernd unterwegs. So war es damals. Die beiden – meine Bekannte und ihre Mutter – (sie waren aus Wola geflüchtet) saßen im Keller, als der kleine Bruder auf der Długa war. Seine Schwester, meine Bekannte, lief hinaus. Suchte. Nach der Explosion. Denn irgendjemand hatte ihr gesagt, der Kleine sei dort gewesen. Und auf einem Stück Grünfläche, damals ohne Gras, auf der bloßen Erde fand sie ein Stück von seinem Bein mit dem Schuh. Danach erzählte ihr jemand, der kleine Bruder lebe noch, er sei bestimmt dort in dem neuen Lazarett. Sie wollte hinein. Aber sie ließen sie nicht. Sie waren erst dabei, alles einzurichten. Am nächsten Tag wurden auch die Lazarette bombardiert. Irena P., die ich noch während des Aufstands irgendwo dort in der Altstadt traf, erzählte (sie war nämlich damals auch dort gewesen), man habe die Innereien mit Schaufeln aufgesammelt.

Als wir mit der Straßenbahnerin draußen auf der Rybaki waren, schauten wir erst im Lazarett Ecke Rybaki und Boleść nach. Im Pulverturm. Dort war nämlich ein Lazarett. Im Parterre. Der Straßenbahner war nicht dort. Sie sagten uns, die Verletzten, die nicht zur Armee gehörten, seien am wahrscheinlichsten in der Długa.

Die Rybaki sah schon anders aus als am Anfang. Alle paar Schritte Barrikaden aus Erde, Schienen, Pflastersteinen und Gehsteigplatten, mit einem ganz schmalen Durchschlupf an der Mauer. Die Mauern der alten Einfahrt und die beiden muschelförmigen Tore waren einschlagsnarbig, bröckelten, der Putz fiel ab. Die Häuser verloren allmählich schon ihre normalen Züge. Die Höhen. Fassadenlinien.

Von der Ecke Boleść gingen wir ein Stück zurück in unsere Richtung, denn hier, genau in der Biegung war die Mauer, die das Ende der abfallenden, wie bereits erwähnt, von der Stara durchschnittenen Gärten der Dominikaner bildeten. In dieser Mauer, von der vor einigen Seiten schon die Rede war, befand sich ein Tor, von dem ebenfalls bereits die Rede war, nämlich das mit der Monstranz, die den Anfang der Route bildete, diese Altstadtroute, also den Durchgang von der unteren Altstadt in die obere. Hinter dem Tor mit der Monstranz bog man direkt nach links. Rannte zum Mistkübel an der Quermauer. Sprang auf den abgestellten Hocker. Vom Hocker auf den Mistkübel. Vom Mistkübel (so ein altmodischer Typ Kasten mit Deckel) gings durch ein Loch in der Mauer. Und dann stand man auf einer höheren Ebene beziehungsweise am Boden des Hofes, von dem man über ein Brett in ein Fenster kroch, vom Fenster in jemandes Wohnung, von dieser Wohnung durch ein Loch in der Wand in etwas anderes Dunkles, das unten Parterre war, in der Mitte Keller. Dort geriet man dann blindlings in eine Menge von Sitzenden, Liegenden, sogar Verwundeten. Die schrien:

»Herrgott! ... Nicht drauftreten! ... O mein Gott!«

Von dort in Windungen im Dunkeln auf einen Hof, der wiederum höher lag. Von diesem Hof durch ein Tor. Auf die Mostowa. Hier ging es quer über die Straße, geduckt hinter einer Barrikade. Über Kopfsteinpflaster. Immer konnte man von hier aus durch einen Spalt an der Einmündung ein Stück blauen Himmel und Weichsel sehen. Die Straße ist abschüssig. Und diese Barrikade galt als Front mit Aussicht. Und oft lagen da Aufständische und schossen in Richtung Ufer und Praga. Vielleicht sogar bis auf diese legendären Bäume, wo die Deutschen mit ihren Ferngläsern saßen. Auf der anderen Seite der Mostowa (damals waren dort Häuser) trat man ins Tor zum unteren Hof des Hauses Gdańska Piwnica, Danziger Keller. Vielleicht war es auch nicht der Danziger Keller, nur die Nachbarschaft. Ein bisschen weiter bergab. Denn mir scheint, das älteste Warschauer Spital, das Spital zum heiligen Lazarus (ich erinnere mich an die ausgebrannten Mauern, die standen noch, an die Wehrmauern gestützt, als sie nach dem Krieg freigelegt und das Denkmal zerlegt wurde), befand sich genau gegenüber dem Eingang von der Mostowa aus, an diesem ersten, tiefer gelegenen Hof. Denn es waren zwei Höfe. Hinter einem Zaun oder einer Mauer, in jedem Fall hinter einem sperrangelweit offenen Tor, war nämlich ein zweiter ähnlicher Hof. Mit Kopfsteinpflaster, auch dieser. Und da erst war der Danziger Keller.

Der Danziger Keller war ein seit jeher berühmtes Wohnhaus. Darin wohnte meine Großmutter. Mein Vater hatte als kleines Kind um 1905 ganze Monate in dem Haus verbracht. Von diesem Hof mit Kopfsteinpflaster aus gesehen – immer saßen graue Katzen dort – hatte der Danziger Keller vier Stockwerke, also das Haus hatte von unten vier Stockwerke, und von der Freta, also von der Vorderseite aus, zwei. Die Treppen waren aus Holz. Auch dort lauter Katzen. Daran kann ich mich noch aus der Zeit vor dem Krieg erinnern. Nur damals hatte man noch nichts von dem Denkmalswert des heiligen Lazarus gewusst (es war ja auch umgebaut, überbaut und verbaut, so wie die meisten Dinge in Warschau, es war schwierig, die Merkmale eines Baudenkmals zu erkennen), und man wusste auch nichts davon, dass der Danziger Keller bei all seiner Außergewöhnlichkeit noch dazu ein Parasit am Barbakan war. Man landete also in einem Treppenhaus. Auf dem zweiten Stock. Und wenn man bis ans Ende des Flurs gekommen war, stellte sich heraus, dass man im Parterre in der Freta war. Und überhaupt, da war das Tor und direkt die Straße. Oben in der Altstadt. Auf dieser Route, im Danziger Keller und am Ausgang auf die Freta, an der Ecke Długa, Nowomiejska, Mostowa ging man immer in der Menge, passierte schnell viele Menschen. Ruckzuck ging man. Suchte. Erledigte. Und rannte wieder. Die Długa war ja immer noch die wichtigste Straße mit den Ämtern.

Eines der Häuser, ob es der Danziger Keller war oder das mit der Badeanstalt in der Mostowa, war an der Vorderseite cremeweiß und grau gekachelt. So eine Mode im 19. Jahrhundert. Ein bisschen ähnlich war es an der Kathedrale. Die Farbe der Häuser allerdings ging schon langsam ins Grau-Verkohlte über. Die Ecke Mostowa und Freta lag in Trümmern.

Vielleicht sogar beide Ecken. Bestimmt sogar, denn aus jüngeren Berichten weiß ich, dass die erste Bombe das Haus rechts von der Mostowa zertrümmerte – das mit der Fassade zur Weichsel stand –, während ich jedoch bis heute die linke Ecke vor Augen habe. Also die mit dem Laden. Ein Haufen braunroter Ziegel. Trümmer gab es übrigens schon einige. Aber das war ja erst der Anfang. Tatsächlich sind sie vielleicht damals schon am Mehl erstickt, die Leute im Keller am Alten Markt, als eine Bombe einschlug. Aber die Kirchen standen noch, Klöster, die Kathedrale. Straßen standen noch. Seltsam, ja geradezu grausig, wie weit es damals überallhin war. Niemals erschien Warschau – auch wenn es jetzt viermal so groß ist wie damals – so verwirrend und groß, so endlos. Die Entfernungen hatten sich ausgedehnt. Die Anlage und Anordnung war zerdehnt, zerhöhlt, zerschachtet und zu einem kleinmaschigen Netz zerpresst. Jetzt rührt es mich richtig, dass ich an der Kreuzung Krucza – Piękna – Mokotowska war, und jene da schossen vom Platz des Polytechnikums – und das hörte und fühlte sich weit weg an. Sicher, man sah weder die Geschütze noch sie selbst. Unwillkürlich verschob man die ganze Topographie der Front. Das Ufer von Praga erschien einem überhaupt wie auf einer anderen Landkarte. Die Nazis mit den Ferngläsern in den hohen Bäumen am Zoo und die Ostfront in Żerań – ein Mythos, der zwar in der Tat Wirklichkeit wurde, aber eher eine Wirklichkeit zweiten oder dritten Grades. Was bedeuten denn – und das ist ja die Hauptfrage – psychische Einteilungen in Ordnungen und Entfernungen. Im jüdischen Aufstand stellte sich ja dieselbe Frage.

Wir also rein in diese Lazarette. Alle auf der linken Seite. Viele waren es. Irgendwas lief wohl noch im Parterre. Aber das war gefährlich (die Miodowa war schon total kleingehackt), deshalb unterirdisch. Alles Unterirdische war einfach Luftschutzraum, doch ein Luftschutzraum unter den alten Häusern war nichts anderes als ein ganz gewöhnlicher Keller für Kohlen und Kartoffeln, aus engen Kabuffs und Kabüffchen, kein Wunder, dass wir nach jeder solchen Erfahrung wieder aufs Neue platt waren. Vor Verblüffung. Auf den Korridoren waren an den Zugängen zu diesen Kabuffs Aufschriften angebracht: Saal 5, Saal 6. Und auf dem Korridor, dem vom Hofeingang aus, waren die Verwundeten. Das war auch ein Saal Nummer soundsoviel. Die einen lagen auf dem Kellerboden. Auf was? Auf Decken, wenn welche da waren. Aber auch auf Papier. Und auch unter grauem Papier. Andere saßen. Halb aufgerichtet. Und wieder andere waren ganz bandagiert, die Gesichter schrankfarben verbrannt, ganz in Verbandsgaze eingewickelt. Auch die Arme und Hände. Und durch diese Gazewickel staken die Arme so vom restlichen Körper ab, dass es aussah, als steckten sie auf etwas. Sie bewegten sich, auf und ab. Wie Totems. Dauernd aneinander vorbei, hin und her. Es war ja so eng. Sie traten praktisch auf der Stelle. Und die Arme – beide – hielten sie symmetrisch (daher die Totems) hoch, in diesen Verbänden. Den Mund offen. Atmeten so. Gingen so schrecklich geduldig umher. Denn Sitzen ging nicht. Wegen dieser Verbrennung – bei lebendigem Leib und anschließendem Weiterleben. Oder eigentlich Weiterleben bei lebendigem Leib. Das waren die Piloten. Aus diesem Flugzeug. Das an der Einmündung der Miodowa auf die Barrikade mit der Straßenbahn abgestürzt war. Ein bisschen haben wir sie da befragt. Nicht viel. Und sie nickten ein bisschen zur Antwort. Aber das war fast kein Gespräch. Sie gingen. Nichts sonst. Mit erhobenen Armen. Atmend. Durch diesen Schlitz für Nase und Mund im Gesichtsverband. Der Straßenbahner war auch hier nicht. Das hieß, die Chancen standen schlechter. Die Straßenbahnerin weinte. Wir sind dann wohl zu dritt zurückgegangen. Nach einiger Zeit. Was sollten wir sonst tun?

Ich habe schon den kleinen Keller neben dem Eingang von der Treppe erwähnt, wo die Küche war und die Frauen kochten. Auf dem Herd standen immer mehrere Töpfe, aber es war eng, und sie hatten kaum alle Platz. Deshalb gab es Gezank und einmal ja auch diesen Streit mit den Äxten. Einmal stritten sich zwei Nachbarinnen darum, wer wann dran war. Die eine von ihnen war schließlich beleidigt und ging in ihre Wohnung zum Kochen. Also nach oben. In dem Moment schlug eine Granate ein und ein Splitter traf sie. Ich war gerade auf der Treppe, als man sie hinuntertrug. Durcheinander, Hektik. Jemand schrie:

»Trage!«

Und schon wurde sie auf eine Trage gelegt. Ich weiß nicht, ob ich dabei auch geholfen habe. Aber ich war jedenfalls gleich mit bei den Trägern. Ich glaube am Fußende. Sie hatte den Splitter nämlich in den Fuß bekommen. Und ich erinnere mich, wie schrecklich das Blut strömte. Doch sie wurde nicht verbunden, bestimmt war nichts da, außerdem war das Lazarett in der Nähe. Im Pulverturm.

Ihre Kinder rannten auf der Treppe hinter uns her und heulten laut. Sie stöhnte. Wir gelangten schnell hinaus auf den Hof. Helllichter Tag. Hitze. Die Granaten schlugen ein. Wir im Trab mit der Trage auf die Straße. Die Rybaki wie ein Kessel. Wumm! Wumm! Der Durchgang an den Barrikaden war so eng, wir mussten die Trage mit der Frau und dem blutströmenden Fuß irgendwie schräg legen und hindurchzwängen. Dann zur Einfahrt. Die Mauer. Es krachte in die Mauer und in die zwei Nischen. Grade als wir vorbeikamen. Wumm. Und so bis zur Ecke. Zum Pulverturm.

Dort stellen wir die Trage ab. Drinnen – im Parterre. (Ich weiß nicht, ob unten vielleicht kein Platz mehr war?) Ich erinnere mich noch an das graue Licht und diese Stimmung wie aus Amicis oder aus Saragossa in »Popioły«[14]. Gedränge, Elend, Gräue.

»Moment mal, Bürger!« So wurde ich glaube ich angesprochen. »Hier muss bloß ein verwundeter Oberleutnant, der beide Beine verloren hat, vom Bett (Bett?) auf (irgendwas anderes) verlegt werden.«

»In Ordnung.« Ich warte, entsetzt. Aber doch nicht. Nach ein paar Minuten werde ich entlassen.

»Nicht nötig. Ist schon einer da.«

Und es krachte da in den Kessel. Den Rybaki-Kessel. Ich zurück. Es krachte. Meine Güte, was hat es gekracht! Aber ich habs geschafft, heil.

Doch die Küche (vielleicht waren es auch mehrere, ich weiß nicht mehr) war manchmal auch etwas leerer. Denn Swens Mutter setzte ihren Topf auf. Das hieß Essen für uns alle. Oder Swen und ich buken Puffer auf dem Herd. Aus dunklem Mehl.

Damals aßen wir zweimal am Tag. Es war also nicht so schlecht. Manchmal bekam man etwas aus der allgemeinen Ration. Doch eines Tages brach Panik aus: Wir haben die Vorratslager in der Stawki verloren!

Aus diesem Lager in der Stawki hatten wir einmal Kartoffeln in Flocken bekommen. Von richtigen Kartoffeln konnte man nicht mal träumen. Den ganzen Aufstand über nicht. Das war also ein außerordentliches Ereignis.

Am nächsten Tag vertraute Swen mir an, seine Mutter habe ihm anvertraut, es sei nicht mehr viel Mehl da. Außer Mehl gab es noch Altbrot, wovon Swens Mutter in wundersamer Voraussicht viel hatte trocknen können. Aber dieses

»viel« war für sechs Personen gar nicht so viel. Das eine, was es noch gab, war Getreidekaffee. Ja, aber das war ja nur zum Trinken. Ungesüßt, versteht sich, nicht mal mit Sacharin.

Also? Was tun? Etwas muss her. Und es fand sich eine Lösung. Einmal kamen wir vom Altar zurück, als ein braves Weiblein, das an dem Pfeiler auf der anderen Seite unseres Luftschutzraums »wohnte«, uns herbeiwinkte.

»Wenn die beiden Herren vielleicht den Mut hätten, nach oben in meine Wohnung zu gehen, um Mehl zu holen, ich hab dort Mehl, selbst hab ich Angst zu gehen, bringt mir ein wenig davon, und von dem Rest nehmt ihr, so viel ihr wollt.«

Weder am ersten Tag noch am zweiten hatten wir den Mut. Das war nicht der 7. oder 8. August. Wir waren einmal oben gewesen, ich weiß nicht mehr, ob ganz am Anfang oder ein wenig später, jedenfalls noch an den Tagen mit gewissen Ruhepausen. Da waren wir heimlich gegangen. In den zweiten Stock. Wozu? Wahrscheinlich, um Altbrot zu holen. Denn es musste einen wichtigen Grund gegeben haben. Die Türen waren damals noch da. Denn ich kann mich ans Öffnen erinnern, ans Eintreten. Und an das Sofa. Grün. Auf diesem Sofa hatten wir manches Mal gesessen und hatten bloß aus dem Fenster auf die Weichsel gestarrt, tags und nachts. Mit Teik, Halina, Irena und Zym hatten wir hier die Treffen unseres Literaturkreises. Einmal schrieb ich sogar eine Erzählung über uns auf dem Sofa. Und ich hatte es als »speckig« beschrieben. Das hatte Swen mir übelgenommen. Worüber er später selbst gelacht hat.

Als ich irgendwann zum ersten Mal zu Swen zu Besuch kam, blieb ich natürlich über Nacht – wie die meisten Leute, die, wenn auch nur auf einen kurzen Besuch, zu Freunden gehen. Ich saß auf dem Fensterbrett. Ich schaute seitlich auf die Weichsel. Erzählte Swen etwas. Und Swen klappte irgendwann das Sofa auf, legte die Sitzfläche an die Rückenlehne, und gebückt kniend suchte er lang nach etwas im Kasten. Ich wunderte mich, dass er so zerstreut war. Doch hinterher erklärte er mir, dass er ein Nachthemd für mich gesucht habe, und das war ihm peinlich. Die Szene wiederholte sich. Genau jetzt. Swen kniete vor dem aufgeklappten Sofa und suchte etwas darin. Ich stand an der Tür (Fenster – das war höchste Gefahr) und wusste nicht, was er suchte. (Getrocknetes Brot, falls das zu dem Zeitpunkt noch in Frage kam, stand schon bereit.) Swen holte, glaube ich, Löffel hervor. Ich bin nicht sicher. Später wusste ich, was es war, weil er es mir sagte. Aber ich erinnere mich nicht mehr.

Vermutlich war es am dritten Tag, nachdem die Dame am Pfeiler uns ein weiteres Mal angesprochen und uns zugeredet hatte, redeten Swen und ich einander gut zu und gingen nach oben. Voller Angst. Vielleicht krachten auch Granaten, aber weiter weg. Auf dem Weg schauten wir wahrscheinlich zuerst in Swens Wohnung vorbei. Alles war jetzt ganz anders. Vom Öffnen der Wohnung konnte keine Rede mehr sein. Nicht mal von einer Tür. Korridor und Wohnung waren nicht mehr voneinander getrennt. Keine Wand mehr. Alles lag durcheinander, war durchbohrt von den Geschossen. Ich blickte in Richtung Sofa. Ein Stück davon war zu sehen. Ganz verschüttet unter einem Teil Mauer. Eilig machten wir uns auf zur Wohnung der Dame. Blitzesschnell nahmen wir das Mehl. So viel wir konnten. Und dann nichts wie runter!

Ich war glücklich, dass das Hungergespenst vertrieben war. Für Swens Mutter, Swen, mich, Tante Uff. und Zbyszek und Celinka. Und es war eine Frage der Ehre. Jetzt war ich kein Schnorrer mehr.

Ich habe nun wieder Schwierigkeiten mit der Reihenfolge bestimmter Fakten, die sich zwischen dem 12. und 18. August ereignet haben. Ich weiß, dass es für meine Leser nicht wichtig ist, was genau wann war. Aber sie sollen sich nicht wundern. Für mich ist es wichtig – diese Genauigkeit von Daten und Orten (wie ich wohl schon bemerkt habe). So kann ich den Aufbau zusammenhalten. Mir wird auch klar, dass es vielleicht unbekümmert wirkt, dieses beiläufige Verknüpfen und Verlieren meiner verschiedenen fern- und ferner- und manchmal näherfernstehenden Personen. Aber so war das. Die Leute verloren sich so plötzlich, wie sie sich fanden. Soundsolange standen sie nah. Dann standen andere nah. Plötzlich verlor man diese, und andere wurden wichtig. Das war ganz allgemein so. Eine Sache des Herdentriebs. Ganz egal in welcher Herde, Hauptsache Herde. Alle drehten sich damals im Kreis, wie es so ist in der Stunde des Todes (was es ja irgendwie war), niemand wusste mehr, wo er hingehörte. Die aus dem einen Keller gingen in den nebenan, die von nebenan in den anderen. So, wie die aus der unteren Altstadt in die obere gingen und die von der oberen den Abhang hinab, nach unten. Woanders war besser. Und sogar, wenn es einem einfiel, dass es ja überall gleich ist, das half auch nicht.

Zurück zum Aufstand. Dem Augustaufstand. Wie wir damals dachten. Dass er für immer so heißen wird. In ganz Polen. Aber schon in Młociny, schon in Włochy war Polen Nicht-Warschau, lebte vor sich hin. Für Polen war in erster Linie bedeutend, dass Warschau brannte. Das machte Eindruck. Der Vater von Roma Oliwowa stieg damals bei Siedlce auf einen Baum, kam runter und sagte:

»Oho, Warschau brennt.«

Die Piloten, die nachts kamen, um über Warschau Hilfsgüter abzuwerfen, hatten keine Probleme, ihr Ziel zu finden. Da, wo es rot war, war Warschau.

Also – zurück zu Polen – Polen, das war nicht Warschau. Und so wurde der Aufstand zum Warschauer Aufstand. Kehren wir also zurück zum Warschauer Aufstand. Eines Tages oder Abends … das lässt sich schwer sagen: Im Luftschutzraum brannten lauter Karbidlampen, ein paar Kerzen, Karbid gab es genug – überall. Auf der Chłodna sah ich Leute mit Geschepper und diesem Geruch (nach Karbid) unter den Armen ganze Blechfässer über den Gehsteig rollen, diese Karbidtönnchen. Es ließ sich also schwer auseinanderhalten, erst recht in der Erinnerung, in diesem ewigen Abend des Luftschutzraums, wann es Tag war und wann nicht … An diesem einen bestimmten Sozusagen-Abend nun kamen, wie so oft, plötzlich Leute herein, meistens alle einfach so, diesmal kamen sie aus Wola. Nicht direkt aus Wola, unterwegs hatten sie sich in anderen Luftschutzräumen aufgehalten, die wahrscheinlich bombardiert worden waren oder ihnen wohl ungünstiger vorkamen als der unsere. Wir freundeten uns damals mit einer dicken Frau an, mit dicken Armen und Händen (sie hatte nur ein Sommerkleid an, geblümt, mit kurzen Ärmeln), die war von der Towarowa, Ecke Wolska. Von dort war sie geflüchtet. Vor ihren Augen wurden Leute an die Wand gestellt, vor allem Männer, erschossen, in Brand gesteckt. Sie, wie auch etliche andere, konnte sich irgendwie in diesem Durcheinander, dem Brennen, Schreien, Krachen davonmachen. In unserem großen Ziegelbunker mit Altar war es im Laufe der Tage schon ziemlich eng geworden. Sie fand also keinen Schlafplatz mehr. Die Pritschen waren ganz und gar belegt. Sie trieb eine lose Tür auf, so eine Brettertür, vielleicht von der Kellertoilette, und irgendwo nah bei uns, soundsoviele Pritschen hinter den Ad.s, näher am Altar und am Durchgang, schlief sie die erste Nacht auf der Tür (liegend), und wie sie aufstand, waren ihre Waden und Arme voll mit den Abdrücken der Ritzen zwischen den Brettern.

Es herrschte Gedränge. Immer weniger Platz. Und Häuser. Das Gelände der Festung Altstadt schrumpfte nach und nach, dann und wann wurden auch die Barrikaden verschoben und die Gräben. Denn die Gräben waren ganz normal. Schützengräben. Zum Rennen und Schießen. Lang. In Krümmungen. Wie an der Front.

Ja, und: immer mehr Bombenabwürfe. Artillerie, das Kanonenboot von der Weichsel, Panzerzüge von der Eisenbahn, kurz: Geschosse unterschiedlichster Kaliber. Das war die eine Sache. Aber die Flieger. Dieses Grauen. Tagtäglich. Und die Tage waren lang. Die Flieger flogen heran. Gingen tiefer über den Dächern. Und dann, wenn man sie schon hörte ... drrrr ... und da flogen sie ganz tief über unsere Dächer, unsere Blocks oder was auch immer das Nächste war, und wir wussten, das waren Bomben. Und aus diesem Sich-Schrauben der Flieger von oben nach unten löste sich das Heulen der Bomben; ein kurzes Weilchen ließ es auf sich warten, aber ganz kurz. Dieses Weilchen war der Treffer selbst. Und danach ein Knall, also die Explosion. Und dann: Krachen, Bersten, Herumfliegen von Dingen, also die Auswirkung des Treffers. Durch irgendeinen glücklichen Umstand gab es unglaublich viele Blindgänger. Es hieß, das seien die Tschechen. Bei ihnen wurden die Bomben gemacht, und sie schraubten absichtlich nicht richtig fest. Wenn sich also aus einem Flugzeug dieses Heulen gelöst hatte, das Fliegen der Bombe, Treffer und Stille, dann fingen alle an – in den ersten Tagen leise, später zusammen mit Swen, dann im ganzen Familienchor –, laut zu zählen:

»Eins, zwei, drei, vier, fünf, sechs, sieben, acht, neun, zehn, elf .... zwö-hölf ... (schon warf man sich Blicke zu) dreizehn ...« und diese Handbewegung, Skepsis, Verwerfen, Aufatmen:

»Blindgänger.«

Aber bald kamen wieder Flieger heran, schraubten sich herab, die Bombe löste sich, Heulen, Stille – und:

»Eins, zwei, drei, vier, fünf, sechs, sieben, acht, neun, zehn, elf ...« – und da ging es manchmal plötzlich los – und wie das einschlug!

Meistens kam die Explosion bei acht, neun. Na ja. Aber da kamen die Flieger schon wieder und:

»Eins, zwei, drei, vier, fünf, sechs, sieben ...«

»Krach!«

Bei uns? Nein ... Aber schon wieder Heulen.

»Eins, zwei, drei, vier, fünf, sechs, sieben, acht, neun ...«

Krach!

Nein, wohl nebenan – na, wir sind jedenfalls noch da. Einen anderen Beweis gab es nicht. Und wieder Anflug, Heulen ...

»Eins, zwei, drei, vier, fünf, sechs, sieben, acht, neun, zehn ...«

Krach!

Und der nächste:

»Eins, zwei, drei, vier, fünf, sechs, sieben, acht, neun, zehen, elf ... zwö-hölf ... drei-ze-hen ...

Ah!«

Dann gab es vielleicht eine plötzliche Pause. Eine halbe Stunde. Eine Stunde. Und ...

»Eins, zwei, drei, vier, fünf, sechs, sieben, acht, neun, zehn ...«

ssss- und sofort:

»Eins, zwei, drei, vier, fünf, sechs, sieben, acht, neun, zehn, elf, zwölf ... drei-ze-hen ... ah ...«

Und schon kamen die nächsten.

»Eins, zwei, drei, vier, fünf, sechs ... o mein Gott!«

Und kurz darauf:

»Da sind sie schon wieder.«

»Herr im Himmel!«

und

»Eins, zwei, drei, vier, fünf, sechs, sieben, acht, neun, zehn, elf, zwö-ö-ölf ... drei-zeeeehn ... ah!«

Das war tagsüber. Und nachts. Wir liegen. In Kette. Kellerweise. Und auf einmal:

tschach ... tschach ... tschach ... tschach

Stoßwellen, Feuer, einstürzende Mauern – je sechs Mal, meistens.

Und wie die Mauern schwankten ... einmal seh ich: sie schlagen sicher einen Meter weit aus: hin ... und her ... und hin ... und her ... – gehen wir in die Luft? Neiiin – sie haben nur geschwankt, und noch ein bisschen und ein bisschen weniger, immer weniger, und dann stehen sie wieder wie vorher. Ich rieb mir die Augen vor Verblüffung.

Nach jedem solchen Schrank ging es dann unter den Leuten eine Zeitlang:

»ratsch – ratsch – ratsch ...«, und dann legten sie sich hin, wo sie grade standen, und schon schliefen wir alle wieder.

Und wieder:

fff ... schsch ... ffff ... schschhhh – Feuer, Stoßwellen, schwankende Mauern (rote), Leute mit Kindern im Arm stürzen sich in Masse Richtung Tonne, zu dem engen Eingang des anderen Kellers, und die aus dem anderen Keller strömen in unseren Luftschutzraum.

Alle auf einmal.

Sie prallen aufeinander, stoßen aneinander. Kehren zurück. Die Schränke verstummen. Die Leute lassen sich auf die Pritschen fallen. Schlafen. Bis es wieder losgeht. In einer Stunde. In zwei. In einer halben:

fffsch … fffsch … fffsch …

Und wieder los mit den Kindern im Arm, rums, in den Durchgang, die anderen zu uns, Zusammenprall, Stille, Umkippen, wie sie gerade stehen, in Kleidern, in Mänteln, mit den Kindern … Schnarchen.

Aber nein. Vom 12. August an waren die Nächte nicht gut. Ich rede nicht von den Granaten. Den Panzern. Dem Anrücken. Diese Schränke, die waren es.

Unternehmen Mehl. Einmal. Gelungen. Wir brachten es dem Weiblein. Und sie hatte Mehl. Und wir hatten. Doch gleich fiel Swen nicht unschlau ein, dass für – wie viele waren wir? Seine Mutter, er, ich, Celinka, Tante Uff. und Zbyszek – sechs Leute! – also für sechs Leute zweimal täglich, selbst einmal täglich und sogar mit dem Rest des Altbrots zusammen, davon war nämlich auch noch da – war das Mehl nicht sehr viel. Und er sagte:

»Komm, gehn wir nach oben.«

Ich ging hinter ihm her. Beim ersten Mal war es auch schlimm gewesen. Jetzt wurde unser Block getroffen. Dieser Teil hier. Aber es ging noch. Ich hielt mich tapfer. Allerdings weniger und weniger. Im ersten Stock schreie ich Swen zu:

»Kehren wir um!«

Er:

»Nein!«

Plötzlich ein Krachen.

Einschlag in die Wand nebenan.

Swen rennt weiter nach oben.

Ich schreie:

»Kehren wir um! Swen! Swen!«

Nichts.

Ich schreie (die Geschosse schlagen ein) und schon auf dem Weg hinaus:

»Ich geh runter! Geh nicht!«

Es half nichts. Die Geschosse schlugen in die Treppe ein. In unsere. Ich schwankte. Kniff, feige. Im nächsten Moment kam Swen an, außer Atem, grinsend, mit neuem Mehl.

Das imponierte mir noch besonders, weil Swen ein Knie im Verband hatte, er hatte was mit dem Knie und nahm deshalb später (am Anfang schon noch) nicht aktiv teil. Andere – ohne Grund, ohne Erklärung – hockten und duckten sich fast hinter die Tonne, die Pfeiler, unter die Pritschen. Und gingen nicht.

Aber ganze Gruppen gingen doch. Auf jeden Aufruf hin. Zu den Verletzten. Zum Freischaufeln. Zu den Barrikaden. Zum Verschieben. Verstärken. An die Gräben. Zum Löschen. Undsoweiter.

Ich habe schon über die von Swen am Altar vorgeschlagenen Besserungsschwüre geredet und davon, wie der ganze Luftschutzraum sich an die Brust schlagend rief: Wir geloben. Nicht immer klappte das, aber später gab es dann trotzdem immer wieder An-die-Brust-Schlagen und Versöhnung mit Verzeihensbitten.

Einmal, als unser ganzer roter Luftschutzraum noch schnarchte und nur die Kerzstummel vom Altar dripselten, brach plötzlich links, hinter den Pfeilern und nah an der Wand ein Streit aus.

»Hören Sie mal, sind Sie verrückt geworden?«

Denn die eine hatte ein Kind, und eine andere hatte den Nachttopf von diesem Kind genommen und schüttete jetzt daraus Chlor auf den Übergang zwischen der linken Seite des Bunkers und der linken Wand … ob es um den Nachttopf ging, aber ohne Chlor, mir ist jedenfalls bloß die Gestalt dieser einen Frau haftengeblieben, die ging und dabei etwas ausstreute, wahrscheinlich in der Tat Chlor, und es ging wohl um den scharfen Geruch … aber lassen wir das.

Oder es ging um die Tonne. Die stand nicht weit von uns, am Ausgangskorridor.

»Es stinkt! Und wie! Wechseln!«

»Bah … pfui … zum Teufel!«

Endlich war es so weit, und es gab einen Tonnenbeschluss.

»Auswechseln.«

»Ja, klar, auswechseln.«

»Aber wie? Und wer?«

»Kettenmethode.«

»Ja, genau.«

»In Kette! Bitte, meine Herrschaften, stellen Sie sich auf, und wir reichen das schmutzige Wasser weiter … von einem zum anderen … und so weiter und so fort.«

So wie mit den Ziegeln für die Barrikaden auf der Chłodna.

Und es ging. Bis ganz unten. Erst das alte stinkende Wasser weg. Dann neues herbei. Zuerst durch den kleinen Korridor zur Toilette (Menschenkette). Dann von der Toilette durch den kleinen Korridor in die Tonne.

Man reichte weiter. Der eine dem anderen. Leerte. Füllte. Das Wasser war gewechselt.

Die Tage unterschieden sich nicht so sehr voneinander. Doch diesen einen Feiertag – den 15. August (der fiel auf einen Dienstag) –, den beschloss man plötzlich zu begehen, zu feiern. Allem zum Trotz. Vom frühen Morgen an. Dieser – heute aufgehobene – kirchliche Feiertag war gleichzeitig der Jahrestag des sogenannten Wunders an der Weichsel[15]. Welches es gar nicht gegeben hatte. Außer einer Metapher nichts gewesen. Doch die Metapher hatte sich im Lauf der Jahre zur Wortwörtlichkeit gewandelt. Dabei ging es um die Vorkriegszeit. Diesmal wartete man auf ein Wunder an der Weichsel. Auch unter Beteiligung jener dort. Auf der anderen Seite. Und hinter Żerań. Aber diesmal sollten sie kommen.

»Wenn sie bloß einmarschierten.«

»Wenn sie bloß kämen.«

»Wenn sie bloß schon da wären.«

Man hörte die Front. Sie stampfte die Erde. Sie rückte vor. Manchmal hielt sie inne.

Das Warten auf die Russen war nicht so ganz im Einklang mit der Politik der AK. Die allerdings auch irgendwie wartete. Und auch wie auf die Erlöser. Dieses Warten und sogar diese Politik der Unstimmigkeiten (damals noch) hatten eine gewisse eigenartige Stimmigkeit. Menschlich.

»Der fünfzehnte Tag des Aufstands«, hieß es früh am 15. August.

»Der fünfzehnte Tag des Aufstands ...«

»Der fünfzehnte Tag ...«

Ich glaube, ich habe in Bezug auf dieses Datum etwas vorgegriffen, was gewisse Dinge, den Ausbruch dieser absoluten Hölle angeht. Ich erinnere mich allerdings daran, dass wir am 15. August schon etliche Grausigkeiten hinter uns hatten – hier in der Altstadt. Dass dieser Morgen, ich weiß nicht mehr, wie er anfing, natürlich heiß, verqualmt, irgendetwas brannte, also gab es viel Rauch, und auch offenes Feuer ... Also an diesem Morgen, oder vielmehr am Vormittag, gab es ein paar Stunden Erholung, Ruhe und Feierlichkeit nach all den Katastrophen.

Im Parterre, in dem großen Saal mit Säulen sollte es eine

feierliche Messe geben, an der fünfhundert (etwa) Aufständische, die bei uns Unterkunft hatten, und alle Leute aus den Blocks A, B, C und D teilnehmen sollten. Kerzen wurden bereitgestellt, Geschirr; irgendwoher kam auch ein Teppich, vielleicht noch was zum Schmücken – was – das weiß ich nicht mehr. Ich erinnere mich noch daran, wie man begann, sich zu versammeln. An die Hitze, die Ruhe. An die Menge der Zivilisten und die Menge der Aufständischen in Tarnzeug der Deutschen, einzelnen Uniformteilen, mit Gewehren und Helmen in den Händen, die sie von den Deutschen erbeutet hatten. Daran, wie riesig die Menge dann schließlich war, dass die Lichter angingen, dass der Priester in grünem, vielleicht auch weißem Ornat hereinkam. Und die Messe begann.

Niemand hatte in Betracht gezogen, dass es eine Störung geben könnte, dass diese feierliche Ordnung kaputt gemacht werden könnte. Und auch nicht, dass sich kaum jemand in den letzten zwei Wochen rasiert hatte. Die Hitze nahm zu, die Messe nahm ihren Verlauf. Die Leute standen. Und es war ruhig. Immer weiter. Am Schluss stimmte der Priester fast gleichzeitig mit den Aufständischen und der Menge an:

»Gott, lass Polen …«

Man sang zu Ende. Ging auseinander. Alle. Jeder in seinen Keller. Die Armee in ihre Quartiere. Beziehungsweise an ihre Posten im Parterre, an den Fenstern, beim Ausstieg, an den Barrikaden, und die Restlichen mit den Zivilisten in die Luftschutzräume. Und ich glaube, dann kamen sofort die Flieger. Im Tiefflug über unseren Dächern. Und dann fiel Bombe auf Bombe. Wir zählten wohl nicht mal. So viele auf einmal waren es. Alle auf unsere Blocks. Die Leute wussten, dass die Deutschen wussten, dass sich hier ein Haufen Aufständischer befand. Und wenn schon? Sollte man böse werden? (Manchmal wurden Zivilisten böse auf die Soldaten und umgekehrt, aber an diesem Tag kam das nicht vor.) Ich weiß nicht, ob es damals war, dass jemand mit dem Gewehr auf einen Flieger schoss (das machten sie manchmal). Und er traf einen. Er stürzte ab. Aber auch die Bombe stürzte auf uns ab. Auf unseren Keller. Krachen. Dunkel. Stoß. Und – seltsam, aber wir stehen, alle zusammengedrängt, so, wie wir vorher standen. Also hatte es doch nicht unser Haus getroffen? Danach die Panzer. Angriff. Die krachten rein. Dann Artillerie. Und dann – Stunden später – in der Sonne, der Hitze – steckten Swen und ich den Kopf hinaus in den Hof und sahen, dass hinter der Wand unseres Luftschutzraums ein Loch ist, in dem etwas Weißes steckt. Nicht nur an einer Stelle. Und jeder weiß, wenn anstatt eines Hauses und Kellers nur ein offenes Loch da ist, aus dem etwas Weißes ragt, und wenn auch noch etwas Weißes herumliegt, dann sind dort viele Menschen umgekommen. Na ja, es war bis in den Keller durchgeschlagen. Die nächsten Nachbarn. Aber wir waren davongekommen.

Von da an ging es mit der Hölle Altstadt unaufhaltsam weiter. Und da brannten wohl auch schon Tag für Tag und Nacht für Nacht die Sakramentki. Der Reihe nach alle Bauten und Anbauten, die am Hang und oben am Rand des Hangs.

»Die Sakramentki brennen«, hieß es von da an jeden Tag.

Ja, die Sakramentki brannten. Und die Nonnen rannten in ihrer Tracht umher. Der weißen. Und schlachteten Schweine und Kühe. Tagtäglich. Und verteilten sie an die Leute.

Und sie nahmen Menschen auf und versorgten sie. Immer mehr. Tausende. Diese Nonnen, die seit soundsoviel hundert Jahren, seit Marysienka[16] hinter einem vergitterten Fenster sangen und durch ein Gitter die Kommunion empfingen, wurden plötzlich Aktivistinnen, sozial Engagierte, eine heldenhafte Einrichtung, eine Stütze für die Neustadt. Sie fütterten auch einen Teil unserer Armee durch. Und die Soldaten gaben einen Teil von diesen Gaben an die Zivilisten weiter. Nur beging man tagtäglich immer wieder ein und denselben Fehler. Es war heiß. Und es wurde nicht das Fleisch der frisch geschlachteten Schweine und Kühe verteilt, sondern das bereits vor ein oder zwei Tagen geschlachtete. Und das vor ein oder zwei Tagen geschlachtete stank schon. Und wenn die Soldaten es kochten, denn die Soldaten kochten es, dort im mittleren Luftschutzraum, in Kesseln und Töpfen, dann breitete sich dieser Gestank im ganzen Keller aus. Einmal haben wir auch versucht, davon zu essen. Aber Swen und ich, wir brachten es nicht fertig, es anzurühren. Der Gestank war nicht zu ertragen. Dabei waren wir schon sehr ausgehungert.

Ich weiß noch, wie die Aufständischen in diesem Gestank alle in einer Reihe mit den Kurierinnen und Sanitäterinnen unter den Decken lagen. Ein paar Weiblein haben sich ein bisschen darüber entrüstet, aber nur so, mit Tuscheln und Gucken. Etliche haben sich einfach gewundert. Wie man in dieser Situation an so etwas denken konnte. Dem Rest war es wunderbar egal.

Mit den Aufständischen war die Beziehung im Allgemeinen gut. Obwohl ich mich an eine unangenehme Szene erinnere, auf der Freta, vor den Dominikanern. Ein paar Frauen beschimpften einen zufällig des Weges kommenden Aufständischen. Was sie denn überhaupt machten. An anderen

Orten (das weiß ich allerdings nur vom Hörensagen) beschimpften die Aufständischen Frauen. Denn als die Deutschen bekanntmachen ließen, dass man mit weißen Lappen oder Tüchern auf den Żoliborzer Viadukt hinausgehen solle, um sich zu ergeben, da machten sich ein paar Frauen wohl tatsächlich auf. Darüber hörte man Verschiedenes. Das war nicht die einzige Ergebung dieser Art. Oder vielmehr eines Versuchs dieser Art. Einer ging wohl glücklich aus (für die mit den weißen Tüchern). Ein anderes Mal sollen die Deutschen geschossen haben. Und, mag sein, die Frauen sind entsetzt zurückgewichen. Ins nächstbeste Haus. Die Aufständischen schlugen ihnen die Tür vor der Nase zu, sie waren beleidigt. Danach haben sie sie wohl beschimpft, aber doch hereingelassen. Aber da fühlten sich einige schon beleidigt. Und sind in ein anderes Haus gegangen.

Die Sache mit den Schlüsseln zu unserer Wohnung (meiner, Mamas und Stefas) Chłodna 40 ließ mir weiterhin keine Ruhe. Wie waren sie nach oben zurückgekommen – als sie zu den Deutschen hinausgegangen waren –, ohne Schlüssel zu haben? Und überhaupt, wie ging es meiner Mutter? Tante Józia und Stefa? Die Schlüssel hatte ich bei mir. Vielleicht wussten Oma Frania (die Tante meiner Mutter) und Tante Limpcia (deren Tochter) etwas? Sie wohnen in der Bielańska 16 im Hinterhaus, im Souterrain, neben dem Radziwiłł-Palais. In dessen Hof. Mit der ganzen Familie. Bestimmt sind sie dort. Was sprach überhaupt dagegen, sie zu besuchen? Vielleicht würde es mir gelingen, weiter über die Leszno bis zur Żelazna zu kommen. Es hieß ja, die Leszno sei in unseren Händen – die ganze Zeit. Dass man durch miteinander verbundene, durchbrochene Keller einen Kilometer an der Leszno entlanggehen konnte. Sei's, wie es sei – auf gings.

Und ich machte mich auf. Swen wollte es nicht, Swens Mutter sagte:

»Geh nicht!«

Aber ich blieb dabei.

Machte mich auf den Weg.

Rybaki. Die bekannte Altstadtroute. Bergauf zum Mistkübel, durchs Loch in der Mauer. Hinterhinterhof. Rauf aufs Balkönchen. Jemandes Wohnung. Hinterhinterhof. Über ein langes Brett rein ins Fenster von jemandes Wohnung. Da sitzen sie. Frauen. Leute. Loch. Reinkriechen ins Dunkel über Liegende.

»O mein Gott!« Das sind die Verletzten.

Vom Keller in den Hof, ins Tor, Sprung, quer über die Mostowa, Barrikaden, mit Aufständischen, die im Liegen aus diesen MGs auf Praga schossen. Das offene Holztor. Hof mit Pflastersteinen. Dunkelgrauen. Großen. Unten der Danziger Keller. Das Katzenhaus. Hier – zweiter Stock. Dort – Parterre. Freta. Dann Długa. Fast geradeaus. Über die Długa huschte ich schnell. Es war nicht so furchtbar schlimm. Vielleicht brannte es irgendwo. Dann betrachtete ich diese Barrikade an der Miodowa. Mit der Straßenbahn und dem Flugzeug. Und rein in die Długa. Den ferneren, schiefen, schlänglich-unebenen Teil. Auch dort immer mal wieder eine Barrikade. Und ein bisschen bedrohlich. Zur Warnung. Denn an der Einmündung der Długa auf den Przejazd gegenüber dem vom Novemberaufstand[17] her berühmten Arsenal stand ein siebenstöckiges Haus, das von den Nazis besetzt war. Und die hatten die ganze Gegend unter Beschuss. Und die Długa ganz besonders. Vor dem Arsenal mündete rechts die Nalewki in die Długa, und links, fast gegenüber, das Ende der Bielańska. Vor dieser Kreuzung war eine Barrikade. Man rannte, von der Weichsel aus gesehen, links, denn diese Seite war sicherer (mehr Deckung). Und an der Barrikade quer über die Długa. Rein in das Tor und den Hof eines Hauses, das fast oder unmittelbar an die Bielańska 16 grenzte. Das Haus, wo Tante Limpcia wohnte, besser gesagt Olimpcia oder noch besser gesagt Olimpia. Mit Mann Stach, Sohn Rysiek (meinem Cousin), Bruder Ceniek und mit meiner Oma Frania, ihrer Mutter, von der sie Olemka genannt wurde. Von der Długa aus gelangte ich durch einen Durchgang auf ihren Hof. Der war eigenartig, lang. Mit Kopfsteinpflaster. Zog sich von der Seite der Bielańska (schon jenseits der Tłomackiego) und dem Radziwiłł-Palais entlang (das heute auf der Insel in der Ost-West-Schnellstraße steht), in Biegungen zwischen dem eisernen Staketentor der Einfahrt und dem Mietshaus auf der Vorderseite, Bielańska 16, und der Fassade des Palais, mit dem halbrunden, auf drei Säulen ruhenden Aufgang; beschrieb dann wieder einen Bogen, der um die andere Seite des Palais herumführte, bis vor ein sehr langes Hinterhaus. Und am Ende dieses Hinterhauses, gleich an der Gartenmauer auf der Rückseite des Palais, da ging ich schnell entlang, ich flog, flog bis an ihr Fenster und schaute hinein.

»Tante!«, schrie ich, »Tante! Rysiek!«

Tante Limpcia kochte gerade Suppe (Graupensuppe), Rysiek kam auf die Treppe hinausgerannt, sofort war auch Limpcias Mann da, mein Onkel, der arme Stach, und Stachs Bruder Józiek war wohl auch dort. Sie riefen mich. Ich rannte. Zu ihnen. (Sie brauchten keinen weiteren Luftschutzraum.)

»Und Oma Frania?«, fragte ich.

»Ach«, Tante Limpcia rührte die dicke Graupensuppe, sie war ganz gelassen. »Die Oma sitzt im Palais … Im Gang, da sind ganz viele, sie haben dort Licht … geh nur zu ihr, wenn du magst, ach, wenn sie dich sieht …«

»Und was ist mit meiner Mutter, wisst ihr was von ihr? Sie ist in der Chłodna geblieben. Ich hab den Schlüssel. Ich wollte eigentlich bis zur Chłodna.«

»Wir wissen von nichts. Wie willst du denn gehen?«

»Na ja, vielleicht durch die Leszno. Mal probieren.«

»Aah! ... Ausgeschlossen. Da kommst du nie hin. Was denkst du, wie weit du kommst? Bis zur Żelazna? Meinst du in der Chłodna 40 sind keine Deutschen?«

»Ja, stimmt.« Ich gab ihr Recht.

»Geh mit Rysiek zur Oma, er bringt dich hin, ich mach in der Zeit die Graupensuppe fertig. Magst du was davon? Kriegst auch ordentlich was.«

»Ja, gern ...«

»Jetzt geht mal los ... die Oma wird vor Freude heulen ...«

Wir zum Palais. Hinein. Über diesen Aufgang. Halbrund, auf zwei Seiten, Rokoko, breite Gänge, einstmals für Feste, jetzt glimmelt hier das Licht einer Glühbirne ... und Menschen, Menschen. Und ein Schwatzen, Tratschen, ratschratsch-ratsch, und Trödel bis zur Decke. Auf beiden Seiten – ein Stapel Kram neben dem anderen. Und die Leute drauf, drunter, sitzend, liegend, tratschend ... und wir biegen ab und noch mal ab – und so gehen wir und gehen wir um eine Biegung nach der anderen.

Bis Rysiek zeigt: »Da.«

Ich schaue – da sitzt sie.

Sie sitzt da. Oma Frania.

»Oma! Oma!«

Sie dreht sich auf dem Schemel um, schaut, ihre Augen sind gerötet. Und sie fasst mich um den Hals und küsst mich ab und weint.

»Was ist mit deiner Mutter, was mit dir, um Gottserbarmen, ich hab so Angst um euch. Und Kazia?«

Ich erzähle ihr. (Kazia ist meine Mutter.)

Wir saßen ein bisschen zusammen. Gingen zurück. Ich bekam Suppe. Dick. Köstliche grützige Suppe. Voll. Eine riesige volle Schale. Ich aß alles auf.

»Magst du noch?«

»Wenn ich darf.«

Ich bekam ein zweites Mal. Genauso viel. Was für ein Glück war das, diese zwei Schalen voll – satt essen konnte ich mich. Ein wenig blieb ich noch sitzen. Ich musste zurück. Doch genau da begann dieser grässliche Beschuss der Długa. Aus diesem Siebenstockhaus auf dem Przejazd.

»Wie, du gehst zurück? Wie willst du durchkommen?«

»An den Barrikaden lang.«

Mit jeder Minute wurde es schlimmer. Ich hinaus. Ins Tor zur Długa, also eigentlich in diesen Hauseingang an der Barrikade. Ich sehe, wie Leute alle Augenblicke – hoppla! Kopf eingezogen! – quer drübersetzen. Ich brauchte ein wenig Zeit, um meinen Mut zusammenzunehmen. Doch da seh ich ein Mädchen, eine Kurierin, rennen – ihr stößt nichts zu, da ducke ich mich und renne, hui!, einfach so. Und schon haste ich auf der anderen Seite der Długa hinunter. Immer weiter, immer weiter. An dem Ausgebrannten vorbei. Den Vier Winden. Bis hinter die Kurve und den Knick. Von wo aus man bis zum Krasiński-Platz sehen kann, weiter, die Długa lang. Und bis zu den Dominikanern mit Turm und Schrank. Gotisch. Pseudo. Denn so – nach einem Schrank – sah mir der Vorbau mit den Waffenhäusern aus. Von vorn. Den gibt es nicht mehr. Dort, links, geht eine Gasse ab – hinter dem Knick der Długa –, klein, eine Sackgasse, von hinten zum Krasiński-Park. Barocke Gasse hieß sie, Barokowa. Offiziell. Vor dem Krieg. Die Gegend war stolz auf was Neues gewesen. Aber die Leute verstanden immer »Barakowa« wie Baracke (und so sagten sie auch). (Ich muss gestehen, bis 1946 habe ich auch gedacht, sie hieße so.)

Auf einmal – Flieger. Da hängen sie schon geduckt über den Dächern und streuen Bomben. Und schon sind sie weg. Und wieder da. Ferner. Näher. Schon sind sie auf Höhe der Barokowa. Wir auch. Wir soll heißen ich. Mit einem anderen. Wie ich. Wir. Zu zweit. Hier. Nur. Kein Vor, kein Zurück. Denn da sind sie, schon da. Wir rein. In so was Eingeschossiges ... Was (?) leer ist, man fliegt, wir fliegen durchs (?) Untergeschoss, Säle (?), an was entlang (?), Flure (?), das sich schon wandelt, kracht, klirrt, wir fliegen dahin, Ziegel fliegen, die Flieger richten einen Schutthaufen an. Der sprichwörtliche Ziegel. Einer. Und dann ganz viele: Rums! Rums! Wir die Krägen hochgeschlagen. Was für ein dummer Instinkt? Wir springen. Rums – Rums! Sich bloß nicht unterkriegen lassen. Nicht treffen lassen. Alles ist wichtig. Denn es fliegt. Schräg. Mit Wucht. Zwischen den Mauern. Ssschu – bssumm. Geriesel. Putz. Etwas. Aus Regenrinnen. Warten? Nein. Bloß nicht stehen bleiben. Schschumm. Der Hügel fliegt, vielleicht besser hinsetzen ... Wir springend weiter, auf einmal: Rrums. Nichts. Entkommen. Bloß ... war es nötig, meine ich.

(In der Leszno. 1930. Bauklötze. Nanka schält Kartoffeln. Ich frage mich, wie so eine Kugel treffen kann, ich kann sie doch sehen und zur Seite springen. Nanka sagt darauf, das gehe nicht. Aber hier ging es irgendwie.)

Nach dem Angriff. Der Typ in seine Richtung. Ich in meine. Die von damals. Laufschritt. Długa. Platz. Długa. Mostowa. Bergab. Durchgang. Unten. Rybaki. Kopfstein. Bei uns. Und gleich: »Er ist wieder da!« Swen verheult. Nimmt mich in den Arm. Swens Mutter sagt:

»Was hat der sich angestellt. Die ganze Zeit – du seist immer noch nicht zurück, es sei dir etwas zugestoßen.«

»Ach was!« Ich winke ab.

So wollte ich es. Und so bin ich drüber hinweggegangen. Es ist nicht mehr so wichtig. Angeblich. Aber für mich ... Und für das Radziwiłł-Palais. Wars doch. Wichtig. Und für diese Mauer. Mit dem Garten. So wie er auch jetzt noch ist. Zum einen, dass er hinter dem Palais ist (hinter der Ost-West-Schnellstraße, schon bei der Abfahrt in den Tunnel). Zum andern wegen der Dimensionen. Bestimmt. Und diesem Gras. Und diesen Figuren. Klar, die Mauern gibt es heute nicht mehr, das ist ja der Witz, dass da keine Mauer ist, doch sowohl auf der einen wie auf der anderen Seite Straßenbahnen, das Palais mittendrin. Also, diese Figuren. Es herrschte Ruhe. Pause. Stillstill. Jedenfalls mehr oder weniger. Und jedenfalls hier. Und dazwischen Tante Limpcia und ihr Graupenkochen. Hinterher stellte sich übrigens heraus, dass es Erbsensuppe war. Daran hat Rysiek mich erinnert. Nach dem Krieg (und was dampfte die Suppe aus dem Fensterchen, von unten, und duftete – und wie). Rysiek und ich. In diesen Garten. Der war sonst nicht offen. Sonne, Hitze. Klar, tagsüber. Dieser Himmel. Hitze – blau. Gras – grün. Und sie. Diese Figuren. Ich weiß nämlich noch, dass sie nach dem Krieg nicht da waren; später dann doch wieder, noch später dann von den Säulen runtergeholt, sie standen im Gras, standen da auf dem Gras, im Gras. Später – glaub ich, wieder auf den Säulen drauf, und jetzt? Das geht mir durcheinander – wie sie jetzt stehen. Und wie haben sie damals gestanden? Auch so. Wohl auf Säulen irgendwie. Nein, doch nicht. Ohne. Alle? Was weiß ich. Aber irgendwas qualmte. Qualmte (damals) los. Schüsse. Ach ja. Ich weiß wieder. In die Polnische Nationalbank. Die mit den Banknoten. Von vor dem Krieg. Daneben. So fing es an. Krachindiestille. Einmal. Zweimal. Echo. Klopfen. Kistenartig. Denn manchmal wars wie Bretter. Und etwas fiel wohl runter. Von dieser Figurengesellschaft. Und das war alles.

Während der Okkupation kamen polnische Kinder, jüdische Kinder, Greisinnen, Greise, Zigeuner, (angeblich) Verrückte und überhaupt alle Möglichen, einzeln, in Gruppen, von morgens bis abends bei uns in der Chłodna auf den Hof und sangen. Meistens:

Am ersten Septembertag
des deeenkwürdigen Jahrs
überfiel der Feind unser Polen
vom Himmel herab dem hohen.

Am ärgsten hat er geschlagen
auf unser Waarschau ein
oj, Warschau du unsre arme
Stadt bist voll Blut und Pein.

Einst warst du unsre Schöne,
groß und wuuunderbar
Jetzt liegst du als ein Haufen
aus nichts als Trümmern da.

So kam es einem 1939 vor, nach diesem September. Als an einem Tag – dem 23. (glaube ich) – achtzehntausend Granaten auf Warschau fielen. Am 25. September – ja, das war der entscheidende Tag – vom Morgen bis zum Abend – zwölf Stunden lang – Bombardierung von ganz Warschau. Am nächsten Tag brannte es, überall waren ja Feuer. Sie wüteten. Diese Granaten. Aber etwas war damit schon besiegelt. Schicksale. Den 25. September hatte man nicht ausgehalten. Am 27. kamen die Überlebenden aus den Kellern gekrochen.

Ja. Danach. Danach die Deportationen. Pawiak[18] und dergleichen. Lager nicht gleich von der ersten Woche an. Das kam so nach und nach. Danach fing das Ghetto an. Und diese Wand am Krasiński-Platz, am Kardienstag – dem 20. April –, dem zweiten Tag des Ghettoaufstands. Ein Deutscher schoss von der Garnisonskirche in der Miodowa aus, mit Geschützen aufs Ghetto, auf die Bonifraterska. Dort fielen Menschen herab. Von diesen hohen blinden Wänden mit kleinen Fenstern. Aus diesen Fensterchen. Und hier sammelte sich Publikum – Schufte – und klatschte dem Deutschen Beifall. Und nach soundsoviel Abgeschossenen nahm der sich den Helm ab, die Sonne schien, er schwitzte, war erschöpft – dieser Held – in dieser Menge der Jubler – und wischte sich den Schweiß ab.

Und danach – da kam das berühmte späte und schöne Ostern 1943. Die Arier – so nannte man auch uns noch – in den Kirchen – alle feierlich – und dort – die Hölle – das war bekannt, aber ganz ohne Hoffnung. Und ohne Zeugen. Na ja, es hat auch Helfer gegeben. Es hat Wohlmeinende gegeben. Oder – Gleichgültige. Aber … lassen wir das. Am Ostertag selbst war der Höhepunkt des Brandes. Am Himmel war Feuer.

Ein wenig hat das angefangen zu wirken. Auf diese und jene. Doch am Krasiński-Platz gab es diesen Jahrmarkt. Karussells. Schiffschaukeln. Das hatten die Deutschen mit viel Tücke eingefädelt. Und ein paar von unserem feinen Publikum machten ihre Runden dort, auf den Karussells, den

Schiffschaukeln – fünfzig-, sechzig-, ja sogar hundertmal hintereinander. In diesem dicken Qualm. Denn der kam. Und kam immer weiter. Von der Bonifraterska. Der Nowolipki. Der Dzielna. Świętojerska. Vom Przejazd. Denn der Aufstand im Ghetto ging immer weiter. Die ersten Schwalben. Im Mai sah ich sie damals in diesem Gequalm und hörte sie piepsen. So um den zehnten herum, das weiß ich noch. Das war zwei Tage nach dem Kollektivselbstmord der jüdischen Führung. Im Bunker an der Miła. Die Deutschen haben sie entdeckt.

Und was diese Schiffschaukeln angeht, da habe ich später gehört, dass manche absichtlich deshalb geschaukelt sind, um zu beobachten, was im Ghetto geschah.

So waren wir nun die Abgeschnittenen, Unbewunderten. Doch wenigstens mit Hoffnung auf die Front. Die Deutschen waren besiegt. Offiziell. Seit Juni lief die Offensive im Westen. Und im Osten schon länger. Nur hatten die Aufständischen sich verrechnet, was die deutschen Kräfte anging. Jenseits der Weichsel. Vor dem Ausbruch des Aufstands hatten sie gedacht, dort sei ein kleiner Rest. Doch dann zeigte sich, dass es noch etliche (neun?) Divisionen waren. Ja. Und da half es nichts, dass sie den Krieg verloren. Hier waren sie stark.

Der Erste August, der blutige Tag,
an dem sich Warschau erhoben hat …
… ……………………
… …………………… or
Die Deutschen stehn schon in jedem Tor,
tatatata tatata tata …

Hier kann ich mich nicht mehr an die Worte erinnern. Ich meine dieses Lied über den Aufstand, naiv war es, aber … und so ging es weiter:

Verzweiflung breitet sich aus im Herzen
Kein Kämpfen hat mehr Sinn.
Ein Mädchen mit Flasche erklimmt einen Panzer
und zahlt es ihnen heim
für die verbrannte, zerstörte Hauptstadt
und für …

Noch mal zur Frage der Front. Wir hatten immer noch Hoffnung. Nur gab es schon diese Abgeschnittenheiten, Vereinzelungen: Mokotów, Żoliborz, Powiśle, Stadtmitte, Altstadt.

Die Bugaj-Straße führt von der Brücke am Schloss an der Altstadt vorbei zur Mostowa. Von der Mostowa bis zur Münzanstalt (Präge) beziehungsweise Sanguszki verlief die Rybaki.

Es ging darum, die Münzanstalt zu halten. (Dort war Teik. Und dort fanden ganze Nächte und Tage währende Kämpfe statt, um jeden Raum, jeden Korridor.) Und um die Remise in der Sierakowska, am Danziger Bahnhof. Um über den Eisenbahnviadukt nach Żoliborz vorzustoßen. Die Aktionen waren von beiden Seiten (Żoliborz und Altstadt) aus koordiniert.

Es half nichts. Wir verloren das »Niemandsland«, das Ghetto. Wir verloren die Remise, ein Stück Muranów nach dem anderen. Die Münzanstalt wurde noch verteidigt. Das war die berühmteste Festung in unserer Festung Altstadt.

Ja. Noch was zu dieser Ausdauer. Dem Widerstand. Dem erzwungenen – man kann es nicht anders sagen. Man wusste ja irgendwie, dass dort die Nazis waren, hinter der Weichsel, ganz nah schon die Russen, hier die Aufständischen, und im Westen die Amerikaner, Engländer, die Alliierten. Aber das alles war einfach eine kreisende, bis zum Gehtnichtmehr rasende Maschinerie. Diese Fronten. Und dieser Aufstand. Hier. Auf was sich berufen? Auf diese Riesenblechbüchse auf Wybrzeże, dem Viadukt, mit all dem Stacheldraht? Diese Abstraktion? Denn es war eine Blechbüchse und es war eine Abstraktion. Ansonsten – allseits bekannt – Totenköpfe, Helme – Raus! Raus! – Schreie, Gebrüll, Nazis, Schrecken, wir hatten Angst, sie würden aus einem Panzer springen, stürmen, Granaten in die Keller schmeißen. Denn so was kam vor. Überall. Immer gingen mir dieser Lärm, das Trampeln, dieses Rausraus durch den Kopf, »Hände hoch«, und krach! eine Granate, ein ganzes Bündel davon, in den Eingang. Blitzen. Funken. Krachen. Womöglich ein Treffer. Vielleicht gibt der Pfeiler Deckung. Besonders auf unseren Spaziergängen in den Luftschutzräumen, zwischen dem einen und dem anderen, hatten wir Angst, auf einmal an der Wand die Schatten großer Helme zu sehen, vergrößert, verzerrt.

Da war also diese Angst, dieses Grauen. Und man wollte weder, dass sie plötzlich stürmten, noch einen ungewissen Ausgang der Situation, noch überhaupt einen Kontakt. Mit denen. Man sah sie übrigens auch nicht, niemals. Umso grausiger war diese Abstraktion. Und der Viadukt. Denn wieder hatten sie angeblich verkündet, man sollte herauskommen, und soundsoviele Frauen waren mit weißen Tüchern herausgekommen, und dann war dort auf dem Viadukt was Schlimmes passiert. Mit etlichen, angeblich. Und die Flieger, die Granaten – das waren typische Erscheinungen der Maschinerie. Wann und wo außerdem sollte man hier – in diesem Krachen, Kesseln, Dröhnen – etwas entscheiden – für sich selbst! wie hinausgelangen? zu wem? wie? wohin? wann?

Ludwik erzählt, zu Tränen gerührt und lachend, von 1939, Bomben, Hölle, Menschenmassen, nicht mehr zum Aushalten und da unter diesen Bomben:

wiu

wiuuu

wiuuuuu

schreien Frauen auf einmal – eine fing damit an –, auf ihren Bündeln sitzend fiel ihr ein:

»Ergeben wir uns!«

und andere:

»Ergeben wir uns!«

und der ganze Luftschutzraum:

»Ja, genau! Ergeben wir uns!«

aber von wegen, nichts als:

wiuuu

wiuuuuu

wiuuuuu

– und die Frauen, die Menge, der Luftschutzraum immer weiter:

»Kommt, ergeben wir uns …«

Und dabei blieb es dann.

Zurück zum Aufstand. Aktion. Nachts. Freta. Kirche zum heiligen Jacek. Also die Dominikaner. 17. August. Genau der Tag des heiligen Jacek. Und des heiligen Miron. Aber nur im Kalender von 1922 hatte gestanden: »Miron B.M.« (Bischof und Märtyrer), denn Nanka hatte mich nach dem Kalender Miron genannt. Und sonst stand da immer nur: »Jacek, Julianna.«

Und eine Kirche des heiligen Miron, Bischof und Märtyrer aus Byzanz (Jacek war ja polnisch, Odrowąz), die gab es nicht. Etwas fuhr jedenfalls in mich, aus diesem Anlass hinauszugehen und den Abhang hinauf. Dorthin. Irgendwie. Und ich schlich los. Im möglichsten Augenblick. Vielleicht war es auch da, dass die Kugeln über die Freta flogen. Oder doch nicht? Und aus einer in Trümmern liegenden Buchhandlung sammelte ich lose herumfliegende Blätter von Titcheners »Psychologie«. Die Kugeln pfiffen mir links und rechts an den Ohren vorbei, und unterdessen bücke ich mich siebzehn Mal, denn so viele Doppelseiten habe ich aufgesammelt. Zum Lesen im Keller. Und so war es auch. Am 17. August – das weiß ich – bin ich in die Kirche des heiligen Jacek hineingegangen. Bleibe stehen. Schaue. Leere. Und dann Krachen. Von den Granaten. Kirchen, besonders solche großen, sind fatal. Das Echo geht darin um. Wie sonst nirgends. Krachen also, und weiter Krachen. Mit diesem Echo. Aber irgendwie zu viel. Das Echo ist direkt hinter der Wand. Nebenan hat es eingeschlagen. Die Kirche beginnt zu beben. Staubwolken. Plötzlich ein Blitzen, wie es traf, wie es durch die Wand brach, mitten ins Presbyterium. Und da es ins obere Gesims eingeschlagen hatte, war sofort ein Loch da, quer hindurch, die Krage bröckelt, trockener Geschmack im Mund. Ich renne raus. Was auch sonst. Und da hör ich gleich, wie die Schränke aufgedreht werden:

Cha … cha … cha
cha … cha … cha
cha … cha … cha

Und schon bin ich in der Menge am Tor. Ein Mann mit Aktentasche. Tür zur Apotheke. Schon mit der Menge auf der Treppe. Schon fängt es an, wirft uns um, hin und her. Aber weil wir in den ersten Stock gerannt waren anstatt nach unten, war die Angst, das Sich-Krümmen umso ärger, man wusste nie, wie sehr werfen wir uns voran, wie sehr werden wir geworfen. Die Schränke (Minenwerfer) hatten es an sich, dass sie nicht nur vier Stockwerke hoch die Wand durchschlugen und aufrissen, sie machten einen auch ganz benommen.

Das war also dieser Namenstag. Ich kehrte auch gleich zurück. Zu Nockerln. Swens Mutter hat mir glaube ich gratuliert. Sie zwirbelte grade die Nockerln. Wie alle Frauen. Die im Keller. Oder die Rosenkränze. Das eine wie das andere – kleine Kügelchen. Ähnliche Techniken.

Es gingen wohl viele mal hinaus. Mehr, als mir jetzt in Erinnerung ist. Aber nicht alle. Swen nicht so oft. Obwohl er auch ab und zu hinausging. Aber seine Mutter, Tante Uff., Zbyszek – überhaupt nie. Celinka war am ersten Tag zu der Ambulanz in der Miodowa gegangen, auf die Arbeit, aber danach nicht mehr. Nirgendshin.

Durch unsere Ausflüge jedenfalls fanden Swen und ich eine andere Route nach oben. Die Neustadtroute. Rybaki 23 (das Haus von Leonard, dem mit Brille und Mantel, der seinerzeit zu uns geflüchtet war, weil wir Beton hatten). Vom Vorderhaus. Ins Hinterhaus. Auf den zweiten Stock. Vier waren es. Vier Stockwerke. Auf dem zweiten rannten wir durch einen Flur, wie im Danziger Keller, und dann war man im Parterre am Hang. So eine Art Hof, mit Gärten. Zu diesen hängenden (die Rückseite der Sakramentki und noch irgendwo). (Die Bäume, Gebäude, ob zertrümmert oder staubbedeckt, sahen anders aus, und ihr Aussehen änderte sich dazu noch ständig.) Etwas Hängendes also, denn man rannte über eine Art Steg – über den Schluchten des Neustadt-Abhangs. Und vom Steg in die ehemalige (jetzt wieder geöffnete) Kirche des heiligen Benon, Barock, zu Zarenzeiten in die Messerfabrik Bieńkowski umfunktioniert. Ich weiß noch, wie hallenartig, wie kirchenhaft es drinnen war, und wie wir auf die Emporen rannten. Beziehungsweise den Chor. Immer schlimmer sah diese Fabrik-Kirche aus, immer rissiger, die Ziegelchen immer schmäler, immer trockener, denn es herrschte Trockenheit, bei dieser Hitze, dem Reißen und Glühen war alles so ausgedörrt. Es ließ sich nie löschen, man kam nicht nach, denn wieder krachten sie rein, steckten in Brand, es war also sinnlos, immer im Kreis. Hinter Benon-Bieńkowski, schon von oben, vom Markt der Neustadt aus, erinnere ich mich an ein trockenes, langes, splittriges und immer weißeres (?) Brett, das unter den Füßen polterte. Aber zu guter Letzt rannte man durch dieses Eisengittertor, diese schmiedeeiserne Pforte, die auch heute noch da ist und das Ende derselben Gasse hinter den Sakramentki bis hin zum Benon bildet. Durch diese Gasse rannte man bis auf den Markt der Neustadt. An seiner breitesten Stelle. Also rechts. Hinter den Sakramentki bis zu dem Abzweig zur Jungfrau Maria und der Kościelna (die über hölzerne Treppenstufen wieder abwärts führte, die Rybaki querte und bis zu diesem Stacheldraht ging, an der Uferstraße. Zu dem Panzer hinter der Wand). Man hatte einen Blick über den ganzen Markt. Die Verjüngung. Zum Dreieck. Zum Trichter. Auf der Freta, Ecke Koźla.

Man ging viel hinaus, denn einmal gingen damals auch Swen und ich zusammen, ich glaube gezielt, in die Kathedrale. Für einen Besuch. Um sie zu sehen. Noch einmal. Sie anzufassen. Das war notwendig. Bei uns. Mit dieser Kathedrale. Vom Weg dorthin habe ich nichts in Erinnerung. Weder Hin- noch Rückweg. Bestimmt bin ich gerannt. Geduckt. Die Altstadtroute entlang. Loch. Keller, die Liegenden, Verwundeten.

»O mein Gott ...«

Der kleine Laufgang. Die Wanne. Dieses Private da. Frauen. Durch die Mauer. Zu den Dominikanern. Wohl. Sekundenblick: Mostowa – die Barrikade – die Liegenden – Schießenden – Ausblick – Praga (eine andere Stadt?). Danziger Keller. Die alten Mauern. Rot. Der Markt.

Ja, und das Eintreten in die Kathedrale.

Nachmittag. Hitze. Doch ruhiger. Und diese Menschenmenge drinnen. Und diese Verstaubung. Wir gingen näher. An den Chorraum. Dort drängten sich keine Menschen. Aber Skulpturen, Figuren, Gestalten, Heilige, Bischöfe, Vergoldetes, Infuln ... Mengen ... Gedränge. Helldunkel. Hitze. Aber unscharfes Helldunkel. Der Rest dämmrig. Dort – im Vordergrund, in der Tiefe, unten (von der Tür aus) Verstaubung. Wir gingen näher. Der Chorraum hatte Gestühl. Auf beiden Seiten. Ja und den Altar. Und diese Kathedralenhaftigkeit. Sessel, Throne, Begoldungen, Betuchungen, Berankungen. Das Gestühl dicht an dicht – mit den Skulpturen, den Figuren. Aber damals waren auch noch mehr Figuren dort als sonst. Wie sich herausstellte. Und nicht nur das: bei der Tür stand eine ganze Ansammlung, auf Sockeln, oder auch einfach abgerissen, gerettet, hier untergestellt, zu einer Menge zusammengedrängt, von allen möglichen Stellen, die schon zerstört waren. Etwas von Ablassfeiern hing in der Luft. Versammlung. Oder Wahlen. Gericht, Endgültiges. Wie sich dann zeigte. Und zwar ruckzuck, nach ein, zwei Tagen.

Zeitungen, immer in Hast. Einer kommt reingerannt. Bringt eine. Frauen greifen danach. Eine andere entreißt sie. Die einen weiter. Andere zum Altar. Um Kerzen. Hier ist Swen. Er hat sie schon. In der Hand, mittendrin. Wird umringt. Umdrängt! Eine Bombe. Wortwörtlich. Als Nachricht:

»Heute um … wurde die Kathedrale zerbombt.«

»Ooooh …«

Das weiß ich noch. Dieses Ooooh – das ging über alle Pritschen, durch alle Pfeiler, Flure, Treppen.

»Ooooh …«

Als sie noch stand, so lädiert sie auch war, hieß es immer, dort gäbe es Kämpfe zwischen Unseren und Jenen. Barrikaden gäbe es aus Beichtstühlen und Zucker (in Säcken).

Das war wie mit der Münzanstalt. Die einen hier, die anderen dort. Oder später in der Telefonzentrale in der Stadtmitte. Da ging es scheibenweise. Ein Stockwerk diese, ein anderes Stockwerk jene. Und das alles festgefahren, langwierig. Tage. Nächte. Und sogar Wochen. Oder die Heiligkreuzkirche: Die Aufständischen in der Kirche. Die Deutschen auf der Orgel. Und die warfen mit den Orgelpfeifen. Rissen sie raus. Und diese dröhnten. Ganz von selbst, sie kreischten, sie keuchten. Oder die Sache mit den Abwasserkanälen. Dass man in Żoliborz durch den Überlaufkanal in die Weichsel gelangen konnte. Ab und zu wurden sie weggerissen. Die, die dort langgehen. Und in Mokotów ging es nur gebückt, ganz niedrig. Und von Czerniaków musste man stellenweise fast kriechen. Und obendrein schmissen sie Gasbomben rein und Granaten. Und Stacheldraht um die Ausstiege. Damit waren sie zugestopft.

Das waren die Geschichten, keine Mythen, es waren lebendige Wahrheiten. Wie auf der Bracka 18. Da stürmten sie. Schlachteten ab. Rückzug.

Licht. Noch einmal. Licht und Wasser.

Mit dem Licht und dem Wasser wird es mir noch mehr als einmal durcheinandergehen. Licht und Wasser gab es noch sehr lange. Aber ab und zu kam es zu Ausfällen. Dann wurden die Karbidlampen in Betrieb genommen.

Ich hab schon die Aborte erwähnt, die neben den Kellern an der Treppe waren. Am Eingang. Eigentlich nur eine Latrine. So eine große. Mit soundsovielen Klosetts zum Hocken. Und da waren Glühbirnen an der Decke, daran erinnere ich mich. Also daran, dass sie noch da waren. Und an waren. Und daran, dass die Türen verschwanden. Na ja, jedenfalls diese Dicke von der Towarowa hatte auf einer Tür vom Abort geschlafen. Die Kabinen mit den Klosetts hatten alle keine Türen mehr. Ich kann mich noch an die Angeln erinnern. Überall. Die Klosetts waren immer alle besetzt. Man wartete also darauf, dass man an die Reihe kam. Und quatschte unterdessen. Dass keine Türen mehr da waren, bloß noch die Angeln, das machte nichts. Keiner achtete darauf. Und keiner genierte sich. Es gab auch keine Ungeduld, denn wohin sollte man es schon eilig haben? Man quatschte. Mit denen nebenan. Die warteten. Die gerade einen Haufen machten. Die schon fertig waren. Die es noch vor sich hatten. Die zur Gesellschaft da waren. Die einfach so da waren. Die bloß Pipi machten. Die vorbeikamen.

Einmal zum Beispiel – daran kann ich mich noch erinnern – hockte ich nachts unter diesen Glühbirnen in meiner türlosen Kabine, und nebenan war eine ältere Frau im weißen Mantel. Die ganze Zeit plauderten wir ganz nachbarschaftlich miteinander.

Es fing übel an. Nicht bloß erst damals. (Soundsoviele Male hat es übel angefangen.) Aber das Gefühl. Von Einkesselung. Das diesmal bis zur Unerträglichkeit anstieg. Natürlich Gewöhnung, Beherrschung, immer mehr Anstrengung für die Anstrengung.

»Gegrüßet seist du Maria, voll der Gnaden, der Herr ist mit dir ...«

»Heilige Maria, Mutter Gottes, bitte für uns Sünder, jetzt und in der Stunde unseres Todes, Amen.«

Ich erinnere mich an diese offensichtliche Überlappung von »jetzt« und »in der Stunde unseres Todes«, so oft empfand ich das beim Sprechen des Gebetes, und es wurde dauernd gesprochen, man hörte es, hier, nebenan, dann wieder, beim Spazieren, bei den Nachbarn und bei deren Nachbarn, und wenn man weiterging, und wenn es irgendwo lauter einschlug, kam es wie eine Welle:

»Gegrüßet seist du Maria, voll der Gnaden ...«

»Jetzt und in der Stunde unseres Todes, Amen.«

Und dann wieder Beten. Das war aber noch gar nichts. Das Singen. Das war erst was.

Maria breit den Mantel aus
mach Schutz und Schirm für uns daraus ...

So drang es aus dem Keller –

O Muuuutter ...

Bis zum nächsten Keller –

Mariiiiia
unsere Trösterin
unsere Mittlerin

und wenn man weiterging:

Mariiiia

Das waren wieder andere, die gerade erst anhoben.
Hinter der nächsten Ecke sind sie schon beim:

Führ uns zu deinem Sohne

Auf einmal Lärm, Bomben, und:

Heiligstes Herz Jesu,
erbarme dich unser,
Heiligstes Herz Jesu,
erbarme dich unser,
Heiligstes Herz Jesu
erbarme dich unser.

Vom Altar aus, kniend:

»Für alle, die in dieser Nacht umkommen, und für alle Verstorbenen: Vater unser ... im Himmel ... Dein ... Dein ... Deine ... auf Erden ...«

Krachen, die Wände wackeln.

»Und vergib uns unsere Schuld, wie auch wir vergeben unsern Schuldigern ...«

Das war die Wirklichkeit – elendiglich – Qualm – dauernd muss man die Augen in den Kragen stecken – oder mit den Händen bedecken – Staub, Mörtel – grau, rot, trocken und heiß in der Nase, auf den Zähnen, auf der Zunge, im Atem, Hitze, alles brennt und beißt, Schwitzen

»Ooooh Jungfrau oooh Mariiia ...«

Und plötzlich: (Heiligstes Herz Jesu) Zählen:
»eins zwei drei vier fünf« (und los)

»Ooooh Jungfrau«

»Oh oh«
»Eins zwei drei vier fünf sechs sieben ...« (und los)

»Erbarme dich unser«

Es kracht irgendwo rein

»Unsere Trösterin«

»Eins zwei drei vier fünf sechs sieben ... acht neun zehn ...«

Unruhe griff um sich, man brauchte Ruhe. Singen. Flehen. Stehen. Ohne Gequetsche. Rosenkränze. Nockerln. Essen im Türrahmen. Na und? Mit Mörtel drauf, na und? Wie auch sonst, es bröckelt in die Schüssel, Pech, man nimmt es mit und isst es, weil man Hunger hat. Ins Essen fällt eben Mörtel. Was solls. Er knirscht. Trocken. Wird mitgegessen. Nichts zu machen. Vielleicht wenns viel ist. Dann nimmt mans weg, mit dem Löffel. Und isst.

Dafür aber griff Unruhe um sich – wohin sollte man gehen? Ganz allgemein. Bei allen. Auch bei uns. Allmählich brauchten wir einen Ortswechsel. Anfangs noch nicht so sehr. Später wurde es dringender. Der erste Wechsel war eben der Tunnel. Doch im Tunnel – das hab ich ja schon erwähnt – war es schrecklich, wegen dem Türenknallen, dem Herumgerenne, den Schränken, dem Durchzug, dem Wind, dieser Kälte. Und ja, nachdem anfangs mehr Platz war, wurde es auch dort eng, denn es gab andere Freunde dieses Platzes, wie wir kamen sie mit Federbetten, doch es war eng dort, zudem ein Durchgang, ich erinnere daran, dass der Tunnel zwei Blocks miteinander verband. Und unter dem Hof hindurchführte. Und wir stellten uns vor, dass dort Bomben einschlagen konnten, durch diese Schicht Erde (wer weiß, vielleicht war die nur ganz dünn?) und durch die Betondecke. Deshalb kehrten wir schnell in den großen roten Luftschutzraum zurück, den mit der Kapelle.

Ich habe, glaube ich, schon gesagt, dass es außer Block A und B noch zwei kleinere Blocks gab. Denn das muss jetzt festgehalten werden. C und D. Sie verliefen seitlich, längs der Kościelna, von der Rybaki bis zur Uferstraße, dem Wybrzeże Gdańskie. Darin gab es einen dreieckigen Hof. Von diesem abgesehen gab es zwischen Block B (unserem) und C und D keinen offenen Raum. Sie waren aneinandergebaut. Vom Keller aus ließ sich das nicht unterscheiden. Es gab Durchgänge, Keller, Durchgangs-Keller-Fluchten, große Keller oder Luftschutzräume, und an einer Stelle einen Abgang über eine Betontreppe in den Keller der Keller. Heizkeller. Klappen. Eine unterirdische Räumlichkeit, Eisen, Stangen, Kessel, Leitungsrohre. Und noch eine weitere Vertiefung, eine Wasserkuhle für den Kessel, und irgendwo daneben der Einstieg in den hiesigen Abwasserkanal. Den wir uns sehr gut anschauten, in Augenschein nahmen, auf seine Möglichkeiten hin begutachteten, der von uns, vor allem uns Männern, besprochen und ermessen wurde, denn wir hatten am meisten Angst, und außerdem waren wir auch noch jung. Denn die Ersten, die sie umlegten, das waren die Jungen.

Irgendwo in der Nähe dieses Gewirrs also befand sich eine Abzweigung aus Beton, ganz aus Beton, grau, hart, trocken, rau, allerdings voll Durcheinander, Hektik und Bettzeug wie in einer Wäscherei. Dieser Abzweig hatte eine Tür zum Tunnel. Dem erwähnten. Der Tunnel nahm seinen Verlauf – lang, gedärmig geknickt, grau, glühbirnig – bis zu dieser Tür von Block A. Wo sich seinerzeit die Trocińska mit ihrem Bettzeug an der Wand niedergelassen hatte. Und dann auch wir. Und andere.

Wir waren in unseren großen Luftschutzraum zurückgekehrt und hatten sofort angefangen zu überlegen, in welchen anderen Keller wir übersiedeln sollten. Ob überhaupt. Und wann. Was waren die sogenannten objektiven Gründe, abgesehen davon, dass man das Gesetz des Im-Kreis-Laufens und auch sich selbst und den relativen Wert der Umzüge kannte? Ging es um Sicherheit? Tatsächlich? Weil dieser Keller ein klein wenig vorsprang, ein paar Pfeiler zu wenig hatte? Oder wie? Ja, so war es. So ähnlich. Denn der nächste Keller war vielleicht tatsächlich tiefer, er hatte mehr Pfeiler, mehr Beton, ganz grau, graudunkel, sehr gewölbig, kleiner, ja, das auch, die Decke war jedenfalls niedriger, das war ein wichtiger Grund. Er lag unter Block C oder D. Näher an der Kościelna. Ja, und der alte, große, höhere Keller hatte das Wybrzeże hinter der Wand. Genau. Praga. Die Weichsel. Kanonenboote. Die orthodoxe Kirche mit den hellblauen Kuppeln (jetzt goldfarben, aber schwarz angelaufen). Diese Bäume am Zoo mit den Nazis und ihren Ferngläsern im Gezweig. Florian (der heilige) in Pseudogotik, der stand damals noch. Die modernen eckigen Gipfel im griechischen Stil des Gebäudes der Eisenbahngesellschaft mit den Portikos, von der Targowa aus (bis heute). So war es also. Mit Grund. »Pssst – ein Panzer hinter der Wand …« Der Witz der Witze. Aber das Wybrzeże, das war ihr Gebiet. Mit Stacheldraht. Gegen uns. (Wir hatten Barrikaden gegen sie.) Die Weichsel. Mit Suchscheinwerfern. Links. Rechts. Über den Asphalt und über das Wasser, und über den Himmel, und wieder über den Asphalt, übers Wasser, über den Himmel – eins, zwei, drei, immer wieder im Kreis, eins, zwei, drei – die von links, eins, zwei, drei – die von rechts von Kierbedź her, und wieder die von links von der Eisenbahnbrücke, eine Mühle, die sich drehte. (Und ja, das ganze Panorama lag zwischen zwei Brücken. Zwei Eisengitter über die Weichsel. Die noch standen. Ach! Die nützten ihnen. Rechts Kierbedź, von der Kirche aus, links die mit der Eisenbahn, der Umgehungsstrecke, vom rechten Ende des Zoos aus, die streifte Golędzinów, hinter Golędzinów Żerań – bis zur Zitadelle hier ... Die Gleise verliefen auf den Fahrbahnen. Auf zweien. Das war nämlich so eine Zweierbrücke. Auf einzelnen Pfeilern. In demselben Gitterkäfig verlief unter der oberen Eisenbahn noch eine zweite – Tschuck-Tschuck auf diesen Schwellen, die hüpften und staubten, denn sie waren aus Holz, Güterwaggons ...) Na ja. Eine gewisse Zeit noch im roten Luftschutzraum, dem ersten, dem ursprünglichen, diesem Ur, auf den Urpritschen, mit Blick auf die drippelnden Altarkerzen, dann Tunnel, Durchzug, Wind, Erwägen, Rückkehr auf die Urpritschen, aber schon mehr in der Mitte, also näher am Altar, und irgendwann, ich weiß nicht mehr, am wievielten, Umzug. In den anderen Luftschutzraum. Den grauen. Mit den Pfeilern. Dunkler, stiller, weniger Leute, überhaupt nicht viele – fürs Erste. Pritschen? Die waren wohl gleich dort – ja – oder gab es eine Art System, dass alles schon vorbereitet war? So wirds wohl gewesen sein. Also dann ... der 17. August, Tag der Heiligen Jacek und Miron. Freta. Schrank. Rums. In die Klößchen. Swens Mutter machte gerade Klößchen.

Im Tunnel waren wir nach dem 18., 19. Also war der Umzug frühestens am 20. August. Am 26. August war der Auszug. Und der 23. (so war es wohl!) war ein denkwürdiger Tag. Da hatten wir dort schon gut ein paar Tage gesessen. Also wohl bestimmt zwei, drei Tage vor dem 23. Denn in meiner Erinnerung sehen mir diese zwei Tage nach guten Tagen aus. Fast eine Woche. Nicht nur in der Erinnerung. Auch damals. Damals, in dieser vorschrecklichsten Phase der Rybaki, zählte man die Zeit noch anders, schneller. Dabei war es, als verginge sie langsamer. Aber nur manchmal. Und nur so scheinbar. Sie verdichtete sich.

Also – der zwanzigste Tag des Aufstands. Wir sind in dem neuen Luftschutzraum, an den Pfeilern. In Kriegszeiten gibt es wohl immer eine Rückkehr zum Matriarchat. Erst recht in diesem Krieg. Und dann noch mit diesem Abstieg in die Tiefe, nach unten, unter Warschau (in diesem Ameisenbau aus Luftschutzräumen), in diesem Aufstand. Das war eine Bekehrung – eine Explosion. Des Matriarchats. Des Kellermatriarchats? Höhlenmatriarchats? Was ist schon der Unterschied. Ein Haufen Menschen. Die Mütter regieren. Man sitzt unterirdisch. Versteck dich! Steck den Kopf nicht hinaus! Todesgefahr. Dauernd. Selbst wenn man den Kopf nicht hinaussteckt. Und diese Beratschlagungen. Gut, dass Karbid und Karbidlampen und Kerzen schon erfunden waren. Und auch das Hühnerrupfen, für die Federbetten. Die Waffen waren auch etwas besser als bei den Höhlenmenschen. Aber nicht viel. Und es gab auch nicht viele Waffen. Für die Auserwählten. Fressalienvorräte. Diese wurden allerdings immer kleiner, verschwindend klein. Und was waren das auch für Vorräte. Tiere? Gab es auch nicht. Die großen hatte man schon gegessen. Und die kleinen? Manchmal hatte einer einen Liebling, den nahm er mit nach unten und saß damit herum. Ein Tier. Aber das war selten. Insbesondere in der Altstadt. Vielleicht gab es dort allgemein weniger Tiere. Oder die Leute nahmen sie nicht mit. Nach unten. Oder sie nahmen sie mit, und dann kamen sie ihnen abhanden. Was nicht floh, nicht wegflog, nicht verbrannte, nicht verendete, nicht krepierte, das wurde gejagt. Katzen verschwanden. Hunde verschwanden. Von den Gefiederten ganz zu schweigen. Das Einzige war diese Grille in der Wand im Dunkeln. Und dann im September – Flöhe.

Also, der Schutzkeller mit den Pfeilern. Anfangs normales Gedränge. Das heißt, es gab Platz. Ein Paar. An das kann ich mich erinnern. Jung. Wie energisch sie die Karbidlampe schüttelte. Von der Zakroczymska.

»Dreimal haben sie die Trümmer bombardiert …«

Das erstaunte mich maßlos. Denn das Gespräch hatte sich genau daraus entsponnen, dass ich gesagt hatte, die Trümmer würden sie ja wohl nicht extra bombardieren. Also, das wollte ich nicht glauben. Und nur deshalb nicht, weil man angefangen hatte, die Trümmerhaufen für Orte zu halten, an denen es sicherer war. Aber so war das Schicksal.

»Natürlich bombardieren sie die Trümmer, und zwar absichtlich.«

Hier gehen mir jetzt die Dinge mit dem Licht durcheinander. Denn irgendwie gab es Licht. Und ich erinnere mich daran, wie oft sie an der Karbidlampe rüttelte. Sie war kurzgeschoren. Immer in Bewegung. Auch sitzend in Bewegung. Sobald diese Karbidlampe ausging, packte sie sie und – knirsch! knirsch! Und »psss« – da war die Flamme wieder hoch.

Abgesehen davon gab es nichts Neues im Schutzkeller mit den Pfeilern. Morgendämmer. Hitze. Es brennt. Die Sakramentki. Die brannten nämlich noch immer. Fast die ganze Zeit. Und Rauch weht von dort. Von oben. Über den Abhang. Und von unten. Auch dort brennt was. Auch dort. Und sogleich:

»Da sind sie!« – denn schon hörte man die Flieger im Tiefflug über unseren Köpfen. Gleich, sicher schon am ersten Tag bei den Pfeilern erinnere ich mich an eine Bank an der

Wand, im grauen Licht aus dem Fensterchen. Leute aus den bombardierten Häusern kamen an. Abgerissen. Hungrig. Mit kaum etwas in der Hand, oder überhaupt ohne alles.

»Ich bin so hungrig«, sagt eine junge Frau.

»Da, nehmen Sie!« Ein älterer Mann auf ebendieser Bank unterbricht seine Suppenmahlzeit, und als sie schon angefangen hat zu essen, sagt er: »Ich habe zwei Tage nichts gegessen, aber ich halte noch aus.«

In der Nacht rasten die Geschosse und Schränke. Und doch waren die Nächte besser. Denn es fielen keine Bomben. Nachts waren die meisten Aktionen. Zivilistenaktionen. Jagden. Nur in der Nacht konnte man jetzt die Barrikaden verschieben. Denn genau darum ging es. Einmal. Das weiß ich noch. Offenbar hatten wir ein Stück Gelände verloren. Vielleicht war es auch nur Taktik. Die Barrikade musste nämlich um soundsoviel Meter verschoben werden. In unsere Richtung. An der Rybaki. Nicht weit von der Münzanstalt. Sie sammelten sich. Die Freiwilligen. Um ein oder zwei Uhr. Ziemlich viele waren wir. Über zwanzig. Spaten. Schaufeln. Hacken. Alles wurde ausgeteilt. Wir ziehen los. Es ist ganz warm. Und in diesem Augenblick sogar still. Sogar Sterne, meine ich. Ach was, wie sollten da Sterne sein! Bestimmt war der Himmel von Rauch verhangen. Ein Leutnant führt uns an. Ein Leutnant? Wirklich? So wurde mir jedenfalls gesagt. Ein Leutnant, das war jemand Wichtiges während des Aufstands. Das war so eine Art Oberst. Ganz allgemein eine zivil-dienstlich-halbmilitärische Person. (Ich will hier nicht auf die Organisation des Militärs eingehen, aber man darf nicht vergessen, dass es in Warschau fünfundfünfzigtausend Aufständische gab.)

Wir gingen also. Unser Block, der B-Block mit C und D, der Staketenzaun gegenüber, der Abhang mit den Sakramentki und der Mauer. Barrikade. Kreuzung von Rybaki und Kościelna. Wieder Barrikade. Verschiedene Gräben. Auf der Seite der Wybrzeże Speicher, etwas Wohnhäusliches. Die Rybaki ganz schief, geknickt, mal eng, mal breit. Kopfsteinpflaster. Links der Abhang über den Mäuerchen, Mauern, Trümmern. (Ja tatsächlich – Trümmer!) Am Abhang, oben, hinter der Kuppel der Sakramentki, Jungfrau Maria. Gotisch. Mit dem Turm, der für sich steht. Seitlich weht es von der Weichsel her. Da sind auch diese Scheinwerfermühlen. Unter den Füßen immer wieder anderes. Plötzlich trockenes Gras. Oder Erdklumpen. Oder Haufen von etwas Undefinierbarem. Danach, das weiß ich noch sicher, nur dieses Kopfsteinpflaster. Und dass man ein wenig von der niedrigen Bebauung an der Rybaki sehen konnte. Und diese Barrikade. Die eben jetzt verschoben werden sollte. Ja, und dann plötzlich diese Stille. Die dauerte und dauerte. Dass wir schon Angst bekamen.

Psssst … da sind die Deutschen …

Psssst … die hören uns noch …

Wir kommen ans Ziel. Alles gerät in Bewegung. Hinter der Barrikade war noch ein Stückchen Rybaki. Und die Einmündung. Wo sich wohl der Gehsteig senkte. Das Umziehen mit der Barrikade war wörtlich gemeint. Platte um Platte. Jedes Stück Pflaster. Schiene um Schiene. (Ich glaube, die Werkzeuge, die ich erwähnt habe, wurden für diese Arbeit doch nicht ausgegeben, das muss ich mit einer anderen nächtlichen Aktion verwechseln.) Die Nacht war nicht allzu lang. Jeden Moment konnte Gottweißwas losbrechen. Die Stille wirkte immer verdächtiger. Also Tempo. Tempo. Bewegung. Und viel Schweres und Schepperndes. Viel Blech, das weiß ich noch. Und ein Blech hallt. Viel Hin und Her, Leute, Tragen im Trab und zurück fürs Nächste, und wieder. Und in diesem Hasten mit Tragen und Aneinandervorbei, in diesem Wuseln beschworen alle, einer nach dem anderen, die anderen, still zu sein:

»Pssst! …«

Und irgendwas musste doch bei all diesen Menschen und Dingen draufgehen. Und dazu noch diese Hektik. Die machte das Legen eher zum Werfen. Oder Stapeln. Aber es war so viel!

»Psssst!«

Wir rannten mit den Dingen von der alten Barrikade (die immer kleiner wurde, allmählich verschwand) in die Rybaki hinein, zur neuen Barrikade, die immer größer wurde. Kamen dabei an den weichselseitigen Wohnhäusern vorbei. Und dem Holzsteig am Abhang. Und wohl auch Mietshäusern am Hang. Auf einmal lässt einer – doch wohl nicht ich? – ein Blech fallen. Auf dieses Kopfsteinpflaster. Krachen. Scheppern. Ein schreckliches Echo. In diesem Augenblick kam uns alles, dieser Hintergrund kompletter Stille und diese Wärme (augustlich) so verdächtig vor, dass wir erstarrten. Ich weiß nicht, ob es wirklich der Auslöser gewesen war. Aber im nächsten Moment flog Feuer über uns hinweg. Brennend. Mit Heulen. Und krachte irgendwo rein. In der Nähe. Das war ein Geschoss.

Dann das nächste. Heulend. Wie ein Komet. Und – Krach! Von der Kierbedź-Brücke her. Und ein drittes: Feuer – Heulen – Krach! Feuer – Heulen – Krach, von gegenüber, von der Danziger, plötzlich. Und ein zweites von der Danziger. Und ein weiteres vom Kierbedź. Und von der Danziger. Und vom Kierbedź. Und Krach! Krach! Gleichzeitig. Zwischen zwei Feuern nahmen sie uns. Wortwörtlich. Die Barrikade hatten wir sowieso fast fertig. Und sowieso, auch wenn wir nicht fertig gewesen wären, wir hätten nicht mehr lange weitermachen können. Und jetzt wohl noch aus einer dritten Richtung. Fingen sie an. Von der Weichsel und vom Zoo. Ich weiß nur so viel, dass von verschiedenen Seiten geschossen wurde. Aneinander vorbei. Über Kreuz. Rot.

Ich begriff nicht sofort. Was sollte ich tun? Und was war mit den anderen? Sie verschwanden allmählich. Man musste verschwinden. Aber wie? Wo hineinrennen? Ich stürze an eine Hauswand. Keine Deckung. Rein ins Tor dieses Mietshauses auf der Weichselseite. Ausgerechnet zur Weichsel hin war es offen. Nach ganz Praga. Ich weiß nicht, ob es einen Hof hatte. Oder wie es hieß. Ich weiß, dass dort nichts war. Nur die Weichsel, Praga, Geschosse und Krachen mit Widerhall. Noch einer war neben mir. Wie viele konnten dort sein, dort stehen? Ein, zwei, in der nächsten Minute sprang ich hinaus. Und an die Wand. Und aufs Pflaster. Ich schaue – oder vielmehr ich spüre: die plötzliche Rettung: ein Fensterchen in den Keller. Wie eine Katze machte ich mich schmal. Schlupf. Nach unten. Einer hinter mir her. Auch wie eine Katze. Und noch einer. Von drinnen kam ein wärmlicher Hauch. Und Geplauder:

»Ratsch-ratsch-ratsch« – ich war mitten in einem Haufen Leute gelandet, eng gedrängt, Bursche an Bursche. Denn das waren sie – wir von der Barrikade. Mit Zeug, mit Spaten (ja, genau, ich erinnere mich an die Spaten) … Aber was war es hier eng. Und nichts anderes, kein Ausgang, kein Ausweg, kein Loch, keine versteckte Nische. Nur das Katzenfenster oben, und dieser enge Raum. So warm. So viel Dasein, dass es stank vor Angst. Und man quetschte sich aneinander mit kätzischer Wendigkeit. Fast so viel Platz wie für fünf Sack Kartoffeln. Ab und zu kam noch einer durchs Fensterchen und quetschte sich dazu. Einer von unseren, die Nachhut. Schwups – und da war er. Und es wird immer enger.

Man kann nicht Bein noch Arm bewegen. Also rührte man sich nicht. Es war ja ohnehin schon ein Glück – dass man dort war. Aber nichts da, von wegen Katzensprung. Was war los? Platsch – auf unsere Barrikade. Etwas zerlief. Krach! Aufs Pflaster. Gleich hier. Krach in den Holzsteig. Flammen! Hoch! Eine Zeitlang. Und dann wurden sie schon kleiner. Der Holzsteig brannte ab.

Wie lange haben wir dort gesessen? Lang, aber nicht bis zum Morgen. Es war noch dunkel, als es ruhiger wurde. Es ging schnell. Und hielt. Wir raus. Die Werkzeuge in der Hand. Was fehlte, musste eingesammelt werden. Was sonst noch war, weiß ich nicht mehr. Bloß schnell musste es gehen. Kopfsteinpflaster. Dieser Himmel. August. Etwas unterm Arm (eine Schaufel?). Kościelna. Ecke. An der Barrikade … der nächsten … Stille – nur ein Paar – ein Aufständischer und eine Aufständische – sitzen am Rand der Barrikade – halten Wache. Und quatschen. Als gäbs nichts anderes, sollte nichts anderes geben. Nur Wärme. Man sitzt da. An der Barrikade wie an einem Möbel. Und quatscht. Dass ich glücklich war zurückzukehren, das weiß ich auch noch.

Frühmorgens – von Anfang an: Sonne, Hitze, Qualmwolken, Flieger, Bombardierungen, es brennt. Das muss ich immer wieder in Erinnerung rufen. Wenn einer sich diese drei Zerstörungen Warschaus vorstellen will: September 1939, der Ghettoaufstand vom 19. April bis etwa 20. Mai 1943 und dann der Warschauer Aufstand 1944 – bei allen dreien war es so: Sonnenschein, Hitze, Brände, Flieger. Die Hitze, Sonne und Himmelsblau getrübt und vermischt mit Bränden, Qualm, Krachen, fallendem Mauerwerk, das verlieh allem – so schwer es auch zu glauben ist, doch es war wirklich so – etwas Exotisches. Oder besser gesagt, es machte einen noch wirrer im Kopf.

Also – so war es vom frühen Morgen an. Das waren schon die Tage, an denen jede Stunde, alle halbe Stunde irgendwo in unserer Nähe eine Bombe oder Granate einschlug und – mal näher, mal ferner, mal höher – etwas einstürzte. Ein Teil der Leute rettete sich, so gut sie konnten. Die anderen gruben sie aus den Trümmern, soweit sie konnten. In gewissen Abständen kamen neue Leute in unsere Schutzkeller. Noch voller Putz und Mörtel, mit Bündeln, ohne Bündel, ohne alles, mit Kindern, mit Familien, allein. Sie kamen an. Kamen gerannt. Alle wurden aufgenommen. Das verstand sich von selbst. Immer enger wurde es auf den Bank-Pritschen. Graues Licht durch das Fensterchen. Noch war Platz. Später kommen immer mehr, immer mehr. Soundsoviele Male am Tag. Rybaki 23 ist schon zerbombt, das ist der Durchgang. Schon soundsoviele in der Mostowa. Auch in der Kościelna etliche. Und in der Rybaki jenseits der Kościelna. Und auf dem Boleść.

Irgendwann stieß eine Gruppe mit vier Generationen Ausgebombter zu uns: Lusia Romanowicz mit Mareczek, ihre Mutter, Frau Rymińska, und die Tante von Frau Rymińska, Tante Zosia, mit schwarzem Hut, schwarzem Mantel, dunklem Stock.

»Guten Tag ... dürfen wir ...«

»Ja, bitte sehr. Woher kommt ihr? Hier ist Platz. Bitte.«

»Von der Kościelna 2. Sie haben uns gerade ausgebombt. Zum Glück leben wir noch.«

Wir machten ihnen Platz in unserer Nähe. Wir – alle sechs – mit einem Ofen aus drei Ziegelsteinen am Pfeiler. Sie setzten sich glaube ich auf die Bank. Mareczek war vielleicht drei, vier Jahre alt. Tante Zosia war am 1. August gerade zu Besuch bei Lusia gewesen. Lusia war Literatin. Wir schlossen gleich Freundschaft. Und redeten, redeten. Allerdings kamen dann wieder Bomben. Wieder:

»Eins, zwei, drei, vier …«

Wieder Verschüttete. Und die Davongekommenen, die hereinkamen:

»Dürfen wir?«

»Ja, woher sei ihr?«

Sie setzten sich. Erzählten.

Der ganze Luftschutzkeller mit den Pfeilern lebte in einer großen Eintracht. Es gab hier nie einen Streit, keine Meinungsverschiedenheiten. In den anderen Luftschutzkellern lief es übrigens auch nicht schlecht. Die Leute dort waren immer netter zueinander. Und die Situation wurde immer schlimmer.

Ich kann mich an das Datum nicht genau erinnern. War es der 23. oder der 24. August? Nachmittags. An dem Tag standen wir viele Male. Das war so ein Instinkt, dass man bei Bombenangriffen stand. Statt zu sitzen. Sitzend würde man vielleicht nicht davonkommen. Oder es lag an den Pfeilern, denn wir standen um die Pfeiler herum. Bei den Pfeilern hatte man dieses eine Prozentchen mehr Chance. Wenn es zum Äußersten kam. So wie mein Vater, der einmal – in derselben Phase – in einen Keller irgendwo zwischen Marszałkowska und Zielna flüchtete, nebenan schlug es ein, es schlug durch die Kellerwand, und die Mauern knickten ein. Alle blieben auf der Stelle stehen und hielten sich nur die Hände über den Kopf. Damit sie noch – selbst wenn ein Ziegelstein darauf fiel – eine Chance hatten. Und irgendwie kamen sie alle mit dem Leben davon. Die Leute dort. Andere machten sich sofort daran, die nebenan auszugraben.

Das war der Nachmittag. Wir standen schon ziemlich lange an den Pfeilern. Denn es kam ein Fliegerschwarm nach dem andern. Und bombte. Und die nächsten. Und Bomben. Wir wussten nicht, was sich in unseren Blocks tat. Was schon getroffen war. Was zerstört. Damals stürzte wohl ein Teil von Block A ein, an der Rybaki-Seite. Ich weiß noch, dass damals keiner sang. Und es wurde auch nicht gezählt, eins, zwei ... Swens Mutter hatte den Kopf an den Pfeiler gelegt, sie stand neben mir und betete leise. Oder so, dass man es fast nicht sah. Das Licht brannte damals, daran erinnere ich mich. Ja, ganz bestimmt schlug es damals in den Block A ein. Die Flieger kamen ja immer weiter im Tiefflug. Mit Geheul. Danach das Heulen der Bomben. Der ersten, der zweiten. Und es krachte. Etwas stürzte ein. Immer näher. Fast schon in unseren Luftschutzraum – da stand auf einmal – ich glaub am letzten Pfeiler, unter der Glühbirne – eine kleine Frau in einem hellen, irgendwie ganz gewöhnlichen Mantel. Niemand kannte sie. Und plötzlich begann sie zu sprechen:

»Leute, wollen wir beten, dann stehen wir es durch. Leute, beten wir zum heiligen Christophorus« – und sie nahm ein Bildchen aus der Tasche. Wieder bröckelte es irgendwo. Und wieder »fiuuuu«.

Sie hob das Bildchen in die Höhe.

»Leute, der heilige Christophorus wird uns aus diesem Sumpf hinausführen.«

Wieder Flugzeuge.

Die Frau im Mantel begann zu sprechen, monoton, aber so, dass jedes Wort in seiner vollen Bedeutung an meine Ohren drang:

Wer im Schutze des Höchsten sitzt,
der ruhet im Schatten des Allmächtigen,
ich spreche zum Ewigen: meine Zuflucht
und meine Burg, mein Gott,
dem ich vertraue.

Swen hockte sich hin. Neben mir. Am Pfeiler. Heulen. Und dann hörten wir, dass es bei uns eingeschlagen hatte. Und der zweite Stock stürzte in den ersten.

Denn er wird dich retten vor der Schlinge des
Vogelstellers,
von der Pest Verderben.
Mit seinem Gefieder deckt er dich
und unter seinen Fittichen bist du geborgen.

Etwas dröhnte. Noch mehr stürzte ein.
Und die ganze Zeit sprach die Frau im Mantel:

Denn seine Engel entbietet er für dich
dich zu behüten auf all deinen Wegen …

Über uns bröckelte es.
Ein Augenblick Pause.

Auf Händen tragen sie dich, dass nicht
an dem Steine dein Fuß sich stoße …

An der Stelle hörte sie wohl auf.

Wieder begann das Beben. Ein Schwanken mit Grollen. Immer stärker. Swen schloss seine Hand um mein Knie. Ich presste die Hände auf meine Augen und zog den Kopf tief ein. »Jetzt also? Jetzt? Tja, Pech. Wird es auf den Kopf drücken? Bis zu den Beinen? Platt machen? Bloß schnell soll es gehen.« Zwei Decken zusammen stürzten vom ersten Stock ins Parterre, jetzt waren wir dran. Swens Mutter stand noch immer genauso da wie vorher. Es war ganz still. Eine völlige Stille. Nur so ein Grollen, Rieseln, Rieseln, Rieseln …

Es war schwarz, alles voll Staub.

Plötzlich – begriffen wir, dass es uns nicht zerquetschte. Und erst da begannen die Leute sich zu räuspern, zu husten, um Luft zu ringen, einer schrie:

»Die Tür! Wo ist die Tür?!«

»Die Tür! Guckt nach! Sind wir verschüttet? Die Tür!«

»Streichhölzer! Wer hat Streichhölzer?«

»Die Tür?! Ich glaub wir sind verschüttet! Das Fenster ist verschüttet! Streichhölzer?«

Zbyszek, hustend, war der Erste, der ein Zündholz anstrich.

»Man sieht nichts.«

Ein anderer, geht näher:

»Nein, da ist wohl keine Tür mehr – alles verschüttet! Doch! Da ist sie! Da ist sie! Sie geht auf ... alles in Ordnung ... alles in Ordnung ...«

Den ausgebombten Block A auf der Rybaki-Seite schauten wir uns wohl erst am Tag danach an. Swen und ich. Niemand ging, sich das Zerbombte über uns anzusehen. Auch nicht am Tag danach. Niemand war neugierig darauf. Das hat mich sogar erstaunt. Mit dem Licht war es irgendwie nicht ganz eindeutig, doch mit ziemlicher Sicherheit gab es noch Licht. Jedenfalls da, wo die Leitungen nicht durchtrennt waren. Aber ich kann mich noch deutlich daran erinnern, wie Leute am Tag danach erzählten, die Duschen im Parterre funktionierten. Mit kaltem Wasser. Warmes konnte man nicht gut erwarten. Aber Swen hatte keine Lust auf kaltes Wasser. Ich bin auch eher frierig. Aber es war heiß. Und außerdem dachte ich mir, dass diese Duschen, die noch funktionierten – nach alldem –, vielleicht die letzte Gelegenheit waren, sich richtig zu waschen – in einem ruhigen Moment – nach den Fliegerangriffen – am nächsten Tag –

abends – denn diese Duschen waren irgendwo über uns, und unter uns – werweißwas – also wie sah es da eigentlich aus?

Ich machte einen Bogen um Korridor, Treppe, Ausgang und stand dann vor unserem Parterre, auf der Hofseite, im zweiten Hof. Ich ging sogar hinein ins Parterre. Denn es war möglich. Und diese Duschen waren tatsächlich da. Und sie funktionierten. Sogar die Kabinen. Und da sich niemand besonders zum Waschen drängte, konnte man sich in aller Ruhe nackt ausziehen und gründlich waschen. Und wie sah der Rest aus? Der Rest, das waren diese beiden eingestürzten Stockwerke, die sich zu einem Betonpilz zusammengeballt hatten, der wiederum mit dem Rest des Parterres verschmolz. Unser Luftschutzkeller war genau dort, wo die Grube mit den Duschen aufhörte und diese Pilzballung und deren Verwachsung mit dem Parterre begann.

An diesem Tag, dem Tag nach der Zerbombung und weiteren Bombardierung von früh bis spät, nach meiner Dusche, kam am Abend, als es sich beruhigte, zumindest was die Bomben anging, der Priester zu uns gelaufen. Nicht nur zu uns. Auch in andere Luftschutzräume. Er war auch nicht der erste Priester. Und kam nicht das erste Mal. Er kam an, um in jedem Luftschutzkeller die sogenannten letzten Sakramente zu verabreichen. Er kam an, so wie er gerade ging und stand. Er hatte nichts bei sich. Keine Sakramente, keine Kommunion (Oblaten), keine Gefäße. Nichts. In der Altstadt stand es schon so schlimm, dass es nicht mal mehr Oblaten für die Kommunion gab. Alles war entweder aufgebraucht oder verschüttet. Ich schreibe es auf, weil es auch zu diesen wichtigen Erinnerungen gehört. Man weiß ja, dass die Kirchen selbst in den schlimmsten Zeiten mit den Oblaten für die Kommunion versorgt sind und darauf sehr achten. Das ist etwas, das niemals fehlt! Irgendwann mal hatte ich im Religionsunterricht von der »Kommunion im Geiste« gehört. Die geschieht, wenn es keine Oblaten gibt, aber man trotzdem die Kommunion empfangen will.

Ich erinnere mich, dass damals noch das elektrische Licht brannte. War es in unserem Keller oder dem nebenan? Es waren sehr viele Menschen da. Ich glaube, es war unserer. Denn der Kopf des Priesters war nah an der Glühbirne und am Deckengewölbe. Es herrschte größte Niedergeschlagenheit. Und Konzentration. Der Priester sagte:

»Jetzt sprechen wir alle zusammen laut das Schuldbekenntnis. ›Ich bekenne Gott dem Allmächtigen in der Heiligen Dreifaltigkeit, ich habe gesündigt in Gedanken, Worten und Taten – meine Schuld, meine Schuld, meine übergroße Schuld.«

»Und jetzt«, sagte der Priester, nachdem das Sündenbekenntnis im Chor gesprochen war, »jetzt begehen wir die Kommunion im Geiste.« Dann kam ein kurzes Gebet. Stille. Alle neigten die Köpfe. Und das wars.

Der Priester ging in den nächsten Keller.

Entweder zur Nacht oder schon am Morgen zogen wir in den großen Luftschutzkeller um, den alten. Noch einmal. In jenem Keller, dem mit den Pfeilern, grauste es uns zu sehr. Wir hatten schon vorher diese Eingänge, Abgänge in unser Kanälchen begutachtet. Nur – wohin führte es? Wir dachten an die richtigen Kanäle. Die zur Stadtmitte. Aber angeblich warteten die Leute massenweise darauf, in den Kanal zu gehen. Dafür brauchte man einen Passierschein. Und für die Passierscheine gab es massenweise Anwärter.

Wir hatten Angst, dass die Deutschen stürmen würden. Wir hatten Angst vor den Schatten dieser Helme. Vor allem gegen Abend. Oder nachts. Swen und ich schauten oft zur

Decke, ob sie schon kamen, jeden Moment konnten sie hinter ihren Panzern hervorgestürmt kommen. Die Panzer kamen jetzt tatsächlich ganz nah heran. Sowohl vom Wybrzeże als auch von der Kościelna. Die Aufständischen gingen nur noch durch Fenster. Und an einen Fensterrahmen gelehnt warteten sie manchmal Stunden. Mit einer Granate. Oder einer Flasche.

Damals dachte ich über diese Pfeiler nach. In dem Fall, dass die Deutschen herunterkommen und Granaten werfen würden, wären die Pfeiler immer noch ein gewisser Schutz. Zumindest beim ersten Wurf. Später, wer weiß – sie würden alle rauskommandieren – Barrikaden abräumen lassen – vor den Panzern herjagen – das machten sie immer. Róża Ad. blieb ja mit Basia hier, und sie wurden vor den Panzern hergejagt. Angeblich hatte sie vorher, noch hier im Keller, zu Basia gesagt:

»Wein nicht, wir überleben sowieso nicht.«

Dauernd also plante und überlegte man mit anderen zusammen, was man als Nächstes tun sollte. Tante Uff. und Swens Mutter waren schon zweimal gedrängt worden, aus dem Luftschutzkeller wegzugehen. Und zweimal waren sie schon bereit, sich auf den Weg zu machen. In die obere Altstadt. Nur war ich beide Male irgendwo unterwegs. Um was zu besorgen. Einmal auf einer Aktion, daran kann ich mich noch erinnern. Und beide Male – immerhin – hatten sie auf mich gewartet, doch als ich dann endlich kam, war gerade ein solcher Beschuss im Gange, oder ein Fliegerangriff oder eine sonstige Hölle, dass der Auszug verschoben wurde. Doch am 25. August waren wir wohl alle bereit und zum Aufbruch gerichtet. Wir hatten auch genug von der Rybaki. Der Weichsel. Diesen Blocks. Wir. Lusia mit Mareczek und ihrer Mutter. Denn ihre Tante Zosia sagte, wir sollten nur gehen, sie würde hierbleiben. Und die Ad.s wollten mitkommen. Die Frage stellte sich: wohin?

»Zu den Sakramentki.«

Nacheinander beschlossen wir:

»Zu den Sakramentki.«

»Zu den Sakramentki.«

Die Sakramentki waren bereits fast ganz abgebrannt. Doch die Kirche selbst stand noch. Ich weiß nicht, in welchem Zustand. Angeknackst, wie mir schien. Doch im Prinzip stand sie noch. Noch mit Kuppel? Ich weiß es nicht mehr. In den damaligen Zeiten war der Ausdruck »steht« unter Umständen so relativ, ich weiß es einfach nicht mehr. Doch wohin sollten wir, wenn nicht dorthin? Im ganzen Gebiet unseres Stadtteils gab es – wie alle sagten – nur noch zwei Adressen. Hipoteczna 5 und Krzywa Latarnia (in der Straße Podwale), deshalb zogen wir diese beiden heilgebliebenen Häuser in Betracht. Doch da es nur noch diese beiden gab, die standen, würde es dort voll sein.

Lusia sagte:

»Am besten wäre es an der Hipoteczna 5. Dort hab ich eine Bekannte.«

Doch die Hipoteczna 5 wiederum – ein zusätzliches Hindernis – war weit.

Bleiben indessen – hier bleiben –, das war unmöglich. Diese Blocks waren am Ende. Jederzeit konnten die Deutschen eindringen. Ohne weiteres.

»Und in den Trümmern?«

»Ja, genau! In den Trümmern!«

Dieser Gedanke kam nicht zum ersten Mal auf.

»Wenn sie die Trümmer auch bombardieren?«

»Vielleicht bombardieren sie sie doch nicht so wie hier, nicht so gezielt.«

»Ja, aber dafür ist es in den Trümmern so, wenn da eine Bombe trifft, dann ist es zappenduster, denn da ist nur noch eine Decke, oder überhaupt ...«

Und so weiter, immer im Kreis. Immer gab es etwas, das nicht passte. Doch wir spürten, dass wir von dort wegmussten.

Der 25. August war bestimmt schrecklich, denn am Abend schon haben wir wohl beschlossen, dass wir am nächsten Tag im Morgengrauen weggehen. Denn der Durchgang von der Neustadt in die Altstadt war schon ausgebrannt und zerbombt. Und zu den Sakramentki musste man den Abhang hinaufkraxeln. Also quer über das offene »Tablett«. Unter Beschuss.

In der Nacht kamen Aufständische rein.

»Wer hilft Gräben ausheben?«

Soundsoviele standen auf. Ich auch.

»Komm bloß vor Morgengrauen zurück«, sagte Swen.

Jeder bekam einen Spaten, eine Schaufel. Und dann im Laufschritt auf die Straße. Leise. Warm wars. Ich weiß nur, dass die Rybaki, besser gesagt die Straße dieses Namens, denn dazu gehörte auch die Kościelna und die Kreuzung der beiden – damals schon sehr verändert war. Überhaupt sah sie nicht nur sich selbst nicht mehr ähnlich, sondern auch allgemein keiner Straße mehr. Und auch keiner Kreuzung.

Andere Ordnungen herrschten jetzt.

Berge. Gräben. Barrikadenwälle. Trümmerbarrikaden. Etwas, das mehr etwas von Quere hatte. Und Tiefe.

Ich rede von Veränderungen, die man sozusagen erschnüffelte, ertastete: im Auftreten, dem Ausstrecken der Hände, dem Eindringen von Putz- und Mörtelstaub und Qualm in den Atem, allgemein etwas, das im Umriss lag – es war ja Nacht.

Wie hielt sich dieser ganze obere Teil dort, das heißt also am Berg, der Berg selbst und das, was auf dem Berg war: die Neustadt der Altstadt? Oder besser gesagt: Wie hing es da? Ganz für sich und über sich? Verbrannt von flackernden Feuern? Verqualmt? Verstaubt? Geschlagen? Krachend? Zerborsten?

Die Sakramentki brannten von oben nach unten, von links nach rechts. Und sie barsten. Weiter links, die Dominikaner, die barsten auch, brodelten, glühten. Auch abwärts. Die Mostowa? Reden wir nicht davon. Ich konnte es nicht sehen. (Nacht, die Veränderungen, das Tempo beim Graben, denn wir waren schon beim Verlegen der Gräben.) Und dann die Entfernung. Bestimmt ein Trümmerhaufen. Ja, sicher. So war es. Es gab keine Adresse mehr. Kein Haus, heißt das. Das, was weiter unten lief und in unserer Unterstadt – das war nicht wieder zusammenzustückeln – was gabs da an Stücken zu finden – wieder in eine Ordnung zu bringen, wie es sie gegeben hatte – wie es sie nicht mehr gab. Die Festung – die Blocks, unsere, fest, zerschlagen und im Dunkeln. Die Münzanstalt, die konnte man noch sehen. Auch jetzt noch. Und von dort. Groß. Grau. Wie ein Fort. Wie ein Fortepiano – so breit gedehnt, schräg abgestützt und bomm! voller Klang. Da waren noch Scherben, Stücke, Hülsen zwischen ihr und der Jungfrau Maria – der in der Kościelna. Auf der Höhe. Rot. Nicht in der Nacht, versteht sich. Was die Ziegel angeht. Denn da war ein Feuer. Ob damals, das weiß ich nicht mehr. Gotisch. Mit Turm. Alt. Festgewachsen. Und wir an ihr. Diese Ur-Wirs. Schrecklich. Dass es hier auch krachte. Und wie es noch krachte. Einkrachte. Zukrachte. Zerkrachte. So war das.

Was solls. Wir robotten in der harten Stadterde, durchsetzt mit Leitungen, wo darf man da überhaupt berühren, und so viele sind es, weg damit. Nah. Und hui! Na ja, das wird schon seine Zeit gedauert haben.

Aber dann hoppla, wir im Sprung über die Gräben, schlichen, kehrten zurück. Schaufeln, Spaten abgegeben. Schnell. Mein Labyrinth. Mein Schutzkeller. Die Meinen auf den Beinen, mit Bündeln.

»Gehn wir?«

»Gehn wir.«

Jeder nimmt etwas. Wir brechen auf, ein ganzer Haufen. Denn die Ad.s kommen mit, Lusia mit Frau Rymińska und Mareczek. Abschiednehmen. Mit Weh. Von Tante Zosia. Morgendämmer. Darum gings ja, dass wir losziehen, bevor der Tag anbricht. Aber das ging daneben. Ob wir vielleicht zu lange mit Packen zugebracht hatten oder jene früher losgelegt hatten. Jedenfalls wurde schon geschossen. Gleich beim Verlassen des Kellers wurde noch kurz beraten, ob wir eine Weile abwarten sollten. Doch die meisten riefen sofort durcheinander, das habe keinen Sinn. Denn mit jedem Augenblick wurde es schlimmer. Einige rannten außerdem schon los, während doch gleichzeitig die Geschosse flogen, und sofort fing das Durcheinander an. Auf der Rybaki war es schon hell. Einige Gestalten rannten unter ihren Bündeln gebückt vorüber. Ich hatte eine Ladung Trockenbrot in einer Decke auf dem Rücken. Wir gingen zu diesem Dominikanertor mit der Monstranz, um durch die Klostergärten den Hang hinauf bis nach oben zu gelangen, denn das Haus Rybaki 23 lag schon in Trümmern.

Nach einer kurzen Ruhe fing die Schießerei wieder an. Aufregung. Herr Ad., die Hosen hochgekrempelt, lief mit einer Aktentasche in der Hand an der Spitze voraus. Frau Róża Ad. mit Basia auf dem Arm, rannte hinter ihm her und rief ihm nach, er solle warten, doch da krachte wieder ein Geschoss, und Herr Ad. legte noch an Tempo zu. Daraufhin kehrte Frau Róża mit Basia um. Lusia mit dem kleinen Mareczek rannte jetzt hinter Herrn Ad., auch sie immer schneller. Ihre Mutter (Frau Rymińska) wollte mit ihnen Schritt halten, doch sie schaffte es nicht. Schon wurde sie von Tante Uff. und Zbyszek überholt. Frau Rymińska rief:

»Warte auf mich… warte auf mich…«

Wir Übrigen liefen an ihr vorbei, und sie rief immer noch:

»Warte auf mich!«

Das wurde mir unangenehm, und ich kehrte um. Noch mal all diese Schritte. Ich führte sie hinauf. Am Arm. Denn wir gingen über lauter Trümmer. Und sie stolperte. Da wir zu langsam gingen und die anderen zu schnell, zog ich sie anfangs voran. Damit es rascher ging. Dann rannte ich den anderen hinterher, sie sollten langsamer gehen. Aber es wurde schon geschossen. Es krachte. Ordentlich. Und das Rufen half nichts. Deshalb kehrte ich zurück zu Frau Rymińska. Und rannte dann wieder voraus. Um irgendwie die Verbindung zu behalten. Herr Ad. war immer weiter weg. Und höher. Am Hang. Er raste über diese Trümmer. Die Hosen hochgekrempelt. Dann übers Gras. Voller Ziegelsteine. Und Putz. Er duckte sich. Und rannte. Wann Róża und Basia tatsächlich kehrtgemacht haben und zurückgegangen sind – das kann ich nicht mehr mit Sicherheit sagen. Ich drehte mich um, schaute. Rannte hinauf. Rief ihnen zu. Offensichtlich so ein Herdentrieb (in mir). Außerdem lief ich überhaupt. Viel. Auf den Straßen. Die anderen nicht. Sie hatten Angst. Deshalb waren sie es nicht gewöhnt. Diese Granaten und Kugeln. Und das war wirklich eine Frage der Gewohnheit.

Róża und Basia fielen also weg. Der ganze Rest – mit immer größeren Abständen voneinander – ging voran – schon jenseits des Tors mit der Monstranz, schon hinter den Klostergärten, immer höher, schräg hinauf. Über Gras. Erde. Brocken von etwas. Manchmal ein Baum. Das war gut. So halbwegs. Als Deckung. Denn wir kamen jetzt in die Neustadt hinein. Und es war immer schlimmer. Je weiter nach rechts wir kamen. Und je höher. Es waren auch andere Leute unterwegs. Viele. Manche auch auf dem Weg nach unten. Sie kamen uns entgegen. Dieses dicke Frauchen war auch mit uns unterwegs. Die von der Towarowa. Die auf der Klosetttür geschlafen hatte. Sie hatte sich etwas auf den Rücken geschnallt. Unterm Nacken. Glaube ich. Denn sie ging gebückt vom Tragen.

Dann fing es an von Żerań her zu krachen. Von jenen. Da hinter der Weichsel. Der Front. Und dieses Krachen nahm zu. Und das von den Deutschen. Auch das. Und Kugeln. Neben uns. Immer dichter. Sicher auf uns (sollten sie treffen). Es wurde heiß. Blendete. Denn die Sonne schien schon. Frau Rymińska hatte jetzt mehr Tempo. Ich weiß nicht, wie lange wir gingen. Bergauf. Schräg. Wir begannen den Aufstieg unterhalb der Sakramentki. Beziehungsweise unterhalb von Benon-Bieńkowski. Auch das bereits in Trümmern, doch auch noch irgendwie stehend. Gleich unterhalb waren wir jetzt. Schon oberhalb der Rybaki, über Rybaki 23, das dort unten in Trümmern lag. Doch zum Benon war es noch ein gutes Stück hinauf. Wir kamen jetzt an den schlimmsten Abschnitt. Wo das Gehen am schwierigsten war. Abschüssig. Und am heftigsten beschossen. Für jeden Schritt mussten wir uns wohl an Zweigen und Grasbüscheln festhalten. Und noch einen höher. Egal was, wir griffen danach. Und fiuu! pfiffen die Kugeln. In diese Zweige. Ins Gras. Und irgendwie nicht auf uns. Aber sicher konnte man da nicht sein. Die Zweige und das Gras waren grau. Und sie knisterten. Jedes

Mal. Von den Kugeln. Auch Granaten. Da war ja diese Front. Donner um Donner.

Bei diesem Kraxeln durchs Gras lockert sich mir plötzlich was am Nacken, rutscht von den Schultern und ... da fliegt sie weg, die Decke mit dem Trockenbrot, fällt, immer weiter hinunter ... die Brotstücke verstreuen sich in alle Richtungen. Sofort versuche ich, die nächsten zu erwischen. Und wieder rein in die Decke. Ganz verzweifelt. Eine Handvoll. Eine zweite. Dritte. Doch der Rest – liegt weiter unten, im Gras, dazu noch weit verstreut. Meine Leute setzen mir schon seit ein paar Sekunden zu, schubsen mich fast weg, lassen mich nichts aufsammeln.

»Lass das! Lass das!«

»Du siehst doch, was los ist!«

»Miron, Mirek, Miron!«

Von wegen. Es herrscht doch Hunger. Jede Handvoll Altbrot ist ein Tag Leben.

»Miron! Lass es!«

»Miron!«

»Miron! Komm!«

Sie alle riefen. Tante Uff. Zbyszek. Swen. Celina. Swen schrie richtig:

»Miron! Miron!«

Bis heute höre ich diese Stimmen. Ich hab sie im Ohr, wie lebendig. Sie warten. Kommen ein Stückchen näher. Kehren beinah um. Stehen über mir. Mit diesen Bündeln. Gekrümmt. Denn immer noch zischt es und schwirrt es. Und kracht. Und hier jedes Stück Trockenbrot. Soundsoviele im Gras. Dichtes Gras. Ich raffe zusammen, blitzartig. Aber ...

»Miron! Miron!«

Wer noch unterhalb von mir gewesen war, hatte mich jetzt

überholt. Andere Leute. Kommen herauf. Kommen heran. Packen. Schwanken. Krümmen sich. Und unterdessen schlägt es unentwegt um uns ein. Es sind nicht mehr viele. Der noch. Und der noch. Schwer aus dem Gras zu klauben. Ich reiße sie heraus. Diese trockenen Brotstücke.

»Ich komm schon!«, rufe ich, »ich komm schon!«

»Mirek! Mirek!« Am längsten noch die Stimme von Swens Mutter, daran erinnere ich mich. Und wie sie sich dauernd vorbeugte. Mit einer Decke, so wie ich. Auch die war voller Altbrot.

»Bin so weit!« Denn ich bin so weit.

»Bin so weit!« Ich mache einen Knoten, und rauf auf den Rücken, und dann renne ich hinauf.

Schnell. Schnell. Denn es ist schlimm. Und wir rein in die Trümmer der Fabrik-Kirche. Benon-Bieńkowski. Bretter. Rumpumpeln. Tapp-tapp-tapp. Reste einer Halle. Die waren, glaube ich, noch da. Die Fassade von Benon. Von oben. Bretter. Ein Haufen Schutt. Kleintrümmer. Kalk. Putz. Lättchen. Holzsplitter, Ziegel. Simsbrocken. Überhaupt. Alles Mögliche. Schon oben auf dem Hang. Nicht mehr auf diesem Abhangs-Präsentiertablett. Vielleicht schaffen wirs. Hinter Benon ist hinter Benon. Jetzt kommen wir an diese eisernen Staketen, die auch heute noch dort sind. Im Tor. Durchs Tor. In die Gasse. Dieses Gässlein vom Benon zum Neustadtmarkt. Und schon ist da rechts Przyrynek, Jungfrau Maria – diese alte Kirche, aus Ziegeln. Links die Sakramentki. Alles voller Leute. Mit Bündeln. Buckeln. Sachen unterm Arm. Mit Körben. Mit allem Möglichen. Oder ohne. Hier erinnere ich mich daran, wie Herr Ad., wohl mit diesen hochgekrempelten Hosenbeinen, irgendwohin davonsprang, über Schutt, Trümmer und Trümmerchen von Häusern. Und so verliert er sich in meiner Erinnerung. Der Marktplatz ein

Dreieck. Wir an der Basis. Wir überlegen. Heiß. Hell. Rauch. Krachen. Front. Menschen.

Am Hals des Trichters ein Haufen Menschen, zusammengedrängt, Trümmer, unter- und übereinander, hängend, ragend, stürzend, denn dauernd stürzt was, fliegt was (alles wandelt sich ständig) – Freta, Koźla, Franciszkany. Ausgehöhlte Häuser. Aufbauten. Über soundsoviele Stockwerke. Vertikal ausgehöhlt. Quer. Leer. In Splittern. Baumelnden Strängen. Aus Kalk, Schilfrohr, Brettern, Ziegel. Schrecklich viel davon. Dort. Daraus bestand ganz Warschau. Fast. Auch diese Fünfstöcker: Schilfrohr, Kalk, Ziegel, Bretter. Oder Splitter. Gebröckel. Trocken. Knisternd. Wenn etwas daranstieß, bröckelte es trocken. Haus um Haus. Es hing aus Löchern, wo Balkone gewesen waren – Fenstersimse – Blechblenden. Sie schwankten. Schepperten. Schlugen. Dünn, innen hohl, was man für ein Sims gehalten hatte – für Mauer-Marmor. Überhaupt – Warschau gab hier all seine Geheimnisse preis. Es hatte sie schon verraten – es gab nichts mehr zu verbergen. Es hatte sich schon verpfiffen. Reingelegt. Hundert Jahre bloßgestellt. Und zweihundert. Und dreihundert. Und noch mehr. Alles war rausgekommen. Von oben bis unten. Von den masurischen Fürsten angefangen. Bis hin zu uns. Und zurück. Staś, Sobieski, Sachsen, Wasas. Wasas, Sachsen, Sobieski, Staś, Fukier. Sobieskis, Marysienka, Sakramentki.

Man kehrte um. Wir. Die Unseren alle. Auch die mit den Rillen von der Tür. Und noch andere. Die vorbeigingen, herankamen, fortgingen. Die Front war in vollem Gange. Wie auch die Erde hier. Alles Trümmer und Himmel. Hellblau. Rauchgetrübt. Rot. Zerfetzt. Zertrümmert. Bestaubt. Sonne. Staub auf den Zähnen. Mit Kalk. In der Nase grau, Staub, schwarz. Die Trümmer riechen. Stark. Und all das

Verbrannte – und wie. Und so ein Knall mit dem Geriesel, wie das riecht. Durch den Mund in die Nase. Die Nase läuft, zusammen mit den Augen. Technisch: Weinen. Ein Vorhang. Buchstäblich. Der Rest – die Hände, sie funktionieren. Ein wenig wie bei Blinden. Die Füße auf etwas drauf. Der Rücken in Aktion. Das Ganze zusammengepappt, verschwitzt, erschöpft, im Hintergrund ein paar Worte. Auch Gedanken. Dasselbe, schneller. Ein Eingang. Mit Leuten. Irgendwo hinein. Sie schauen. In ein Loch. Ein Spalt. Stufen. In ein Dunkles, Feuchtes, voller Menschen. Ich weiß nicht warum, aber diese Falltür, war es eine Falltür? – ist das der Eingang (Abgang) in die Sakramentki? Überhaupt etwas aus Brettern? Und tief unten dieses Gewimmel. Ein Nest. Swen stampft mit dem Fuß auf, schreit, widersetzt sich.

»Dort geh ich nicht hinein. Dort geh ich nicht hin. Kommt, weg hier. Nicht in die Sakramentki. In die Sakramentki geh ich nicht hinein.«

Wir schubsen ihn. Aber er beharrt:

»Bei den Sakramentki geh ich nicht hinein. Ich geh nicht rein!«

Plötzlich steht eine Nonne vor uns. Von unten gekommen.

»Bei uns ist es schon ganz voll, dreitausend Leute unter der Kirche.« Sie breitet ratlos die Arme aus, senkt die Augen und den Kopf, redet weiter, ganz grau-grau, tonlos: »Wirklich, solange wir konnten ... haben wir aufgenommen ...« Verlegen brach sie ab.

»Aber vielleicht, vielleicht doch –«, sagen wir.

»Ja, nun, solange es ging ...«

»Aber vielleicht doch noch –« Wieder wir, also die Tante, Swens Mutter, Zbyszek, ich, Celina. Lusia mit Mareczek an der Hand (bergauf hatte sie ihn getragen, ihn mit ihrem Körper gedeckt), Frau Rymińska. Und die von der Towarowa. Diese Frau. Mit den Rillen von der Tür.

»Aber vielleicht, doch …«

»Vielleicht irgendwie …«

Außer Swen, der sagt:

»Nein!«

und

»Nein!«

»Hier nicht!« Und er trat, mit dem Fuß aufstampfend, zur Seite.

»Nun ja, wenn Sie … sehen Sie selbst, diese Menge … und die Wände haben Risse … so viele Bomben … haben uns schon getroffen … die Kirche – sehen Sie.« (Ja, die Kirche Sakramentki existierte über der Erde schon kaum mehr, damals schon, und mehr hatten sie nicht, gar nichts, nur das, das, was unter der Kirche war, unter dieser Falltür.) »Kommen Sie nur herein, bitte sehr – wenn Sie Platz finden – bitte sehr, sehen Sie, kommen Sie herein, bitte«, sie lud uns ein, durch die Falltür nach unten zu kommen.

Was war dort?

Wir waren betreten. Jetzt wir. Mit den Bündeln voll Zwieback. Reingehen? Nein?

»Nein, dort geh ich nicht hinunter, ich geh nicht hinein, nein und nein.« Swen hatte entschieden, es war nichts zu machen.

Wohin dann jetzt?

»Wohin gehn wir jetzt?«

»Zur Jungfrau Maria?«

»Na gut, sind dort Leute? Dort ist doch was eingestürzt, oh! wie sieht es da aus!«

Sie sah schrecklich aus. Die Jungfrau Maria. Jawohl. Jetzt fällt mir das alles wieder ein. Wie es damals war.

»Vielleicht sitzen dort welche?«

»Ja, vielleicht.«

»Kommt, gehn wir hin.«

Wir gingen auf die Jungfrau Maria zu. Sie schreckte uns ab, ganz und gar. Die Kirche. Und der dunkle Glockenturm. Wie diese Spielzeuge in Dorfläden, mit Kakao aus Ziegelsteinen, der Rest … – na ja. So war es mit der Jungfrau Maria.

»Sind dort welche?«

Ja, dort waren welche. Immerhin. Unter diesem »Kakkau« aus Ziegeln. Wurde uns mitgeteilt. Einer von uns hatte ein bisschen gefragt. Leute liefen unterdessen herum. Kamen zurück. Schleppten sich hinein. Schauten sich um. Sonne. Hitze. Front. Unsere Leute: Kugeln, Pfeifen, Zischen, Geschosse. Niemand kam irgendwo unter. Hier saßen auch etliche. Zweitausend, was weiß ich?

Zu den Franziskanern! Zerbombt. Bestimmt sitzen dort auch Leute. Zweitausend. Drei. Unter den Trümmern. Wir kehren zurück. Also doch Sakramentki.

Noch einmal stehen wir da. Starren hinein. Durch die Klappe hinunter. Aber Swen schreit, zerrt uns weg.

»Ich gehe da nicht runter. Geht ihr nur. Aber ich nicht. Ich gehe nicht. Nicht in die Sakramentki. Überallhin. In die Trümmer, ja. Aber zu den Sakramentki – nein. Zu den Sakramentki – nein!«

Swen tat seine Wirkung. Wir gingen weg. Wir gehen. Es grollt. Diese Front. Es bröckelt. Dauernd. Irgendwo. Wir rein in diesen Hals des Marktes. Und hier war es wohl mit dieser Frau. Die mit der Tür. In den Graben. Sie ging los. Ging weg. Trennte sich. Keine Ahnung. Alles fiel auseinander. Nichts hielt zusammen. Ging vorbei. Ging weg.

Die Garnisonskirche? Ist schon kleingemacht. Die Redemptoristen? Vorbei mit den Redemptoristen. Kathedrale? Wissen wir schon. Die Jesuiten? Nebenan. Das heißt – dasselbe wie die Kathedrale. Die Augustiner? An der Piwna? Gibts nicht mehr. Die Dominikaner. Vielleicht die Dominikaner. Wir gehen die Freta entlang. Dasselbe. Kirchen sind schließlich nicht geeignet. Sie sind ja schließlich alle weg.

»Krzywa Latarnia – dort wollen wir doch hin, oder Hipoteczna 5.«

»Gehn wir zur Hipoteczna 5.« Das sagt Lusia.

»Vielleicht in die Trümmer? Jede Menge Leute sitzen in den Trümmern, heißt es.«

»Sollen wir?«

»Gehen wir zur Krzywa Latarnia.«

»Ja, aber dort lassen sie keinen rein.«

»Das sehen wir dann. Dann eben die Trümmer.«

»Gehn wir bei den Dominikanern rein.«

»Seht mal, die steht noch.«

Sie stand – die Kirche. Mit dem Kloster sah es nicht so gut aus.

Wir gehen rein. In dieses wahre Trumm. Pseudogotik. Ins Portiko. Im Portiko links eine Reihe Kochherde. Missgeburten von Kochherden. Aber auf allen Kochtöpfe. Und aus allen dampft es. Und wie! Alle der Reihe nach. Vor jedem steht oder hockt eine Frau. Zerzaust. Unterm grauen Licht. Und sie schwenken Topfdeckel. Solche großen. Wie für einen Kessel.

Wir gehen hinein. Schnurstracks. Tür. Nach unten. Denn da ist eine Treppe. Unten die Kirche. In der Kirche Echo, Lärm. Mengen. Wir biegen ab. In ein Nebenschiff. Links. Voll. Mit Altären. So viele. Mit Gold verkleidet, mit Silber. Barock. Figuren. Verdreht. Heilige Schreihälse, Mystiker.

Sie winden sich, vom Altar zur Seite, nach oben, schräg. Unter den Altären. Unter jedem (warum eigentlich dort?). Auf den Treppenstufen. Gestalten. Lebendige. Halbliegend. Ein eigener Barock. Auch das. Und auch schräg, zur Seite, nur eben unten und in abgerissenen Klamotten.

Wir gehen hinaus ... Barrikaden. Unsere Mostowa hinunter. Auf der linken Seite gibt es den Danziger Keller nicht mehr. Abgebrannt. Rechts der Steg, eine Rinne durch den Graben. Und die Mauern. Diese alten. Rekonstruktionen. Ziegel. Dick. Auch hier Menschen. An den Mauern. Breiten sich aus. Auf dem Gras. Im Bett des Baches. Der dort unten nicht mehr fließt. Seit vierhundert Jahren nicht mehr. Je näher man an den Steg kommt, desto größer das Gedränge. Hier einfach so, unter offenem Himmel? Und es ging weiter so. Sie hatten besiedelt. Besetzt. Diese Mauern. Die sich hinziehen, in Windungen. Parallel zur Podwale. Und wir gehen, folgen den Windungen der Podwale. So eng, wie sie ist. Da ist es. Krzywa Latarnia.

»Da ist es«, sagt Swens Mutter.

»Hier?«

Doch im Tor (es war ja ein Mietshaus) steht ein älterer Herr, kahlköpfig, vielleicht hatte er einen Schnurrbart. Ja, stimmt: Alle hatten damals Bärte, Schnurrbärte, Haare.

»Liebe Leute«, sagt er, »was wollt ihr? Wollt ihr hierher? Dreitausend. Hier geht keine Nadel mehr rein. Sie kriegen keine Luft mehr. Ersticken schon. Leute, es geht auf keinen Fall. Ihr würdet gar nicht reinpassen.«

Wir sind nicht mal hineingegangen. Haben nichts gesagt. Sind nicht stehen geblieben. Bloß weitergegangen.

»Hipoteczna 5, kommt, gehen wir«, sagt Lusia. »Aber vielleicht ...«

»Wooo? Lassen sie uns denn überhaupt rein?«

»Dort gibt es fünf Etagen, ich habe dort eine Bekannte. Und wenn nicht dort, dann in die Trümmer.«

»Aber wo? In welche Trümmer?«

»Na, müssen wir suchen.«

»Dann lasst uns doch in Richtung Hipoteczna gehn. Dann sehen wir.«

Wir gehen. Von der schmalen Podwale auf die breite. Rückseite des Palais. Menschen. Menschen. Und etwas kracht. Dröhnt. Und diese Front. Und andere. Flieger. Sind schon irgendwo … Man muss sich beeilen. Bei der Długa winkten wir ab. Dort war damals schon dieses Ding gewesen. Und diese Lazaretts. In den Kellern. Und diese verbrannten Piloten. Alles war zerbombt. Alles zerbombt. Verschüttet. Alles. Und mit den Dominikanern sollte es ein, zwei Tage später auch so sein. Mit diesen Menschen. Und diesen Heiligen. Alle zusammen. In die Keller rein. Und überhaupt.

»Gehn wir über die Kapitulna. Zur Miodowa. Die Kapucyńska ist fast gegenüber. Bloß über die Miodowa mussten wir rüber. Und das war wohl schwer.«

Ich kann mich nicht erinnern, ob wir schon auf der Kapitulna waren, da sagt jemand, viele übrigens, viele stehen da, kehren um, sagt also, die Miodowa, das gehe nicht. Überschwemmung. Absperrung. Mit Barrikaden. Trümmern. Und dass sie unter Beschuss sei. Von der Ecke Kozia aus, aus einem siebengeschossigen Haus. Und von der Bonifraterska. Und alle paar Augenblicke Panzer. Von der Krakowskie in die Miodowa. Bis dorthin konnten sie, hin und zurück. Schießen. Stecken in Brand.

Also – wohl über die Kapitulna. Und nach rechts, durch etwas Ausgebombtes. Das hieß – zurück zur Podwale. Und durch dieses Tor. Der Chodkiewiczów. Mit Gitter. Auf denselben Hof, den großen. Oder die Kapitulna war abgesperrt –

Barrikaden. Und sogleich durch das Gitter in den Hof hinein, in diesen Trümmerhaufen, denn alles hier, Gartenhaus, Seitenflügel, Vorderhaus – sind zerstört, verbrannt, gestapeltes Zeug, Ziegel, Bretter. Bergeweise. Haufen. Durch den Hof. Stocken. Vielleicht springen wir dort hinüber? In den Flur, das Tor. Von Tor zu Tor, dem Pac-Tor. Neben den Kapuzinern. In der Kapucyńska. Und von der Kapucyńska gibt es einen Durchgang zur Rückseite der Hipoteczna. Dort ist es schon nah. Doch erstmal – über die Miodowa. Hören, was passiert. Leute kommen zurück. Warnen.

»Nein, nein, da ist alles voll mit Toten. Wer dort rüberrennt, wird sofort flachgelegt. Und schreit. Oder ist eine Leiche.«

Wir gehen hinein in das ausgebrannte, vollkommen ausgebrannte, eingestürzte – nur vertikale Träger ragen noch auf – Vorderhaus. In den Hausflur. Treppe hinunter. Schwarz. Unten ist es noch schwärzer. Und eine schreckliche Hitze. Nach einem Brand.

»Da unten ist jemand, gehen wir fragen.«

»Ja, gehn wir hinunter, sehen wir, was los ist.«

Wir hinunter.

»Das ist die Miodowa, oder?«

»Miodowa 14.«

Direkt vor uns dort unten ist eine Frau, dunkel, schwarz gekleidet. Sie beugt sich vor. Macht etwas. Neben einem Menschen. Ein Rücken. Ein nackter Rücken. Und Wunden. Sichtbar. Von weitem. Er liegt auf dem Bauch. Auf einem Bett. Sie legt ihm Watte auf, Gaze. Ein Verschlag. Schwarz. Und Rauschen. Wasser. Ein Wasserfall.

»Kann man rüber? Über die Miodowa?«

»Was? Über die Miodowa? Die ist unter Beschuss. Nie und nimmer.«

Man hört es, das Schießen und das Rauschen.

»Was ist das?«

»Die ganze Straße ist überschwemmt. Ein Fluss.«

»Und hier fließt es rein? Von oben?«

»Ja.«

Ein Wasserfall, buchstäblich. Sie befeuchtet die Verbände in diesem von oben herunterdonnernden Wasser. Ein Luxus!

»Und der Keller dort links?«

»Der gehört zur Handwerkskammer.«

»Dort kann man rein?«

»Sicher. Er ist leer.«

Wir gehen links hinein. Hinter den Pfeilern des Vorraums, fast direkt nebenan, ein geretteter Christus am Kreuz, in Öl. Ein älterer Herr mit Schnurrbart schaut herein, fragt, von der Miodowa wird abgeraten, aber ihm ist das egal, er geht jetzt.

Wir gehen in den nächsten Keller. Über die Schwelle. Besser gesagt, über das, was übrig ist, hinter dem bis auf die Ziegel abgebrannten Türrahmen.

»Bleiben wir hier.«

»Bleiben wir hier.«

Wir sind alle einverstanden, alle gleichzeitig. Erleichterung. Leere. Trümmer. Etwas ist noch da. Über unseren Köpfen. Ein Deckengewölbe. Nicht mehr ganz. In der Nähe der Straße fehlt etwas. Aber nicht viel. Das macht nichts. Ein Kellerfenster oder zwei? Ich glaube, eins. Ja, eins. Ein Pfeiler oder zwei. Alles verschwärzt, voll Asche, Hitze. Jetzt weiß ich wieder. Es gab mehr Pfeiler. Und noch ein zweites Fenster. Auf der anderen Seite. Zum Hof. Weiter weg – nach links – ein Türrahmen – und dann noch was – so ähnlich wie dieser Raum.

Lusia breitet hinter einem Pfeiler auf einem Haufen Asche und Putzbrocken den Mantel aus und setzt sich hin, als Erste.

»Uff, Robinson Crusoe.«

Swens Mutter setzt sich in einen Ledersessel.

»Uff … das tut gut.«

Die Tante setzt sich in einen gleichen Sessel. Näher an der Wand.

»O mein Gott … endlich.«

Zbyszek setzt sich in den dritten. Celina legt sich auf einen Kinderwagen, der in der Mitte steht.

»Ooooh, wie gut!« Ihre Arme und Beinen hängen über den Rand, sie ist zu groß. Aber sie ist glücklich. Wie alle.

Swen und ich nehmen drei Ziegel. Und schon ist der Herd fertig.

»Wir holen uns Bretter«, sagen Swen und ich und gehen hinaus. Denn da steht noch ein Eisenbett mit Drahtfedern. Nackt. Wie soll man darauf liegen?

»O mein Gott!«, hören wir hinter dem Tor zur Miodowa. »O mein Gott, zu Hilfe!« …

»Ja, klar, das ist er.«

Na, da ist er raus, der mit dem Schnurrbart, und jetzt liegt er da, und wie soll es jetzt gehn. Wer wird ihm helfen, wenn dort draußen gemordet wird.

Wir suchen auf dem Hof nach Brettern. Alles trocken. Knisternd. Da sind welche. Lange. Zwei Stück.

»Gut.«

»Nehmen wir die.«

Wir tragen die Bretter.

Der draußen stöhnt. Pech.

»O mein Gott, zu Hilfe, zu Hilfe!«

Wir legen die Bretter auf Stützen aus Ziegeln. Und legen

uns sofort nebeneinander darauf. Swen auf sein Brett, ich auf meines. Links, hoch oben, das Fenster. Ich bin auf der Fensterseite. Die zur Miodowa.

»Ach, tut das gut«, sage ich.

»So gut«, sagt Swen.

Der Verletzte verstummt – nach einer Stunde – oder zwei. Jemand hat ihn (?) entweder weggeholt, oder er ist gestorben. Wir. Haben unseres. Wohnen hier zu zehnt, Miodowa 14, Chodkiewicz-Palais. Handwerkskammer (Vorderhaus zur Miodowa, Gartenhaus zum Podwale, Seitenflügel zur Kapitulna).

Gegenüber an der Miodowa – Pac-Palais – eine Nische im Empirestil, mit Bas-Relief, Gitterwerk und diesem kleinen runden Hof. Rechts Przymasowski-Palais. Rechts – auf unserer Seite – die Basilianer. Links von uns – Igelström- und Branicki-Palais. Alles mit zwei Fassaden: Miodowa – Podwale (Einfahrt). Links, nicht auf unserer Seite, hinter dem Pac-Palais, eine kreisförmige Einfahrt, ein Halbkreis mit einer knapp zurückgesetzten Mauer, Stufen, Terrasse – eine Figur auf einem Dingsda obendrauf: Die Kapuziner. Mit der Kapucyńska. Auch Sobieskis. Auf dem Krakowskie – die Muttergottes oben an der Gabelung. Zwycięska, herzig vor lauter Goldherzen, aufgehängte Votivgaben – auch Sobieski. Die Sakramentki – Marysienka. Senatorska – alle Könige kamen schnurstracks von der Wahl hierher, ein erster Dank, plumps auf die Knie.

Links – Żoli bor
Mari mą
Bielany
Rechts Czerniaków
Wilanów

Überall dort – waren sie. Sakramentki wissen wir. Stimmt:

Kazimierz an der Tamka, die Barmherzigen Schwestern – sie. Antoni in der Senatorska, im Kreuzgang, beim Auszug nach den Wahlen kam der König hier für eine erste Danksagung herein. Auch sie. Sie – auf der Allee. Sie – an dem Denkmal mit dem Wasser unten. Na und? Will ich euch damit rühren? Oder mich selbst? Oder den König? Die Sobieskis?

Wir liegen auf den Brettern. Den ungehobelten. Voller Splitter. Swen sagt:

»Gebe Gott, dass ich mein ganzes Leben lang ein solches Bett habe.«

»Bestimmt«, versichere ich ihm, auch in diesem guten Glauben, dass es nichts Besseres gibt.

Swens Mutter macht Essen. In der letzten Zeit haben wir wenig gegessen. Zweimal täglich. Immer sehr wenig. Swens Mutter wollte uns was Gutes tun. Sie machte Nockerln mit einem letzten Rest Essig, den sie hatte.

»Mama, was hast du da gemacht!«, sagt Swen.

»Das ist wirklich nicht essbar«, sage ich.

Swens Mutter und die Tante probieren.

»Ja, stimmt, nicht essbar.«

»Ich wollte mal ein bisschen Abwechslung. Ist schiefgegangen.«

Pech. Wir kippen es weg. Bekommen was anderes. Vielleicht Kaffee mit Altbrot. Flüssige Nahrung aßen wir aus Einmachgläsern. Jedenfalls dort an der Miodowa. Das weiß ich noch. Oder wir hatten sie schon an der Rybaki gefunden. Oder hier, gleich am Anfang? In jedem Fall waren sie bunt. Grün. Braun. Und vielleicht etwas verzogen. Vom Feuer. Kleine Gläser.

Dieses ganze Glück an der Miodowa… in der Asche, denn die Füße versanken ganz schrecklich in Asche, und aus dem Ventilator fiel – bei jedem Treffer – ein Haufen Ruß. Dieses ganze Glück war aber gleich verdorben, sofort und immer wieder von Bomben verdorben.

Am Anfang bewegten wir uns nicht von dort weg. Wohin auch? Wir sind in den Trümmern. Ein Stück Decke – dieser einen Decke – ist da. Entweder wir werden direkt getroffen oder nicht. Wenn eine Bombe trifft, schlägt sie durch. Hier gibt es keine Wunder mehr. Wir sitzen also dort. Es schlägt ein. Ringsum. Näher. Ferner. In den Abhang, in die Długa, in die Podwale. In die Miodowa. Wir unterbrechen nicht mal die Mahlzeit. Dort lernten wir, einfach weiterzuessen. Auch wenn die Bomben schon ganz nah waren. Dann duckte man sich. Danach flogen sie wieder weg. Swens Mutter betete. Sie schlug vor, dass wir alle laut den Rosenkranz beten. Wir lehnten ab. Swen, Lusia und ich überlegten, was wir tun konnten. Entweder Swens Mutter hatte Karten oder Lusia. Lusia kam auf die Idee, dass wir Bridge spielen könnten. Wir spielten zu dritt. Mit Zbyszek. Aber Zbyszek saß dabei im Sessel. Diese Sessel waren bequem. Groß. Und die Rückenlehne war merkwürdig zurückgebogen. Celina wollte nicht aus dem Kinderwagen. Sie lag da, ließ Kopf, Arme und Beine baumeln. Und war zufrieden. Ich weiß noch, dass die Karten auf unseren Brettern ausgelegt wurden. Und dass wir nie lange spielten. Denn dauernd kamen die Flieger. Dann schien es vorbei zu sein. Doch nicht. Dann flogen sie weg. Wir spielten weiter. Wieder kamen sie angeflogen. Und diese Bomben. Wieder An-die-Decke-Starren – bei allem. Und wir spielen weiter.

Dann mussten wir Wasser holen. Für Swens Mutter. Zum Kochen. Für die Tante. Für Frau Rymińska. Zum Waschen. Für dies und jenes. Wasser gibts – man muss es nur holen. Ich nahm einen Krug und einen Eimer und ging damit in das

Dunkel, wo der Verwundete und seine Frau bei dem Wasserfall waren. Dort hatte man im Nu alles gefüllt. Ich verschwand auch dorthin, um mich zu waschen. Direkt danach. Und um mein Hemd zu waschen. Seife gabs keine. Aber wer träumte da schon von Seife? Das Hemd war schwarz. Celina flog gleich auf diese Idee. Wollte auch waschen. Swen war irgendwie erstaunt. Dass wir waschen. Oder wunderte er sich erst am Abend? Denn wir haben nicht nur einmal gewaschen. Sondern jedes Mal, wenn es schlimmer gestaubt hatte. Oder wenn der Ruß rausgeflogen war. Nach zehn Minuten war alles trocken. Denn es war heiß. Ja, richtig: diese Hitze. Die war nicht auszuhalten. Und – wohl in aufständischer Gepflogenheit – zogen wir an, was gerade zur Hand war. Ich erinnere mich, dass die Frau dieses Verletzten dort im Dunkeln unter dem Wasserfall im Unterrock saß. Wen hätte damals ein Unterrock in Wallung gebracht? Wir beschlossen als Erstes, dass das übernächste Zimmer, hinter dem direkt neben uns, der Abort war, wo wir unsere Haufen machten. Auf dem Hof war es zu riskant. Selbst die Treppe war gefährlich, zumindest die oberen Stufen. Aber man ging hinaus auf die Treppe. Denn es war vor Hitze nicht auszuhalten. Natürlich, Wasser war da. Man konnte sich berieseln lassen. Aber man braucht auch Luft. Wenn es dunkel wurde, ließen wir uns alle dort auf den Stufen nieder. Zu weit unten war es zu heiß, wie im Keller. Und ab der Mitte etwa flogen schon die Splitter der explodierenden Granaten. Das hatten wir bemerkt. Also nahm man die mittleren Stufen. Dort, wo man schon etwas frische Luft schnappen konnte, aber die Granatsplitter nicht hingelangten.

Man ging schlafen. Sich schlafen legen hieß, man setzte sich zurecht, jeder in seinem Sessel, Kinderwagen, auf dem Mantel, der über den Asche- und Schutthaufen gebreitet war, wie bei Lusia und Mareczek. Oder – das galt für Swen und mich – in der Kleidung, die man gerade anhatte – immer dieselbe – auf den Brettern. Also an der Stelle, die man – die jeder von uns – gleich nach der Ankunft hier mit Beschlag belegt hatte.

In der ersten Nacht schlief ich nicht die ganze Zeit auf dem Brett neben Swen, sondern auf dem Eisenbett mit dem blanken Drahtgeflecht, denn das stand da so leer bereit und lockte wie eine Hängematte. Und weil es einfach unmöglich war, die Jacke anzubehalten, hatte ich nur das dünne Hemd an, und dann kam gleich der Draht, mit seinem Maschengeflecht aus kleinen Vierecken. Ich weiß nicht mehr, nach wie vielen Stunden – ob vielleicht erst im Morgengrauen oder früher – ich aufstand und auf das Brett zurückkehrte. Mein Rücken war bedeckt mit dem karierten Abdruck des Maschendrahts, wie ein Kettenpanzer. Ich hatte noch die Idee, dieses Drahtgeflecht aus dem Bett zu nehmen und auf die Bretter zu legen, für uns beide. Aber nein. Das war auch nicht gut. Was war besser als die Bretter? Man blieb bei den Brettern.

Die erste Nacht in der Miodowa und auch die nächsten, ich glaube sogar die ganze Zeit in der Miodowa, schien der Mond. Rauch in Mengen. Feuer in Mengen. Und hier irgendwie – von unseren Brettern am Fenster aus – sah man auf den oberen Teil der Tornische des Pac-Palais. Genau auf den Fries. Im Mondschein – denn das Wetter war klar, höchstens Rauch überzog alles – diese Nische. Graubraun – so erinnere ich mich daran. In der Nacht hatte sie die Farbe der restlichen Nockerln, die trockneten (vergesst nicht, dass man immer einen trockenen Mund hatte). Und dieser Fries. Mit den Figuren. Ein Umzug. Die Figuren waren flach, aber sie warfen Schatten. Immerhin. Außerdem war es ein Halbkreis. Stundenlang betrachtete ich das. Fasziniert. Swen weniger, wie mir schien. Ein bisschen ärgerte ich mich deshalb über ihn. Nockerln über Nockerln. Alles damals war trocken, mehlig, nockerlig, bröselnd. Und inmitten von alledem der Wasserfall. Auch das! Zufall, Wunder – Luxus. Der Wasserfall rauschte. Schepperte etwas. Das Wasser traf irgendwo weiter unten auf, ich weiß nicht mehr wie. Die ganze Miodowa rauschte. Es floss ja ein Fluss hindurch. Das Pac-Palais. Sei's wie es sei. Dieser Pac. Mit Palast. Diesem, nicht dem anderen. Aber hier – so stellte ich es mir jedenfalls vor – tagte das Magistratsgericht zu Prus' Zeiten[19].

Danach also diese Drahtfedern. In der Nacht. Morgendämmer. Erzwetter, wie üblich. Hitze. Ja, und auch bei uns Hitze, dazu noch wie im Ofen.

»Vor fünf Tagen ist das Haus abgebrannt«, sagte die Frau von dem mit der Rückenwunde, die im Unterrock, dort im Dunkeln unter dem Wasserfall. Ein Haus braucht lange, um abzukühlen. Und im Sommer? Was sind da fünf Tage! Und der Brandgeruch bleibt so lange! Das weiß ich noch von 39. Diese Brandstätten stanken bis zum Aufstand. Ja. Denn die vom Aufstand stanken wieder an die fünf Jahre. Und auch nach acht Jahren wehte einen der Geruch noch an. So viele Regenfälle und Durchnässtheiten, und so viele menschliche Haufen, vertrocknete, frische, dauernd, es ließ sich schwer sagen, was roch. Also, Aufwachen mit diesem Drahtmuster auf dem Rücken. Versuch, das Drahtgeflecht auf die Bretter zu legen. Probeliegen darauf. Schließlich gaben wir auf. Das Bett blieb stehen, wo es stand. Mit seinem Kettenpanzer. Und leer. Verrostet, eisern. Es hatte ja gebrannt. Wie hatten die Sessel das überlebt? Ich weiß nicht. Da war ja auch dieser Christus, und die Farbe an der Wand schälte sich nicht, draußen im Vorzimmer. Aber die Sessel? Unerklärlich. Ich weiß nicht, ob es damals war oder erst am dritten Tag, aber ich glaube doch, an diesem zweiten, allerdings nicht am Morgen, denn wir lagen, wir lagen einfach herum. Fliegerangriffe. Jeder bekam ein buntes Einmachglas mit Grütze oder Graupen. Das war wohl der letzte Rest. Oder der vorletzte. Mit diesem Essgeschirr jedenfalls lagen wir unter dem Türsturz zwischen unserem Raum und dem großen Vorraum mit dem Christus an einem Pfeiler. Denn er stand wohl an einen Pfeiler gelehnt. Oder vielleicht hinter dem Türrahmen an der Wand. Denn alle hatten wir nicht Platz in der Tür. Acht Erwachsene. Das Kind saß bei jemandem auf dem Schoß. Ein paar von uns waren also sicher zu dem Pfeiler gegangen. Der war gleich dort. Und der zählte auch. Wie der Türsturz. Immer etwas, das vielleicht stehenblieb, wenn eine Bombe traf und etwas von diesem Rest, der noch da war, einstürzte. Die Türstürze mit den tragenden Wänden darüber blieben stehen. Meistens. Es gab Unterschiede. Aber sie hatten eine Chance. Die Pfeiler auch. Manche. Ehrlich gesagt eher die, die nicht aus Beton waren. Wie dort in der Rybaki. Trotzdem. Das Essen in den Einmachgläsern nahm man also mit in diese Türöffnung, und weil man Hunger hatte – ja wohl!, und wie! –, war das ein Grund. Man aß. Schaute nach oben. Manchmal fiel etwas herunter. In die Grütze. Den Kaffee. Aber man ließ nichts übrig. Das war ein weiterer Grund. In dem sogenannten großen Raum kam immer viel runter. Von oben, von den Fenstern. Von der Decke. Von weißderhimmelwoher. Natürlich, man schöpfte es ab. Und aß weiter. Was sollte man auch machen? Auch hier rieselte es. Aber nie so viel.

An diesem Tag also hatte ich mich kurz von den Brettern aufgerafft, um etwas zu holen, denn wenn man nicht unterm

Türsturz stand, dann lag man, und ich rannte hinaus auf den Hof. Vielleicht, um Tassen zu holen. Ins benachbarte Stiegenhaus. An derselben Ecke, nur das Stiegenhaus war nebenan. Auch dort der Keller voller Asche. Und ich fand sie sofort. Swens Mutter hatte nämlich gesagt:

»Mirek, du bist so geschickt beim Finden. Ich bräuchte ein paar Gefäße. Tassen. Wir haben zu wenige Einmachgläser. Da sind bestimmt welche.«

Und so war es. Ich sah sie gleich. Sobald ich reinkam. Ich schaute sie näher an. Verzogen. Angekokelt. Doch man sah, dass sie aus Porzellan waren. Mit Blümchenmuster. Und von einem ganzen Service. Mit Untertassen. Ich war froh. Zog sie heraus. Brachte sie rüber. Swens Mutter war auch sehr froh.

»Oh, das ist sehr gut, darin können wir servieren.«

Vielleicht war es da, dass die anderen sagten:

»Ach, guck mal, ein Granatsplitter, noch warm! Der ist reingeflogen ...«

»Jetzt gerade?«

»Ja, genau auf deinen Platz, wo dein Rücken war, kurz bevor du rausgegangen bist.«

»Ja, du warst kaum aufgestanden und rausgegangen, da – zack! – durchs Fenster. Du hast Glück gehabt!«

Ja, das hatte ich. Es kam kein weiterer Splitter herein. Kein einziger. Ich sah mir diesen an. Jawohl, noch warm. So ein Brocken. Und aus Eisen.

Und vielleicht war es auch an diesem zweiten Tag, dass ich mit Lusia und Swen einen Literaturwettbewerb veranstaltete. Ein Einfall, und sofort:

»Sollen wir?«

»Ja, machen wir.«

»Jetzt?«

»Ja, jetzt.«

»Jetzt, und was?«

»Das Thema?«

»Na, dieser ...«

»Na gut, nehmen wir das.«

»Wir schreiben ...«

»Wie lange?«

»Zwei Stunden.«

»In Ordnung.«

»Achtung«, sagte Swen, als wir schon Bleistift und Zettel in den Händen hatten, »es geht los.«

Es gab Unterbrechungen beim Wettbewerb. Mehrmals. Wir rannten unter den Türsturz. Später lasen wir einander vor. Der Reihe nach. Ich kann mich an nichts erinnern. Ich kann mich nur noch an das Blatt von Lusia erinnern, so ein großes, wie für Anträge, ein richtiger Bogen! Und ihre schräge, kleine Bleistiftschrift. Und dass ihres am kürzesten war.

Der Ventilator flog immer wieder auf. Ruß kam in Wolken hinaus. Einmal ging es auf Zbyszek nieder. Die Hemden wuschen wir also dauernd. Und man machte sich auch zur Abkühlung nass. Allgemeines Rosenkranzbeten. Am Abend. Der ein klein wenig kühler schien. Aber nichts da. Dieser Sommer. In Warschau. Und in diesem Keller. Also auf die Treppe. Wir hatten die ideale Stufe ausgemacht. Die in der Mitte.

Dort versaßen wir die meiste Zeit. Celina, Swen und ich. Auf einer Stufe. Manchmal auch auf zwei, das weiß ich noch. Vielleicht waren es also doch zwei, die ideal waren?

In der Nacht – Lüftchen. Mond. Schrapnell. Schränke. Ja, genau. Diese Wurfschränke. Der Fries – schön und gut, doch Ruhe gabs nicht mehr als am Tag. Aber wenigstens keine Flieger. Wegen dieser nächtlichen Angriffe rührte sich keiner vom Fleck. Man lag. Lauschte. Schaute. Etwas stürzte ein. Und ansonsten – Rauch, Rauch und Mond im Halbkreis auf dem Fries. Panzer kamen von Krakowskie Przedmieście her. Sie hielten neben uns, irgendwo auf der Kapitulna, sicher an einer Barrikade. Und schossen. Und schossen. Regelmäßig. Dumpf. Trocken.

»Plock!«

Und nach jedem Plock brach etwas ein. Manchmal zählten wir. Laut. Einmal zählten wir, schon im Halbschlaf, bis 1-2-3. Und der Bauch tat mir weh von diesem Knallen und dem Staub.

Aufstehen. Sonne. Hitze. Und hier ist es wie im Ofen. Das Haus wollte kein bisschen abkühlen. Vielleicht war es um ein, zwei Grad abgekühlt? Aber zweiundvierzig oder vierzig Grad, das macht keinen Unterschied. Und so hoch war die Temperatur mit Sicherheit. Und ein Lüftchen gabs nur von den Bomben, Minenwerfern, Geschossen, Granaten und Panzern. Die dafür wiederum den Nachteil hatten, dass sie immer was zum Einstürzen brachten. Entweder etwas Kleines, Bröckliges, das dafür aber mit großem Ascheaufkommen einherging, oder einem – so könnte man sagen – Aschewirbel. Oder sie brachten Simse, Fensterbänkchen, Vorsprünge, Mauern, Mäuerchen, Ziegel, Ziegelverkleidungen, Putz, Stücke tragender Wände zum Einsturz, schoben Schutthaufen an, die über uns, die an der Fassade und vor dem Tor. Uns kam es so vor, als brächten die Geschosse und die Minenwerfer (diese Schränke) dauernd etwas zum Einsturz oder Zerbrechen, das dann vom Tor oder der Fassade abfiel. Immer weniger Fassade war da, immer weniger Säulen, Vertikales, Durchbrochenes, Hängendes. Der Schrank mit seinem eins-zwei-drei und noch mal eins-zwei-drei riss alles auf, riss und schmiss. Nicht umsonst hieß das Minenwerfer. Vor den Feuerwerfern hatten wir anfangs Angst. Angst, sie könnten bis zu uns fliegen. Durch diese Löcher, die Durchbrüche. Das galt auch für die Panzer. Die treffen konnten. Mit einem Schuss. Oder in Brand stecken. Die Granaten genauso. Doch nach zwei Tagen hatten wir uns daran gewöhnt, dass sie nicht bis zu uns durchzischen würden. Wenn bloß die aus den Panzern nicht hereinstürmten. Uns nicht auf einmal überfallen würden. Herumschreien. Befehlen: raus raus. Und gleichzeitig schießen würden. Um uns dann vor sich herzujagen, wie einen Schutzschild. Das alles auf einmal, das wäre ein Brocken gewesen. Aber die Flugzeuge. Mit den Flugzeugen konnte man sich nie abfinden. Der Keller als etwas Neues, als Trümmer machte schon keinen Spaß mehr. Vielleicht hätte es uns Spaß machen können. Aber es ging nicht. Wenn die da dauernd – alle zwanzig, alle fünfzehn Minuten – fliegen. Bombardieren. Wieder über uns fliegen. Wieder bombardieren. Alle zwanzig Minuten stand man zehn Minuten unterm Türsturz. Jawohl. Halb und halb. Ich weiß nicht mehr, was damals mit der Front war. Ich weiß nur das: Türsturz. Swens Mutter lehnte den Kopf an den Rand der Mauer, unter dem Christus in Öl. Sie krachten blindlings drauflos. Ihnen war ganz egal, wohin, Hauptsache, alles wurde zerstört. Dieselben Trümmer wurden also ein drittes, ein viertes Mal zerschossen. Die Trümmer wurden immer weniger, und immer weniger wurden diese löchrigen Schutzwände.

Wir standen früh auf, allerdings nicht, um zu essen, denn damals fing es wohl schon an, dass wir nur einmal am Tag aßen. Swens Mutter hatte am Abend aus den Grützeresten Getreidekaffee gemacht. Für alle. Sie gab jedem eine Tasse.

Natürlich ohne Zucker. Schon seit Ewigkeiten ohne Zucker. Seit dem Anfang, glaube ich. Und jedem drei Stück Altbrot. Ganz dünne, verbogene Teile von Scheiben Schwarzbrot. Danach gab es nur noch zwei pro Person. Das war der feierlichste Moment. Und vorher oder nachher – Rosenkranz. Der Tag war lang. Obwohl es heißt, Ende August würden die Tage schon kürzer – von wegen. So viel Sonne. Hitze. Und so viele von diesen Bomben. Und so viel Stehen unterm Türsturz. Und Zählen.

»Eins, zwei, drei, vier, fünf, sechs, sieben, acht, neun, zehn, e-helf, zwö-hölf … ja … Blindgänger … ach …«

Und gleich wieder:

»Eins, zwei, drei, vier, fünf …« – Krach, Tohuwabohu, etwas stürzt ein! Wir? Nein … Und wieder:

»Eins, zwei, drei, vier, fünf, sechs …«

Ich las noch immer an dem Titchener. An diesen 36 oder 38 Seiten. Von der Freta. Habe ich etwas geschrieben? Vielleicht schrieb ich noch weiter an meinem Poemchen. Denn am zweiten oder dritten Nachmittag an der Miodowa sagte ich in einer ruhigeren Minute zu Swen, ich wolle es ihm vorlesen. Gut, gehen wir, weißt schon, da in das übernächste Zimmer, ich muss einen Haufen machen, du kannst mir dabei vorlesen.

»Also hör mal!«, empörte ich mich.

»Na und, was ist denn dabei?«

»Nein, nicht beim Haufenmachen.«

»Warum nicht?«

»Darum. Geh, und wenn du zurückkommst, setzen wir uns hinter den Pfeiler, und ich lese es dir vor.«

»Na gut.«

Und dann las ich es ihm hinter dem Pfeiler vor.

Aber das Wasser. Eine unschöne Halbüberraschung. Die

Miodowa schwamm, schwamm, rauschte, der Mond schien. Aber auch die Sonne. Und diese angeschlagenen Leitungen pumpten sich offenbar leer. Es hörte auf zu rauschen. Noch floss ein bisschen. Aber am dritten Tag rauschte kein Wasserfall mehr im Finstern. Anfangs rann noch ein dünner Strahl. Dann nur noch so-so. Dann die Reste. Fast ein Tröpfeln. Geduldiges Stehen mit dem Eimer. Wenn bloß noch ein Vorrat für den nächsten Tag blieb. Mit dem Waschen war es aus. Schluss mit Luxus. Nach drei Tagen, oder zweieinhalb, hatten wir kein Wasser mehr.

Ich nahm den Eimer. Rannte raus auf den Hof. Jedes Mal lag mehr Gerümpel dort herum. Beim ersten Mal konnte ich ganz in der Nähe, ich glaube sogar noch in unserem Hof, Wasser schöpfen. Aber das war das letzte Mal. Dass ich Wasser fand. Überhaupt. In unserem ganzen Viertel.

Damals kamen auch schon welche und zogen bei uns ein. Neue Leute. Sie wohnten schon dort. An diesem Dienstag. Sie kamen vorbei. Sie gingen hinunter. Wie wir. Kamen rein. Blieben.

»Dürfen wir?«

»Ja, ihr dürft.«

Eine ganze Familie. Eine große. Woher, weiß ich nicht mehr. Sie hatten eine Tante dabei, die war alt. Sie stöhnte. Sofort legte sie sich auf das Eisenbett. Auf diesen Maschendraht. Und regte sich nicht mehr. Sie sprach durch die Nase. Nuschelig. Dauernd beklagte sie sich. Sie habe vom Feuer die ganze Kehle verbrannt. Überhaupt sei sie verbrüht. Die Weibchen, es waren mehrere, so gesunde, stutenartige, gaben ihr Recht, sie sahen es, sie wussten es. Aber sie konnten sie irgendwie beruhigen. Und zueinander sagten sie von ihr, sie übertreibe.

»Die übertreibt.«

Später dann, als sie in der Nacht stöhnte, sagten sie laut zu ihr:

»Tante, du übertreibst.«

»Du übertreibst.«

Es waren auch noch andere Leute da. In den Ecken, dicht an den Wänden. Das hatte sich so ergeben. Sie sagten auch:

»Sie übertreibt.«

»Sie übertreibt.«

Auch der erste Raum, der Vorderraum, füllte sich. Und der Raum hinter uns. Die Frauchen dieser Familie gingen – wir saßen unterdessen in unserem Teil mit unserer einen Mahlzeit am Tag, zwei Stück Altbrot für jeden – ins Vorzimmer mit dem Christus, um zu kochen. Dort hatten sie einen Herd. Einmal kamen sie vorbei und trugen Klöße. Frische, dampfende. Weiß. Aufgetürmt. Ein Berg in einer Schüssel. Duftend. Schafsklöße, wie ich sie als Kind genannt hatte. Damit gingen sie hinter die Pfeiler. In ihr Nest. Ich weiß nicht mehr, wo sie saßen. In der Ecke, hofseitig. Eher an der Wand als in der Ecke. Sie waren die Dritten hier. Nach der im Unterrock bei dem Mann mit der Rückenverletzung, dort im Finstern, wo es jetzt furztrocken war. Und nach uns. Aber, wie ich schon geschrieben habe, die Schutzkeller gehörten ja niemandem. Das unterirdische Warschau war Kollektivbesitz. Swen erinnert sich daran:

»Weißt du noch, wie diese Frau die Klöße vorbeigetragen hat… v-v-voll…«

Vielleicht hätte die Frau sogar einen Kloß abgegeben. Wenn einer gefragt hätte. Aber das kam keinem in den Sinn. Das hätte ja auch nichts besser gemacht. Und warum auch? Wir hatten ja noch jeder zwei Stück Altbrot und dazu Kaffee aus angekokeltem Porzellan. Und dass die Frauen mit der Tante schimpften? Das taten die anderen auch. So viel wurde wiederum auch nicht geschimpft. Vom Mittwoch auf den Donnerstag allerdings schon. Und so ziemlich im Chor. Und lange. Bis sie aufhörte zu stöhnen. Das muss man zugeben. Diesen Verwundeten auf der Miodowa, was ich selbst schuld bin, den mit dem Schnurrbart, den haben wir auch liegenlassen. In dieser Angst ums eigene Leben, davor, den Kopf rauszustrecken.

Wie sah es mit den Nachrichten aus? Mit den Zeitungen? Die kamen trotz allem bis zu uns durch. Man konnte sie bekommen. Man wusste Bescheid. Dass die sogenannte allgemeine Lage schlimmer wurde. Ich wollte sagen, dass es in der Altstadt nicht mehr schlimmer werden konnte. Aber das stimmt nicht. Die Möglichkeiten für Verschlimmerungen waren bodenlos. Immer zeigte sich, dass es noch schlimmer werden konnte. Und noch schlimmer.

Wir erwarteten die Sprengung der Brücken. Mit einem besonderen Krachen. Schon die ganze Zeit in der Rybaki. Und wir waren erstaunt, dass die Brücken noch standen. In Praga stand der rote Florian. Mit den Türmen. Und die orthodoxe Kirche. Mit der hellblauen Kuppel. Wie das schöne Wetter. Man wartete auf noch eine symbolische, schlechte Nachricht, die jeder erwartete. Auf den Sturz von Zygmunt Wasa von der Säule. Denn er stand noch immer da. Lange stand er da. Bis wir es erfuhren. Aus der Zeitung. Dass sie ihn gesprengt hatten.

Unsere Könige beschützten uns nicht. Auch wir hatten unsere Könige nicht beschützt. Und nicht das, was nach ihnen kam. Alles, alles.

Ach, meine Piwna! Mit den Augustinern! Den Vespern! Psalmen! Den Sieben Schmerzen[20]! Einmal früher war ich zu den Augustinern in die Vesper gegangen. Gedränge. Weihrauchschwenken. Palmen. Gesang. Diese Jüdischkeiten in einer gotischen Kirche, im 20. Jahrhundert. Und wenn es zu der Stelle kam:

Du bist der Priester für immer
nach der Ordnung des Melchisedek

war ich immer besonders gerührt. Bei diesen Worten hörte ich, erinnerte ich mich an meine ersten Vespern. Deshalb schreibe ich auch davon. Denn das ist alles miteinander verzahnt. Alles. Und meine Gegend, Leszno, Chłodna. Und Muranów. Denn dort kannte ich die meisten Kirchen. Danach die Juden. Und dieser Karpiński. Und die Frau an den Pfeilern.

In den Höfen des Hauses des Ewigen,
in deiner Mitte Jeruschalajim …

Dann war da noch etwas mit »In den Zelten der Gerechten«, und die »feste ganz verbundene Stadt«.

Jerusalem in der Altstadt oder in Muranów. Dann im Ghetto.

Und es gab noch einen Psalm:

Wenn der Ewige nicht baut das Haus –
umsonst mühen sich seine Erbauer daran;
Wenn der Ewige nicht hütet die Stadt –
umsonst wacht der Wächter.

Und so weiter … ich erinnere mich nur noch an das:

… werden nicht zu Schanden,
wenn sie mit Feinden reden im Tore.

Ich begriff erst später, dass es da um ein Schutztor geht, so eins wie auf Podwale oder in diesem klassischen römischen Drama von Shakespeare. Dort schubsen sie einander hinaus. Die einen die anderen, durchs Tor. Ich dachte damals – in der Nowolipki, der Leszno oder auch dort in der Piwna, in der Menge, unter den Palmen –, es sei ein Tor wie in der Leszno 99 oder der Poznańska 37, Tore, von denen es jede Menge gab. Ein Einfahrtstor im Vorderhaus. Mit einem Schild: »Händlern, Musikanten, Sängern und Bettlern ist der Zutritt verboten«. Mit Nischen an den Seiten und Nikoläusen aus Eisen. Und überhaupt aus Eisen. Mit einem Gitter. Mit geschmiedeten Blumen. Und weiter drinnen, vor dem Eingang in den ersten Hofschacht eine Sphinx auf Wasserlilien, in Öl, über dem Treppenhaus. Oder Kacheln. Mit Girlanden. Pompejisch.

Also diese Muttergottes von der Piwna. Wer hätte gedacht, damals, als ich so in diese Flure, Tore lauschte – man solle bauen – und wachen, das Haus des Ewigen lobpreisen –, dass ich jetzt, da ich mit dem Kübel auf Suche nach Wasser gehe, dieses »Zion«, schon das zweite, in Trümmern liegen sehe, aschgrau und rot, »unser Haus, das Haus des Herrn« – das zweite nach Muranów, nach dem Ältestenrat, der das Volk richten wird, dass ich diese Augustiner sehen würde. Die Rückseite. Von Podwale aus. Zerstört. Keine Sieben Schmerzen mehr. Keine Palmen, Menschenmengen. Singen von Jüdischkeiten. Über Melchisedek. Der – das wusste ich erst hinterher – von werweißwoher aufgetaucht war und – als Erster – ein blutloses Opfer gebracht hatte. Und sogleich wieder wegging.

Die Sonne ging unter. Immer weiter Hitze. Und diese Ziegel, Ruinen, grau, aschen, Stein auf Stein. Mit Feuern, Schutt, dem Scheppern des Kübels, meines leeren und anderer, die unterwegs waren. Das verbinde ich mit Sonnenuntergang. Die Podwale hinaufkraxeln. Auf der anderen Seite. Immer höher. Auf etwas Angehäuftes. Nichts Besonderes. Das war wohl die Rycerska. Daran zu erkennen, dass sie krumm war. Denn da war ein Pfad, rot, auf Höhe des zweiten Stocks, aus kaputten Ziegeln. Oder besser gesagt – Häusern. So hoch waren die Trümmer schon. Ich also diese Rycerska lang. Die Eimer scheppern. Leer. Nirgends Wasser. Alle suchen nur. Niemand findet etwas. Auf einmal fällt mein Blick auf etwas: Ein paar hundert schiefe Meter entfernt, auf dieser Erhöhung, der roten, rennt eine Frau, sie trägt etwas, im Eimer, im Krug. Ich renne. Ihr hinterher. Sehe: sie trägt was. Denn es scheppert nicht so. Und sie geht ein wenig zur einen Seite geneigt. Ich renne. Hole sie ein. Frage:

»Wo haben Sie …«

Ich rede nicht zu Ende. Sie schaut mich an, den Eimer. Und ich in ihren Eimer. Was sehe ich: Da ist Suppe drin. Warum – wie bei den Nachkriegserzählungen darüber von meinen Freunden gefragt wurde – diese Suppe aus Blaubeeren war, weiß ich nicht. Erst zwanzig Jahre später, also vor kurzem erst, habe ich mich gefragt: wieso Blaubeeren? Ende August. Und am Ende der Altstadt? Überhaupt hier? Zu dieser Zeit? Und so viel. Diese Suppe. Aber ich sehe ja: ganz schwarz.

Was solls. Ich habs verpasst. Ich renne. Ich renne bergauf. Bergab, es geht runter. Ich biege ab. In die Piekarska? Was weiß ich. Wieder Leute. Eimer. Und nichts. Und Flugzeuge. Bomben. Kein Gedanke an ein Versteck. Wann auch, wo auch? Es kracht sowieso schon. Explosionen. Und die nächsten. Wieder kommen sie angeflogen. Tiefflug. Heulen. Bomben. Das Einzige, was man machen konnte, war, noch schneller zu rennen. Mit dem Eimer. Alle rannten, so schnell sie konnten. Mit Kübeln. Kannen. Aber das änderte nichts an der Situation. Höchstens, dass Rennen ohne Bomben anders war als Rennen mit Bomben. Tatsache war, dass sie etwas in der Nähe bombardierten. Und heftig. Denn es staubte. Qualmte. Es flog rot, grau, zieglig – dieses Pompejische, Asche. Und auf einmal machte es wie ein Lauffeuer die Runde, dass auf der Szeroki Dunaj Wasser spritzte. Aus einem Rohr. Von einer Bombe. Jetzt eben. Wir scheppern. Und alle rennen. Dorthin. In diese Staubwolken. In die Wąski Dunaj hinein. Über die Hügel. An die Ecke Szeroki. Hier kam alles zusammen. Und das plötzliche Wunder – sichtbar, in der Tat: Wasser spritzt, wie ein Springbrunnen, aus einem dicken Rohr, durchschlagen, aus dem Boden gerissen. Freude. Gedränge. Auffangen. Scheppern. Und weil viel Wasser kommt, geht es blitzschnell. Und jeder rennt davon. Ich kam in der Miodowa an. Glücklich. Mit einem lebendigen Glücksbeweis zum Vorzeigen. Und zum Trinken. Sofort. Swens Mutter war überglücklich. Und ich war stolz. Dann die Nacht. Getöse. Krachen. Rosenkranz. Der Mond auf dem Pac. Dem Fries. Wir schlafen.

Am Morgen Hektik. Fliegerangriff. Türsturz. Und wir gucken, warum ist die Tante so still. Die Tante ist tot.

»Die ist schon länger tot.«

»Seit wann?«

Sie haben sie rausgetragen. Diese Frauen. Die Familie. Auf den Hof. Aber es wurde so schrecklich geschossen, dass sie sie nur schnell oben an der Treppe ablegten, ja fast warfen. So ein bisschen seitlich. So, dass sie lag. Auf dem Rücken, Arme und Beine von sich gestreckt. Den ganzen Tag, die ganze Nacht. Und noch länger. Denn man wusste wirklich nicht, wie und wann man sie begraben konnte. So hieß es.

Ich weiß nicht, ob es am Abend dieses oder des vorhergehenden Tages war, da saß ich mit Celinka und Swen auf den beiden mittleren Stufen, und auf einmal kam die Rede darauf, ob wir überleben würden.

»Ach, wisst ihr«, sagte Celinka lächelnd, »ich hab so eine Ahnung, dass ich überlebe.«

»Ich auch«, sagte Swen.

Darauf Celinka, lächelnd:

»Ja, aber meine Freundin hat das auch gesagt, und dann ist sie umgekommen.«

Noch ein zweites Mal rennen um Wasser. Mit Suche. Diesmal noch hoffnungsloser. Wo suchen? Ein zweites Mal damit rechnen, dass eine Bombe eine Wasserleitung traf? Man irrte umher. Suchte. Nichts. Mit diesem Eimer.

»Da gibt es was! Podwale fünf!«

»Podwale fünf?«

»Ja, Podwale fünf, Ecke Kapitulna, ein Brunnen, aus Holz, den haben sie entdeckt ...«

Ich renne. Andere auch. Besonders gut ist, dass es gleich nebenan ist, nur über die Kapitulna. Aber ich rannte erst zu weit. Je näher man kam, desto mehr rannten mit Kübeln und Eimern vorbei. Sogar Leute mit gefüllten Eimern kommen uns entgegen.

»Ja! Da ist Wasser!«

Ich rein ins Tor mit der Nummer fünf. Hier ist es. Gedränge. Scheppern. Schlangestehn. Höfchen. Brunnen. Im Höfchen. Aus Holz. Grün. Bemoost. Quadratisch. So ein alter. Keiner hatte überhaupt davon gewusst. Jemand hatte ihn entdeckt. Wer? Leute gibts hier keine mehr. Das Haus steht so halbwegs. Teilweise. Aber völlig unbenutzbar. Das heißt, ein Teil steht noch. Nicht mal ausgebrannt. Nur so ein Stück, das nach den Bomben übrig war. Klar. Bomben fielen ja dauernd. Dieses Stück, das wohl mal ein Büro gewesen war, diente jetzt als Raum zum Schlangestehn. Denn eine Schlange war da. Und wurde ständig länger. Und die Bomben waren auch da. Aber aufs Wasser wollte niemand verzichten. Und so stand man da. Geduldig. Es war ja schließlich Erdgeschoss. Hauptsache – nicht oben. Hitze. Tag. Klar. Und lange. Das Anstehn. Es war wirklich ein sehr alter Brunnen. Und man musste nacheinander Eimer für Eimer hinunterlassen und hochziehen. Und dieser Raum, der war ein Büro gewesen. Ich sah mir alles an. Die Reste von Möbeln. Das heißt – ein Schränkchen war da. Das auf ein hölzernes Harmonium draufgeschoben war. Aus dem Weg geräumt. Aber voll Papier. Weißem Papier. Zum Schreiben. Ich nahm mir einen Stapel. Das war ein Luxus. Die Tatsache an sich. Und die Qualität. Ich erinnere mich an das Wasserzeichen. Ich glaube, SIMON oder so ähnlich. Papier fehlte mir, deshalb war ich sehr froh. Und wartete. Bis ich an die Reihe kam. Eine Stunde. Zwei. Ich glaube, zwei. Außer dem Schränkchen war vielleicht noch was dort. Und Schutt. Und sonst nichts. Natürlich – Schutt, Kalk mit Lättchen, Ziegel, Öffnungen ohne Türen und Fenster. Durch so eine Öffnung stieg man – in dieser Schlange – zu dem Brunnen, wenn man an die Reihe kam. Denn endlich war es so weit. Ich war an der Reihe. Ich ließ den Kübel hinunter. Zog ihn hinaus. Jemand half mir sogar dabei. Der wusste, wie es ging. Und ich rannte mit dem Wasser und dem Papier zu den Meinen. Zu meinen Trümmern.

In der Nacht schien bestimmt der Mond. Auf den Fries. Gegenüber. Und irgendwas schoss (dauernd Panzer). Und eine entsetzliche Hitze. Von dem Brand. Den ganzen Tag aßen wir wahrscheinlich nicht mehr als anderthalb Stück Altbrot.

Diese ganzen Tage an der Miodowa über fielen Bomben. Vom Morgen bis in die Nacht. Denn dauernd standen wir unterm Türsturz. Mit Blick auf zwei Stockwerke Ruine. An der Stelle war nämlich keine Decke mehr. Überhaupt nichts. Nur der Türsturz. Mit der Decke habe ich überhaupt übertrieben. Ich weiß nicht, ob ein Stück Decke über uns war. Vielleicht ja. Aber man verließ sich nur auf den Türsturz. Und was das Nichtfliegen angeht, keine Flugzeuge nach Einbruch der Dunkelheit: Da habe ich auch übertrieben. Am 31. August war, wie wir sogleich erfuhren, das Bataillon »Chrobry« mit über zweihundert Leuten von einer Aktion zurückgekehrt. An ihren Ort. Im Keller in der Simons-Passage. (Nalewki am Krasiński-Park, heute Bohaterów Getta – Straße der Helden des Ghettos.) Alle warfen sich sofort auf ihre Feldbetten und Pritschen. Das heißt, sie warfen sich eigentlich nicht, sondern machten nur diese Bewegung des Zurückschlagens der Bettdecke – und dann dieser Hammer. Nur vier oder fünf haben überlebt. Und auch diese wussten, obwohl sie überlebt hatten, nicht wann und was und wie. Nur, dass auf einmal Bomben fielen und alles einstürzte. Ich hab mit ihnen geredet, mit diesen Überlebenden – drei oder vier Männer und eine (ich glaube eine) Frau. 1946. Im September. Damals war Warschau vom Sächsischen Garten bis nach Żoliborz eine einzige Wüstenei. Auch der Sächsische Garten selbst. Eigentlich von den Aleje Jerozolimskie bis nach Żoliborz. Ich war Reporter. Schrieb über die Exhumierungen. Leute sagten aus, die und die Stelle, da ist das und das passiert. Und dann die Frage der Identifizierungen. Listen. Der Identifizierten. Und so auch hier. Allerdings hatten diese paar Überlebenden die Exhumierung auf eigene Initiative angefangen. Ein paar Arbeiter schaufelten. Da stand ein Eimer, so ein großer aus Blech, für die

Köpfe, Arme und Beine. Aber es ließ sich nicht richtig erkennen, was zu wem gehörte. Ich erinnere mich noch, wie sie redeten:

»Ist das das Bein von Zdzisio? Oder von Rysiek?«

Und dann rein in die leere Karbidtonne, aus Blech.

Man soll sich da nicht wundern. Das war damals ganz gewöhnlich. Sie hatten ein Feuer angezündet. Auf der Seite des Parks. Denn es wurde schon kalt. Aber dann gaben sie auf. Das Ausgraben. Diese Simons-Passage war ein einziger Klumpen, ein Haufen Schutt, dazu noch ganz fest und dicht, und Eisenträger ragten kreuz und quer heraus. Denn es war ein großes, solides Haus gewesen. Doch als eine Bombe es traf (den übergebliebenen Rest), da fiel es ganz in sich zusammen. Also Schluss damit. Später hat man es auseinandergenommen. Richtig so. Sie haben sie rausgeholt. Begraben. Und identifiziert? Ich weiß nicht. Na ja, genug davon.

Am 1. September jenes denkwürdigen Jahres war auch herrlicher Sommer gewesen. Und es war auch ein Freitag gewesen. Fünf Jahre waren vergangen, aber dabei zwei Schaltjahre, und so beschrieb die Geschichte einen Kreis. Ich weiß noch, dass ich das damals bei mir gedacht habe.

Diese Worte »überfiel der Feind unser Polen / vom Himmel herab, dem hohen«, die besingen es gut, denke ich mir heute. Denn das Wetter war schön, und bei schönem Wetter ist der Himmel hoch. Und die Flugzeuge auch. Aber diesmal kam es von einem tiefen Himmel, auf Dachhöhe.

Dass dieser erste September ein historisches Datum sein würde, das wussten wir am Morgen noch nicht. Also bei Tagesanbruch. Denn dieser Tag begann wohl ganz ganz früh. Die Flieger standen mit der Sonne auf. Um fünf Uhr fielen sicher schon Bomben, stürzten Reste ein. Und es kamen schon Leute um. Wurden verschüttet. Auch in der Nacht waren schon welche umgekommen. Aus anderen Gründen.

Ganz früh am 1. September also verkündete Swens Mutter uns, dass wir nichts mehr zu essen hatten. Ich sage »uns«, denn der ganze Keller war schon auf den Beinen. Jeder sagte das Seine.

Bestimmt hatten wir schon eine Zeitlang unter dem Türsturz gestanden, als Swen und ich beschlossen hinauszugehen. Auf Suche. Nach Essen. Wie?

»Vielleicht finden wir irgendwo etwas.«

»Und wenn nicht, dann müssen wir stehlen.«

»Ja, dann müssen wir stehlen«, sagten wir laut vor uns hin.

Und wir gingen über die Stufen – zum Abschätzen der Hitze und Gefahr – auf den Hof. Wir blieben an der Tür stehen, an dem hingefläzten, halbsitzenden Leichnam dieser alten Tante. Was war unser Impuls? Wir standen und betrachteten sie. Sie hatte einen Ring am Finger. Erst nach dem Krieg haben wir einander eingestanden, dass wir beide an den Ring dachten. Aber ob ein Ring sich damals hätte loswerden lassen – das ist auch fraglich. Nicht nur Geld war bedeutungslos.

Ich muss gestehen, ich hatte den ersten September schon lange nicht gemocht. Vielleicht lag es an der Schule. Oder redet man sich Vorahnungen ein? Aber vielleicht barg dieser Tag schon lange etwas Beunruhigendes? Fast sicher war das so.

Damals – an diesem Tag – war es außer der Suche nach Essen noch etwas anderes, das uns hinaustrieb. Nachdem wir lange dort neben der Tante dieser Frauen gestanden hatten, machten wir uns auf und krochen durch Durchgänge und Höfe längs der Miodowa in Richtung Krasiński-Platz. Und schnell zeigte sich, dass wir nicht allein unterwegs waren.

Dass Angst herrschte. Es könnte aus sein. Die Altstadt verteidigt sich mit letzter Kraft. Aber es sind immer weniger Menschen da. Und es gibt nichts zu essen. Die Aufständischen haben auch nichts mehr. Und der Angriff rückt vor. Von verschiedenen Seiten. Krachen. Beschuss. Einschläge in die letzten Keller. Die Sonne stieg höher am Himmel. Die Hitze nahm zu. Und dieses Kreisen und Kreisen. Zivilisten und Aufständische. Ratlosigkeit. Ich weiß nicht mehr, wann zum ersten Mal die Rede davon war, dass die Deutschen schon auf der Freta seien. Und von der Kapitulation der Altstadt.

Wir sind dann wohl zurück in unseren Keller. Dort wurde geredet, beraten. Aber was? Vor allem ging es wohl darum, dass die Deutschen irgendwann den Keller stürmen und Granaten werfen würden. Wieder diese Pfeiler. Ich dachte mir: Was solls, dann stellt man sich eben hinter einen Pfeiler. Aber würde das helfen? Hatte unser Reden, hatten unsere Entscheidungen überhaupt etwas zu sagen? Die Hitze, das Krachen, Hantieren, Beraten, der Qualm, denn es brannte ja immer weiter, immer mehr Feuer gab es und diese immer größere Furcht. Und wieder gingen wir hinaus. Zu zweit. Die anderen blieben dort. Auch Zbyszek. Ich kann mich nicht mehr genau erinnern, was zwischen unserem Weggehn von dieser alten Tante und den ersten Nachrichten war. Und dann zwischen den ersten Nachrichten von den Deutschen auf der Freta und der Begegnung mit unserem gemeinsamen Bekannten Henio. Henio war in Aufstandsuniform, also in etwas ehemals Deutschem, ich glaube, von Panzersoldaten.

»Ich bin Sanitäter«, sagte er, und wir setzten uns auf den Hof bei Fuchs, ich glaube, dort in dem Haus hinter den Basilianern. Auf einer Stufe an der Wand, vielleicht sogar unter der Wand, vielleicht sogar unter den Resten von einer Art Eingang mit Vordach.

»Hört zu«, sagte Henio, »heute beginnt der Rückzug durch die Kanäle, die Schwerverletzten lassen wir zurück, aber unser Leutnant hat einen Schützling, der schwer verwundet ist, der muss getragen werden. Macht ihr mit?«

»Ja!«

»Ihr könnt beide kommen, ich kann sagen, dass ihr ihn abwechselnd nehmen könnt, er muss auf dem Rücken getragen werden.«

Swen hatte immer noch Schmerzen im Bein. Im Knie.

»Das macht nichts, dann trage ich ihn«, sagte ich, »und du hilfst mir etwas.«

»Aber hör mal, wir sind zu dritt«, sagte Swen darauf zu Henio.

»Zu dritt? Das ist schlecht.«

»Mein Cousin, den können wir nicht einfach zurücklassen.«

»Das geht nicht.«

»Pech für ihn«, sagte ich darauf. (Wie leicht man jemanden abschreiben kann!)

Aber Swen blieb solidarisch.

Nein, ohne Zbyszek würden wir nicht gehen.

Henio gab langsam nach.

»Na ja, es hängt ja nicht von mir ab, denn wenn es nach mir ginge, aber ich kann versuchen, es zu erklären … oder ich sage nur, ihr kommt zu zweit, und der Dritte kommt dann einfach mit – ach was, kommt zu dritt, zur Długa (da hat er uns wahrscheinlich die Adresse gesagt), links vom Krasiński-Platz. Dort ist das Lazarett. Und der Verletzte. Dort ist überhaupt der Sammelpunkt. Die Deutschen werden die Altstadt erobern, aber es gibt Deckung. Das Einstiegsloch ist am Krasiński-Platz. Bringt nichts mit. Sie lassen niemanden mit Gepäck in den Schacht. Höchstens einen Brotbeutel.«

»Gut.« Wir wagten noch nicht, an die Kanäle zu glauben. Das war unser Traum gewesen. Der Durchgang zur Stadtmitte. Die Legende von den Kanälen, über den Einlass mit Passierscheinen durch Beziehungen, und zwar in den höheren Rängen, hatte dabei auch ihre Wirkung getan. Und dass es in den Kanälen auch schiefgehen konnte, dass Leute ertranken, sich verirrten, dass man im unteren Mokotów kriechen musste, weil es nur neunzig Zentimeter hoch war, dass manche Einstiegslöcher unter den Deutschen offen waren und dass die Deutschen Granaten hineinwarfen – das alles machte uns nicht die geringste Angst. Bloß weg von hier! Nur die Frauen würden zurückbleiben, aber die haben es immer leichter.

»Den Verwundeten (er gab uns sein Pseudonym, ich kann mich nicht mehr daran erinnern) müsst ihr anziehen, ihr müsst überhaupt den Eindruck erwecken, dass er nur leicht verwundet ist, sonst lassen sie ihn nicht in den Kanal. Also, zu der und der Uhrzeit (hier gab Henio uns die verabredete Zeit, es war, glaube ich, zwei Uhr am Nachmittag) ... seid dort ... bis gleich ...«

Vielleicht gab er auch keine Uhrzeit an, niemand hatte ja eine Uhr, und er sagte nur: in einer Stunde. Ja, es wird wohl eher so gewesen sein.

Ich weiß noch, dass wir schnellstens zu unseren Leuten rannten. Und mit großem Hallo hineinstürmten. Tante Uff. war glücklich, dass Zbyszek auch mitdurfte. Zbyszek war auch froh. Und Swens Mutter. Für uns. Obwohl die Mutter, die Tante, Celinka und Lusia und Frau R. schweren Herzens von uns Abschied nahmen. Vor allem die Mutter. Und die

Tante. Es ging ja schließlich ins Ungewisse. Allerdings war Danka in der Stadtmitte, auf der Żurawia, die Tochter der Tante. Zbyszek und Swen würden dort also Danka haben. Und ich meinen Vater und Zocha. Und vor allem hatten wir Halina.

Wir wussten wohl schon, dass wir an der Ecke Nowy Świat und Warecka rauskommen würden. Mein Vater, Zocha und Halina waren also am nächsten. Chmielna 32. Zwischen Bracka und Marszałkowska. Wir würden also erst zu ihnen gehen. Alle drei. Fürs Erste.

Die Aussicht auf die Kanäle gab uns nach diesen Stunden der Verzweiflung solchen Auftrieb, dass uns die Fliegerangriffe, Geschosse, Granaten nichts anhaben konnten, obwohl sie an diesem letzten Tag sicher noch dichter kamen als sonst, wenngleich die Skala der Intensität längst alles Messbare überschritten hatte. Klar, diese Art von endgültigem Angriff hatte seine besonderen Eigenarten, die mir von Wola noch allzu vertraut waren. Aber hier gab es nun ein Gegenmittel: die Kanäle.

Jedenfalls also war es ein historischer Tag. Der Fall der Altstadt. Die Altstadt war inzwischen in ganz Polen berühmt. Und in den Lagern. Und in England. Auch die Kanäle. Besonders diese. Die aus der Altstadt. Die waren schon berühmt. Warschau wusste schon, dass es ein historischer Tag war. Nur war dieses Wissen nicht so wunderbar.

Unsere Hektik teilte sich auch den anderen mit. Vor allem der Mutter und der Tante. Also den beiden Müttern.

»Gleich, gleich, wartet noch!«

»Gleich, gleich, noch das …«

Haben wir was mitgenommen? Nein, ich glaube nicht. Sie haben nur in dieser kurzen Zeit ganz schnell aus den allerletzten Vorräten je zwei Fladen für uns gebacken. Auf dem Blech. So was buk man damals. Aber nein, nicht auf dem Blech. Entschuldigung. Das habe ich vergessen. Auf diesen drei Ziegeln hinter dem Pfeiler. Das kam erst heraus, als wir uns verabschiedeten. Sie steckten sie uns in die Tasche. Wir wollten sie nicht. Denn wir gingen ja in die Stadtmitte. Und wollten ihnen nicht das Allerletzte wegnehmen. Aber es war nichts zu machen.

Alle Frauen nahmen besonders Abschied von uns. Swens Mutter und Zbyszeks Mutter machten jedem von uns ein Kreuzzeichen auf die Stirn und küssten uns zum Abschied. Das war der bewegendste Abschied meines Lebens. Sie weinten. Zbyszeks Mutter hat ihren Sohn nicht wiedergesehen. Er lebt. In England. Aber. Seine Frau, denn er ist verheiratet, die schreibt die Briefe. Für ihn. Lebt er wirklich noch? Wahrscheinlich ja. Aber warum dann so?

Wir verließen also den Keller. Miodowa 14. Hinten raus. Rechts. Zum Krasiński-Platz. Da überquerte man die Miodowa. Hinter der Barrikade. In die Długa. Und an der Menschenmenge bei der Mauer kann man den Sammelpunkt gleich erkennen.

Dieses Haus steht auch heute dort. Wieder. Das erste von der Ecke aus. Damals hatte es wohl ein Tor mit Nische. Aber vielleicht meine ich das auch nur. Am verwunderlichsten war, dass dieses Haus stand. Noch stand. Zumindest teilweise. Wie im Bienenstock ging es darin zu. Es wimmelte geradezu. Und wohl auch in den oberen Stockwerken, ich glaube nicht, dass ich mir das einbilde. Zumindest im Parterre und auf dem ersten Stock. Denn ich bin wohl die Treppe hinaufgestiegen. Mit Swen und Zbyszek. Bis auf den ersten Stock. Henio hat uns alles gezeigt. Wohin wir gehen sollten. Wo warten. Was wir tun sollten. Geradezu merkwürdig, dass er und wir uns dort gefunden hatten. Denkt nicht, dass dort keine Zivilisten waren. Ein Haufen Aufständischer. Und ein Haufen Zivilisten. Auf der Treppe ein dauerndes Auf und Ab. Niemand beachtete die Bomben. Es zeigte sich dann, dass die Kanäle auf alle die gleiche Wirkung hatten. Gut, dass uns nicht eine Bombe erwischte. Keine hat getroffen. Aber es ging vor allem um Beeilung. Jede Stunde zählte. Denn der Angriff nahm an Stärke zu. Die Verteidigung kostete einiges. Doch da man im Prinzip die Schwerverwundeten und alle Zivilisten zurückließ, mussten wenigstens alle Übrigen den Rückzug schaffen, zum Schluss auch die von der Abwehr, die nur noch den Kanaleinstieg zu verteidigen hatten und sich selbst, bis sie auch in den Schacht gestiegen waren. Fürs Erste aber warteten noch Unmengen. Darunter auch, wie ich sah, mancher schwerer Verletzte. Und ein Haufen Zivilisten, wirklich. Eingeschmuggelt, wie wir. Zum Helfen und durch Beziehungen. Das alles zog allerdings den Rückzug in die Länge. Doch der Plan wurde wieder um jeden Preis eingehalten. Ordnung. Deshalb war auch keine Zeit, um Angst zu haben.

Der große Raum, in den wir Henio hinterherrannten, war gedrängt voll, erfüllt von Stimmengewirr. Und vor allem Bewegung. Und außerdem Menschen. Und Pritschen. Stockpritschen. Und alle möglichen Dinge. Bereitstellen der Tragen. Aufreihen von – was? Rucksäcken? – an der Wand. Rucksäcke hätte man nicht schleppen können. Es musste also etwas sein, das viel kleiner und notwendiger war.

Auf den Pritschen saßen und lagen Leute, zogen sich an, wurden von anderen Leuten angezogen. Also von Aufständischen. Kurierinnen, Sanitäterinnen. Und bestimmt auch Angehörigen. Reserve. In der ganzen Methode war Wahnsinn. Durcheinander mit Hektik. Doch über alledem herrschte wiederum der Gedanke an Ordnung im Ablauf des Transports hinaus. Unser Verwundeter lag auf einer Pritsche im Parterre. Ich weiß nicht mehr, ob ich ihn angezogen habe. Oder ob das schon die Aufständischen gemacht hatten. Ich weiß noch, dass ich ihm die Schuhe anziehen sollte. Und schnüren. Allein dieser Vorgang dauerte endlos. Mein Verwundeter war abgemagert, sehr jung. Und er hatte Schusswunden an verschiedenen Stellen. Ich dachte bei mir, es würde schwierig sein, so zu tun, als sei er bei Kräften. Er war halb bewusstlos. Stöhnte. Alles tat ihm weh. Kein Wunder. Als ich anfing, ihm den Schuh anzuziehen, stöhnte er, verzog vor Schmerz das Gesicht, zog den Fuß zurück. Ich sprach auf ihn ein. Besänftigte ihn. Wartete ab. Und probierte es wieder. Ich weiß nicht, was unterdessen draußen los war, also am Himmel und in der Stadt. Ein paar Mal tauchte Leutnant Radosław kurz auf. Nicht der berühmte. Ein Blonder. Über dreißig. Er machte sich mit uns bekannt. Was auch nur einen Augenblick dauerte. Das Anziehen der Schuhe des Verwundeten machte ihm Sorgen. Und außerdem der Kanal. Henio tauchte einige Male auf. Und eine Sanitäterin. Seine Kollegin. Und die des Verwundeten. Sie schaute sich mein Werk an. Den ersten Schuh begann ich schon überzustreifen. Ich weiß nicht, wann ich ihn am Fuß hatte. Ich glaube, irgendwann hat sie mir geholfen. Unsere Gruppe hatte wohl etwas Spielraum, was die Zeit angeht. Obwohl ich das nicht weiß. Vielleicht hing es vom Packen ab. Und von diesen Schuhen. Ununterbrochen gingen Leute in den Kanal. Schließlich hatte ich ihm die Schuhe angezogen. Aber das Schnüren erwies sich dann als genauso schwierig. Denn seine Beine waren ja auch durchschossen. Manche hatten doch Armbanduhren. Damit habe ich übertrieben, dass es gar keine gab. Es kam mir vor, als habe das Anziehen der Schuhe und das Schnüren zwei Stunden gedauert. Vielleicht etwas weniger. Aber nicht viel. Denn wir waren sehr lange dort in dem Saal. Dann mussten wir wohl sofort gehen. Aber wir warteten noch. Auf ein Zeichen. Ich erinnere mich an jede Menge Herumgelaufe, Gewusel, Hinaustragen, Ausrufe, Befehle.

Schließlich wir. Ich mit dem Verwundeten auf dem Rücken. Er war leicht. Nur tat ihm eben alles weh. Er war bemüht, es mir und sich leicht zu machen. So sehr er konnte. Am Anfang, als wir uns auf den Weg zur Kanalöffnung machten, teilte sich diese Idee des Auszugs auch ihm mit. Ich also mit dem Verwundeten, Zbyszek, Swen, Radosław, Henio und die Sanitäterin mit dem Brotbeutel. Und ihre Leute. Ich kann mich aber nur an die erinnern, die gleich in meiner Nähe gingen. Swen ging hinter mir, hinter Swen Zbyszek. Hinter Zbyszek Henio, glaube ich. Vor mir die Sanitäterin. Oder vielleicht Henio vor ihr. Und vor den beiden Radosław.

Wir stiegen schnell die Stufen hinunter. Direkt zum Tor. Ich weiß noch, dass wir uns vom Tor aus in die Nische schoben. Und hier warteten wir. Vielleicht ein Stückchen weiter, aber immer noch im Tor. Ich kann mich erinnern, dass die Mauer dieses Hauses, dieses Tors gelb war. Und dass es gegenüber schrecklich brannte. Und zwar nicht nur an einer Stelle. Feuer, mehrere Stockwerke hoch. Und Qualm. Der brannte in den Augen. Nahm die Sicht. Durch den Qualm brannte die Sonne. Ich meine, vor uns und hinter uns seien viele Zivilisten gewesen. Nicht nur junge. Auch alte. Und ältere Damen. Jemand saß – in dieser Schlange – auf einem Klappsessel. Die Schlange wand sich. Denn da war die Nische. Aber man musste ganz dicht an der Mauer bleiben. Denn während man weiter auf die Straße hinaus vorrückte, spürte man die Gefahr. Ich weiß nicht mehr, ob Flieger unterwegs waren. Bestimmt. Und wir konnten uns nur plattdrücken. An die Wand. Sie bombardierten, warfen Brandbomben. Ich erinnere mich an die Geschosse. Sie kamen von Krakowskie Przedmieście und der Bonifraterska geflogen. Bestimmt von der Weichsel her. Und vom Przejazd. Man spürte, sie zielten auf die Schlange vor dem Kanaleinstieg und auf den Einstieg selbst.

Wir schoben uns weiter. Aus dem Tor. Ganz auf die Straße. An der Mauer. Hier ging es etwas schneller. Und man konnte nun sehen, wie sich direkt vor der Ecke Leute von der Mauer lösten und über die Fahrbahn zum Kanaleinstieg krochen. Doch die Kanalöffnung – die war auf der anderen Seite des Platzes. Gegenüber dem linken Turm der Garnisonskirche.

Zum Denken hatte man Zeit – ganz mit Gefühl. Nein, denkt das nicht. Trotz allem.

»Ach je«, dachte ich bei mir, »auch die Kreuzchen sind dort an der Miodowa geblieben ...«

Wieder rückten wir ein kleines Stück vor. An der Wand lang. Doch es wurde immer bedrohlicher.

»Oooh«, dachte ich bei mir, »da sind Halina, Vater, Zocha. Stadtmitte.«

Stadtmitte! Ich hatte mich mit Halina für sieben Uhr verabredet. Am ersten August. Jetzt wird es der erste September. Auch um sieben. Denn ich dachte mir, in zwei Stunden werde ich dort sein, und es war ja Nachmittag. Und was war mit Mutter? Wo war meine Mutter? Lebte sie noch? Ich hatte ja immer noch diese Schlüssel bei mir. Wie war sie in die Wohnung gekommen, bevor sie vertrieben wurde? Und was war mit Nanka? Mit Sabina? Tante Józia? Mit Stefa?

Wieder ein Stück weiter an der Mauer entlang. Die Geschosse schlugen ein. Und diese Feuer. Auf der anderen Seite der Długa. Hier. Ganz frisch. Und an der Garnisonskirche, glaube ich. Długa 13 oder 15. Loderndes Feuer. Und hier brennt die Sonne. Durch den Rauch. Mit Feuer. Und beißt. Überall.

»Und ich«, dachte ich so ungefähr, »ich habe vor langer langer Zeit im Frieden mit Mutter von diesem Jon Valjon gelesen, wie man das ausgesprochen hat, bei diesem Victor Hugo, mit einem Verwundeten auf dem Rücken ging er durch die Kanäle von Paris – und jetzt gleich, in drei Minuten, steige ich mit einem Verwundeten auf dem Rücken in die Kanäle von Warschau. Wer hätte das gedacht!«

Ja, Stadtmitte. So weit weg. Heute kann das vielleicht niemand verstehen. Nowy Świat – Krasiński-Platz. Beide Stellen in der Mitte, in der Stadtmitte. So nah aneinander. Und es war so schrecklich weit weg. Nicht näher – das sag ich euch –, als es für mich nach dem Krieg von Warschau nach Paris war. Die beiden Orte hatten in der Vorstellung überhaupt nichts miteinander gemein.

Es war fünf Uhr nachmittags, als wir uns mit einem Schub von der Ecke der Mauer an der Długa und der am Krasiński-Platz lösten und sofort loskrochen. Jetzt nur schnell schnell. Denn die Geschosse zischten erbarmungslos. Auf uns. Auf den Eingang. Die Barrikade an der Miodowa war gut. Aber die Barrikade quer über den Krasiński-Platz, von der Bonifraterska aus, die war ganz niedrig, ging höchstens bis zur Taille. Aus grauen Papiersäcken mit irgendwas drin. Zement, wahrscheinlich. Und diese Barrikade war wichtig. Gab Deckung. Und an ihr entlang krochen wir. Ich zog den Verwundeten hinter mir her über den Boden. Mit aller Kraft, die mir blieb. Schnell, schnell.

Gleich gegenüber diesem Brand, den Feuern über soundsoviel Stockwerke, war der Einstieg in den Kanal. Jemand, halb stehend, halb kauernd, war bei dem Loch. Und regelte den Verkehr. Unbarmherzig warf er weg, riss Bündel und

Rucksäcke von den Rücken und schmiss sie zur Seite, auf einen Haufen, der sich schon angesammelt hatte. Hier ging alles blitzschnell. Die Geschosse zielten genau auf den Einstieg. Von beiden Seiten. Das Feuer tobte. Und verschlang. Wir krochen. Nach Kräften. Vor uns waren welche. Hinter uns die Schlange. Der Einstieg war nicht groß. Der Kanaldeckel zur Seite geworfen. Niemand sagte, wie es ging. Jeder lernte nur das, was er in der Sekunde sah, als die vor ihm einstiegen. Ich warf mir meinen Verwundeten auf den Rücken. Nein. Sie reichten ihn mir wohl. Nein. Ich weiß nicht mehr. Vielleicht doch gleich mit ihm. In diese Öffnung. Ein letzter Blick. Die Garnisonskirche. Die brennt. Rauch. Sonne. Feuer. Geschosse. Und die Steigeisen. Ein Bein. Anderes Bein. Immer weiter runter. Und tief. Rechts. Die Hosen hatten wir schon vorher auf der Długa hochgekrempelt. Man taucht ein in dieses Etwas. Wasser bis zur Wade. Wir setzen uns in Bewegung. In diesem Wasser. Dem sogenannten. Schritt um Schritt:

Schschllrr...schschllrr...schschllrr

Die erste Überraschung war die Ruhe. Stille. Rauschen. Diese Schritte. Kleine Lichtlein. Denn weit vor uns sind Kerzen. Und unsere Sanitäterin trug auch eine Kerze. Ruhe also. In dieser Hölle. Erleichterung. Eine ungeheure Erleichterung. Der Verwundete war mir noch kein bisschen schwer. Er erholte sich von der Anstrengung. War passiv. Dass es geradezu eine Freude war. Nach dieser Hölle da oben. Die Bomben, die Granaten – das war fern. Man hörte nur:

u-uu – uuu – uu – – u, langgedehnt, schrecklich langgedehnt, dumpf – uu – uuu – uu – das waren diese Geschosse oder Bomben, ganz weit, gleichgültig – und das Echo trug und trug.

Jetzt bogen wir wohl in die Miodowa ab. Denn ein Flüstern ging um. Der eine zum andern:

»Wir gehen unter der Miodowa.«

»Wir gehen unter der Miodowa.«

»Wir gehn unter der Miodowa.«

Und auch das Flüstern hörte man als Echo, langgedehnt, wie in einer Muschel. Nein, wie in einem Brunnen. Das ist auch zu wenig. Denn es war nicht einfach wie der Querschnitt von einem Brunnen, ohne Boden. Sondern überhaupt etwas ohne Anfang und Ende. Und unberechenbar. Weil es sich gabelte. So viele Kanäle gab es wie Straßen. Also eine Kopie der Stadt. Ein drittes Warschau. Von oben gerechnet. Das erste war oben. Das mit den Durchgängen durch Höfe und Hausflure. Das zweite – die Luftschutzkeller. Mit ihrem Verbindungssystem. Dem unterirdischen. Und darunter nun noch dieses weitere unterirdische System. Mit Verkehr. Vorschriften. Aufschriften. Denn bei jeder Gabelung stand am Eingang in den Hauptkanal, also die Arterie für Fußgänger Altstadt – Stadtmitte, mit Kreide ein Pfeil auf die Ziegel gezeichnet und die Aufschrift »TU«: Hier.

Wie sehen Kanäle aus? Verschieden, je nachdem, wo man ist. Immer ganz mit Ziegeln verkleidet. Und immer ist die Deckenwölbung gerundet und der Boden ist auch gerundet. Oder besser gesagt oval. Insgesamt sehen sie aus wie Querschnitte, und perspektivisch, denn diesen Querschnitt sieht man bis ins Unendliche. Im Oval. Oder mehr oder weniger als Oval. Ich schreibe mehr oder weniger, denn just unter der Miodowa war der Kanal groß und hatte auf beiden Seiten solche Bänke (wohl aus Beton). Wir gingen mit Kerzenlicht. Die Sanitäterin. Weit vor uns trug auch jemand eine Kerze. Und noch weiter vor uns wohl auch noch jemand. Damit man etwas sah. Natürlich nur undeutlich. Die Wände glänzten. Diese Perspektive. Der ganze Gang ohne Anfang und Ende glänzte. Flimmerte. Glitschig. Denn alles war glitschig hier. Die Hosen hatten wir hochgekrempelt. Bis zu den Knien. Aber wir gingen in Schuhen. Das Wasser reichte die ganze Zeit bis zur halben Wade. Ich weiß nicht mehr, ob es stank. Oder dampfte. Ich weiß nicht mal mehr, was darin war. Wohl alles Mögliche. Zweimal sind wir wohl über Leichen gegangen. Etwas ist mir nämlich zweimal zwischen die Füße gekommen. Aber man spürte gar nichts außer so einem:

flatsch – flutsch …

und Erleichterung. Und dass man in die Stadtmitte ging. In der Altstadt musste die absolute Hölle herrschen, so abgestumpft wie unsere Augen und Nasen waren.

Vor kurzem fragte mich einmal jemand, woher die Abwässer denn kamen. Warum sie noch flossen?

Ich weiß es nicht.

Diese Betonbänke sind wohl für die Wartungsarbeiter da, die darauf gehen. Denn normalerweise fließen die Abwässer natürlich schneller und höher.

Damals dachte man über so etwas nicht nach. Bänke waren Bänke. Irgendwo sah ich plötzlich auf der Bank einen hingeworfenen Rucksack. Ein wenig später ein Glas mit Schmalz. Dann wieder einen Rucksack. Oder eine Decke. Ich will daran erinnern – muss mich übrigens selbst daran erinnern –, dass ich den Verwundeten trug. Unter der Miodowa war es breit und hoch. Ja, ich trug ihn ganz normal. Aber unter der Miodowa ging man einfach immer weiter. Und es glänzte. Vom Kerzenlicht. Und den Menschen. Und es hallte:

uuu …

u – uu – uuu …

Aber langsam wurde ich doch müde vom Tragen.

»Zbyszek« – ich drehte nur den Kopf, weil wir ja gingen –, »kannst du ihn vielleicht mal nehmen?«

»Ja, gut.«

Swen wurde langsamer. Zbyszek überholte. Kam heran. Nahm ihn. Ich war befreit. Ich fühlte mich leicht und wohl. Wie selten.

Ich weiß nicht mehr, was zuerst war:

»Aufpassen! Kerzen aus! Da kommt ein offener Einstieg!«

»Aufpassen!« Wir gehen langsamer, kommen an die Öffnung ohne Deckel.

»Aufpassen ... Kerzen aus ... absolute Stille ... da oben sind die Deutschen.«

Oder vielleicht war zuerst das mit dem Lichtchen, das uns entgegenkam. Von weit. Aber in Bewegung. Auf uns zu. Da bekamen wir wohl Angst. Vielleicht haben wir auch gefragt: »Was ist das?«

Wir, die Unerfahrenen. Denn ein paar Leute vor uns flüsterte sogleich jemand: »Eine Kurierin.«

»Ist nichts«, gaben wir weiter, »eine Kurierin.«

»Aha, eine Kurierin.«

»Eine Kurierin.«

»Aufpassen – auf-pas-sen ...«

Das Lichtchen war plötzlich nah, es kam schnell, auch das Schwappen war schnell.

»Aufpassen – aufpassen – die Kurierin kommt.«

Sie kam mit der Kerze an uns vorbei.

Dann wieder:

»Aufpassen, Einstieg, der ist vielleicht offen.«

»Aufpassen, Einstieg ...«

Ich weiß noch, dass einer nicht offen war. Da ging man langsamer vorbei, leiser. Für alle Fälle. Allzu sehr hatten wir uns in diesem Monat ans Verstummen gewöhnt, an das Motto »Die Deutschen hören mit!«, und ans So-tun-als-ob – als wären wir auf einmal nicht mehr da.

Ich kann mich jetzt nicht mehr an die Lichtsäulen unter den offenen Einstiegslöchern erinnern. Oder vielleicht doch. Von weitem glichen sie den Kerzen. Derselbe Effekt. Etwas Leuchtendes. Wieder schien etwas auf. Ging. Auf uns zu.

»Aufpassen – aufpassen ...«

Diesmal war es ein Junge. Mehrere Male kamen diese Kuriere an uns vorbei. Einmal zu zweit. Einmal mehrere.

Dass wir immer noch unter der Miodowa waren, wunderte uns. Verirren war ausgeschlossen. Da waren die Lichter, die Pfeile. Und die, die sich auskannten. Wir waren ja auch endlos viele. Voraus. Und hinterher. An der Ecke Nowy Świat und Warecka stiegen schon seit langem Leute ein und aus. Und am Krasiński-Platz stiegen sie immer noch ein. Und würden noch lange einsteigen. Wir waren zur rechten Zeit dort. Teik war beim Rückzug mit den Letzten, schon tief in der Nacht. Sie mussten schneller gehen und im Dunkeln. Und sie verirrten sich. Und überhaupt, die Deutschen warfen ihnen Granaten rein. Von oben. Es gab großen Aufruhr. Zu guter Letzt kamen sie an und gelangten hinaus. Aber nicht alle.

Irgendwann nahm ich den Verwundeten wieder. Auch er war schon müde. Und hatte Fieber. Und Durst. Alles tat ihm weh. Er stöhnte. Ich versuchte ihn zu trösten. Aber was brachte das schon? Er hatte Durst. Und niemand hatte Wasser. Keinen Tropfen. Gegen die Schmerzen gab es auch keine Mittel. Er musste getragen werden. Das hieß, dauernd musste man ihn irgendwie berühren. Es war gut, dass er sich an mir festhielt, wie es richtig war, um den Hals. Und ich hielt seine Beine.

Nach langer Zeit erreichte uns von vorne die Nachricht, dass wir in Krakowskie Przedmieście einbogen. Dort würde es nicht mehr so hoch und breit sein. Das Gehen würde dort nicht mehr so leicht sein. Das betraf vor allem mich. Und überhaupt alle, die einen Verwundeten huckepack trugen. Damit war man ja um einen Kopf größer. Aber ich selbst war nicht besonders groß.

Alle waren auf diese Gabelung gespannt. Diese Biegung. Dieses Neue.

»Krakowskie!«

»Krakowskie!«

»Krakowskie!«

Vielleicht war es hier, dass wir an den ersten offenen Einstieg kamen. Denn auf Krakowskie Przedmieście herrschten die Deutschen. Doch die Miodowa von Krakowskie Przedmieście bis zur Kozia war wohl auch ihr Gebiet, denn dort waren sie an unsere Barrikade bei den Kapuzinern vorgedrungen. Und überhaupt – sie saßen ja in dem siebenstöckigen Haus an der Ecke Kozia.

Endlich ist sie da. Die Gabelung. Das ist wichtig. Wir biegen nach rechts. Der Kanal ist gleich anders. Kleiner. Und nur eine Röhre, oval. Ohne die Bänke. Ein wenig mussten wir uns alle ducken. Aber es war nicht so schlimm. Das heißt – geduckt gingen wir auf jeden Fall. Ich weiß nicht mehr, wie sehr. Der Verwundete wurde mir ohnehin schon schwer. Wieder gab ich ihn zum Abwechseln ab. An Zbyszek. Oder einen anderen. Aus Henios Abteilung. Danach nahm ich ihn wieder. Ich hielt ihn bei den Knien, tiefer. Und er hielt den Kopf tiefer. Und so ragte er gar nicht über mich hinaus. Denn den Kopf konnte er kaum halten. Er sackte ihm immer wieder fast hinunter. Und dann ganz. Auf meinen Hinterkopf.

»Trinken!«, stöhnte er.

»Wir haben doch kein Wasser, was soll ich machen, noch ein bisschen, gleich sind wir da.« So versuchte ich ihn zu vertrösten.

Doch er stöhnte:

»Trinken ... triiinken ...«

Wieder redete ich ihm zu. Nach einer Weile rief er wieder:

»Trinken ... ich halt es nicht aus ...«

»Bald sind wir da, bald sind wir da ...«

Er sackte noch tiefer hinunter, der Kopf fiel ihm vornüber und zur Seite.

Irgendwann wollte ich – bei irgendeinem Halt, weil ein Schacht kam und sich deshalb das Tempo verlangsamte, oder ob jemand entgegenkam und wir stehen bleiben mussten, weil es so schmal war. Also, ich wollte mich mit der Hand an der Wand abstützen. Das tat ich. Mit der Handfläche. Und die Hand rutschte mir durch einen dicken Schmier nach unten. Es ging nicht. Ich wusste ja, die Wand ist halbrund und grün, trotzdem wunderte ich mich, dass alles so sehr mit diesem werweißwas bedeckt war. Denn fast die ganze Hand versank mir darin. Und rutschte ab. Mit Glitsch. »Also lieber nicht anlehnen«, dachte ich bei mir, denn irgendwie hatte man immer noch diese Vorstellung, die Kleidung zu schonen, o welche Naivität!

Wir setzten uns wieder in Bewegung.

Platsch-platsch-platsch.

Buuuuu – hörte man wieder den Aufstand oben – buuuu – uu –uuuuu – uu ...

»Triiinken ...«

»Nicht mehr lang, nicht mehr lang.«

»Triiinken ... ich trink auch das Wasser aus dem Kanal ...«

»Nein!«

»Ich muss trinken … gebt mir Wasser … das aus dem Kanal.«

»Nein, nein.«

Die Sanitäterin vor mir hatte es gehört und rief auch:

»Nein, nein!«

»Ich will trinken …«

Er wollte sich weiter hinunterbeugen, aber er schaffte es nicht.

»Was soll ich denn mit ihm machen? Was soll ich machen?« Ich war ein wenig verzweifelt.

»Warte.« Die Sanitäterin öffnete ihren Brotbeutel, »ich gebe ihm ein Stück Zucker. Ich hab eins hier.«

»Ach wie gut«, sagte ich. »Hilft das denn gegen Durst?«

»Ja, Zucker hilft, er löscht den Durst.« Und sie gab ihm etwas. »Da nimm, Zucker.«

»Gut …« Er öffnete den Mund, sie legte ihm einen Zuckerwürfel hinein. Wir gingen weiter. Vorläufig war er etwas beruhigt.

Wir gingen lange. Unter Krakowskie Przedmieście her. Gabelungen, Straßennamen in Kreide, Pfeile »HIER!« Passieren lassen. Stillstehen.

»Aufpassen! Aufpassen! Auf-passen! Einstieg!«

»Stiiille! Lichter aus!« Und wieder langes Gehen.

Der Widerhall von Bomben, Geschossen, was auch immer, immer wieder, endlos: bu-u-u-uu-uuu-uuuuu …

Jemand (ein Zivilist) nahm mir wieder den Verwundeten ab.

»Nowy Świat!«

»Nowy Świat!«

»Nowy Świat!«

»Nicht mehr lange.«

»Nowy Świat! Nicht mehr lange, und wir klettern hinaus, an der Ecke Warecka.«

»Nowy Świat! Der letzte Abschnitt, dann Ausstieg zur Warecka!«

Ich weiß nicht mehr, ob sich Nowy Świat durch etwas unterschied. Ob es dort noch etwas kleiner war. Oder nicht. Vielleicht nicht. Bestimmt gab es eine Gabelung. Bestimmt schon Erschöpfung. Und Ungeduld. Obwohl es guttat, dass es gelungen war. Ohne Granaten. Und dass wir jetzt in unser Gelände kamen. Ich weiß nicht mehr, in welchen Worten es sich mitteilte. Rückwärts, an die, die hinterherkamen. Aber es war von großer Bedeutung.

Die Uhrzeit sagte uns damals wohl niemand. Wie viel Uhr es war. Ich weiß nicht, ob mit Absicht. Nachher schon. Wenig später. Vielleicht kam es mir so vor, dass sie nicht unbedingt breittreten wollten, wie lange wir gegangen waren. Vielleicht auch nicht. Tatsache ist – niemand wusste überhaupt Bescheid. Und selbst wenn, man konnte kaum glauben, dass wir diese Stunden gebraucht hatten. Ich weiß ganz sicher, dass kurz vor Erreichen des Ziels große Aufregung herrschte. Weil es zehn Uhr war. Sogar nach zehn. Abends. Sogar halb elf. Ja. Bestimmt. Frühestens. Denn jemand sagte, wir seien fünf Stunden gegangen. Und wir waren um fünf in den Kanal gestiegen. Bei Sonnenschein. Hitze.

Ich weiß, dass ich den Verwundeten von Zbyszek oder von irgendjemand anders wieder auf meinen Rücken übernahm. Er war am Ende. Ich weiß nicht mehr, ob er die ganze Zeit stöhnte. Oder ob er schon still war. Und völlig apathisch. Wahrscheinlich beides. Abwechselnd.

Irgendwann dann der Befehl:

»Stopp! Stopp! Stopp! Wir gehen der Reihe nach hinaus. Weitersagen.«

»Stopp! Stopp! Stopp! Weitersagen!«

»Stopp! Wir gehen der Reihe nach raus! …«

Wir blieben stehen. Henio und die Sanitäterin plauderten mit uns. Radosław sagte:

»Vor uns geht erst die ganze Gruppe ›Parasola‹ raus. Zweihundert Leute.«

Wir standen. Ziemlich weit vom Einstieg entfernt. Man konnte nichts sehen. Nicht mal hören. Von diesem Hinaussteigen. Wir redeten ja. Und die hinter uns auch. Wir waren auch zu weit von der Spitze entfernt. Es zog sich sehr lange hin. Der Verwundete stöhnte. Verlor das Bewusstsein. Ich war auch schon erschöpft. Pech. Die Kleidung – was machte das schon … Ich lehnte mich an die Wand, mit dem Verwundeten auf dem Rücken, er und ich, so, wie es gerade ging. Ihm war sowieso alles egal. Und mir jetzt auch. Und weil die Wand, an die ich mich lehnte, gewölbt war, konkav, krümmte ich mich konvex. Ich fühlte, wie ich mit der Wand verschmolz. Von Kälte konnte in diesem Sommer keine Rede sein. Und Feuchtigkeit – war doch egal! Und dieser Glitsch – der war auch egal. Gut, dass ich nicht mit dem Rücken abrutschte. Der Verwundete hing mir über der Schulter. Und stöhnte immer wieder auf. Ich krümmte mich. Die anderen standen mit Gesicht, Rücken, Seite zueinander, in Gruppen, aber einige stützten sich auch ab. Vielleicht ging es irgendwann ein paar Schritte weiter. Ja, bestimmt. Einmal. Und ein zweites Mal. Denn wir hörten schon das Durcheinander von vorne, den Lärm, einvernehmlich, es ging um – wie sich später zeigte – technische Dinge, um Zubehör.

Henio oder die Sanitäterin flüsterten uns vertraulich zu:

»Sie haben viele Verwundete … deshalb dauert es so lange … sie sind auf Tragen.«

Ach so war das also? Viele Verwundete? Erst hier hörte

man auf mit der Heimlichtuerei. Meiner war keine Ausnahme.

Alle fühlten sich schuldig, wegen der Zurückgelassenen. Die Zivilisten – die waren weniger wichtig. Natürlich, junge Männer waren in einer anderen Situation. Sie drückten ein Auge zu, wenn sich einer in den Kanal schmuggelte, das habe ich ja schon gesagt. Aber die Aufständischen? Diese Schwerverletzten? Für die sah es am schlimmsten aus. Denn sie waren in Uniform. Und alle auf einen Haufen. Und hilflos. Was … sollte aus ihnen werden? Wir redeten uns ein, dass sie … ja, irgendwie, aber … Und später stellte es sich dann heraus. Was. Wie. Schrecklich. Andere haben es schon beschrieben. Ich will es nicht noch mal tun. Nur so viel sagen, dass es eine Wiederholung der Vorkommnisse von Wola war.

Wir standen lange. Immer näher am Ausgang und diesem Lärm. Man sah schon etwas. Eine Bewegung nach oben. Aber ich lehnte mich immer noch mit dem Verwundeten auf dem Rücken an die grüne Wand. Inzwischen war mir völlig egal, an wie vielen Stellen mein Jackett würde gereinigt werden müssen. Alles war egal, solange ich nicht an der Wand abrutschte.

Wir standen alles in allem sicher zwei Stunden unter der Kanalöffnung an. Später, als die Reihe an die Gesunden kam, die von der Gruppe »Parasola« und überhaupt die vor uns, da ging es schnell. Ordentlich. Sie hetzten uns sogar. Es ging dabei vor allem um die, die nach uns kamen. Und alle hinter uns mussten ja zum Krasiński-Platz. Der ganze Kanal war vollgestopft.

Plötzlich hieß es mit Geschrei:

»Rausgehn, rausgehn, voran!«

»Rausgehn, jetzt sind wir dran!«

»Aufpassen, wir sind dran! Rausgehn, rausgehn!«

»Aufpassen, jetzt sind wir dran!«

Ich weiß noch, wie sie zuerst wohl eine Art Trage nach oben zogen, drückten, irgendetwas, irgendwen. Dann Radosław. Dann Henio. Dann die Sanitäterin. Dann ich. Auf den Tritteisen. Ich sagte dem Verwundeten, er solle sich gut festhalten. Mit Armen und Beinen. Ich zwängte mich durch diese Enge empor. Immer höher. Und höher. Vielleicht schob mich jemand von unten. Zbyszek oder dieser andere Helfer. Swen und diese beiden kamen nach mir. Ich weiß noch, wie ich irgendwann den Geruch von frischer Luft wahrnahm. Und Nacht. Ich sah Sterne. Und jemand packte mich schnell bei beiden Armen.

»Nein, nein, ich kann allein.«

»Sie haben keine Kraft mehr!«

Das stimmte. Ich überließ mich. Sie zogen mich hoch, nach draußen. Ich weiß nicht mehr, wann. Schnell. Und da war diese Ecke. Häuser. Barrikaden. Die Stadtmitte. Bewusstsein. Gerüche. Schwindel. Der Verwundete. Meiner. Er war schon auf einer Trage. Zwei setzen sich schon in Bewegung mit ihm. In die Warecka.

»Ich trage!« Ich griff nach der Trage.

»Nein, nein! Der gehört jetzt uns« – genau so haben sie gesagt. Die Sanitäterinnen in der Stadtmitte. Und los gingen sie. Die Trage quietschte. Schwankte. Ich ging kurz hinter ihnen her. Swen hinter mir her.

Und Zbyszek. Viele Tragen waren zu sehen. Weiter vor uns. Und sicher auch hinter uns. Ich weiß nicht, was mit Henio war. Ich erinnere mich nur an mich selbst. Es war still. Und überhaupt. Die Barrikaden. Die enge Warecka. Ich ging. Wir gingen. Zerschlagen. Bewegt.

»Häuser? Unzerstörte? Halina! Vater! Innenstadt! Ooooh!«

Gegen Mitternacht gingen wir irgendwo rein. Willkürlich. Ein großer Hof. Hier war dieser Himmel. Und wohl auch die Sterne. Deutlich. Zu dritt. Wir setzten uns auf eine Stufe. Leerten das Wasser aus den Schuhen. Richteten uns etwas her. Krempelten die Hosenbeine runter. Alles voll Zuversicht. Und ein wenig der Bequemlichkeit halber. Und außerdem – um einen guten Eindruck zu machen. Stadtmitte. Sie steht. Lebendige Häuser mit lebendigen Menschen. Nichts brennt. Und sogar Stille. Vielleicht ein paar Geräusche. Aber soweit ich mich an damals erinnere, war es völlig still. Halina! Vater! Himmel. Gerüche. Nacht.

»Gehen wir.« Eins, zwei waren wir auf den Beinen. Tor. Warecka. Platz. Szpitalna. Bekannt. Bekannt. Und wie. Wir gingen schnell und auch langsam.

Die Ecke.

Chmielna. Alles steht.

Wir biegen ein.

Richtung Marszałkowska.

Aber es ist dunkel. Barrikaden. Dieses Klima. Ach ja, das ist normal. Häuser. Nacht. Ruhe. Zwölf Uhr. Sommer. Warm.

Alles ist da.

Chmielna 32.

»Es steht!«

Wir gehen hinein. Das Tor. Der Hof. Wir schauen beim Hausmeister herein.

»Ist Frau Rybińska da? Sind sie da? Alle?«

»Ja, ja, alle.«

»In welchem Keller?«, fragen wir.

»Im Keller?« fragte der Hausmeister verwundert. »Sie sind in der Wohnung oben. Sie schlafen.«

Das war vielleicht ein Schock.

»Oben?«

»Ja … in der Wohnung.«

»Danke, wir gehen hinauf.«

»Kommen Sie aus der Altstadt?«

»Ja. Direkt aus dem Kanal.«

Der Hausmeister rannte in die Mitte des Hofes und schrie zu den Fenstern hinauf:

»Herr Białoszewskiiii! Herr Białoszewskiii! Ihr Sohn ist da, aus der Altstadt!«

Vater schrie etwas aus dem dritten Stock. Dann großes Drunter und Drüber. Sofort. Trappeln auf der Treppe.

Wir rannten ins Treppenhaus. In Blitzesschnelle hinauf. Ich glaube, bis zum zweiten Stock. Da stießen wir auf meinen Vater. Ich sah die geöffnete Tür ein Stockwerk höher. Und Zocha, die auf die Treppe hinausgelaufen kam.

»Miron! Swen!«

»Das ist Swens Cousin.« Ich stellte Zbyszek vor. »Wir kommen direkt … aus der Altstadt … durch den Kanal …«

»Aber klar, kommt rein, kommt rein.«

Sie begleiten uns hinein, heißen uns Platz nehmen, bringen Stühle, Schemel.

»Gleich kriegt ihr was zu essen, wollt ihr euch waschen? Wie ihr ausseht!«

Stacha wacht auf, Halinas Mutter. Halina. Im Bett. Wir schnell zu ihnen. Ich beuge mich im Dunkeln über Halina. Ich bin der aus dem Kanal, sie, unter der Decke, die Saubere. Ich gebe ihr einen Kuss.

»Wir sollten uns am ersten August treffen«, sage ich, »jetzt ist es genau einen Monat später geworden.«

Halina ist schlaftrunken, schaut sich langsam um.

»Wie siehst du denn aus! Mein Gott, die Haare ganz verklebt, Zocha, er braucht frische Kleidung, Swen, wie seht ihr aus!«

Jeder von uns bekam etwas zum Umziehen. Ich glaube, wir zogen uns im Treppenhaus aus. Dann wuschen wir uns nacheinander im Flur. Alles kam in Bewegung, Hantieren, Aufstehen, Plaudern, Wasserkochen, Essen. Alles in Eile.

In diesem Moment sind wir glücklich. Wir reden pausenlos. Gleichzeitig. Alle drei. Die anderen auch.

Fürs Waschen brauchten wir zwei Stunden. Ich glaube aber, wir haben zuerst gegessen. Dann diese Schüsseln. Heißes Wasser. Am längsten brauchten die Haare. Sie ließen sich einfach nicht entwirren. Die anderen halfen uns.

»Klamotten ins Feuer.«

»Ja, sofort ins Feuer.« Zocha und Vater entscheiden für mich. Und – rums, in den Küchenherd. Die Schuhe auch. Alles, was ich angehabt hatte. Dann vor allem Essen. Dann wurden neue Schlafplätze bereitet. Es war ja eine große Veränderung in so einer kleinen Wohnung. Und immer weiter Reden. Und auf einmal – Schlaf.

Wir wachen früh auf. Hungrig. Halina ist schon dabei, drei Schalen mit Nudeln in Butter anzurichten. Tischt auf. Wir essen.

»Gleich koch ich euch mehr. Zenek ist in der AK. Er ist in der Stadt. Zocha ist im Quartier. Sie macht da die Küche.«

(Zenek ist mein Vater.)

Wir essen wieder. Die Schalen werden gefüllt. Mit Butter geschmiert. Ein lautes Scharren. Der Hausmeister? Beim Fegen? Wir schauen aus dem Fenster. Ja.

Halina hat schon wieder etwas Neues gekocht und tischt uns auf. Jede Stunde, alle anderthalb Stunden. Jetzt kommt erst so langsam die Altstadt herausgekrochen.

Vorerst ist weder die Altstadt wirklich noch die Kanäle, noch diese Stadtmitte hier. Alles ist unwirklich. Nur essen wollen wir. Staunen allenthalben. Halina. Wir. Und dieses Gefühl von Ruhe und Glück. Wenigstens für eine Stunde. Vielleicht hält es bis zum Abend. Und die Nacht. Bis morgen früh.

Ich weiß nicht mehr, ob etwas passierte. Es war wohl an diesem ersten Tag, dass Halina irgendwann sagte:

»Wir gehen jetzt besser in den Keller hinunter.«

Aber es war nichts Schlimmes. Und dauerte nicht lange. Es war immer noch Sommer, Hitze. Zweiter September. Samstag. Wie vor fünf Jahren. Damals, 39. Am Nachmittag Artillerie. Halina erklärt:

»Um diese Uhrzeit fangen sie immer an. Wir wissen, in welcher Straße, die haben sie im Winkel. Jetzt sind es Złota und Zgoda. Dort hinter der Marszałkowska geht es schlimmer zu.«

Ich glaube, es war noch am selben Tag, dass Halina und ich beschlossen, mit unserem Französisch weiterzumachen. Halina holte Gides *Symphonie pastorale* hervor. Auf Französisch. Voller Eifer lasen wir die erste Seite. Was nicht einfach war. Denn es war dicht. Wir mussten viele Wörter im Wörterbuch nachsehen. Und man trifft ja nicht immer gleich beim ersten Nachschlagen das richtige Wort.

Vater sagte, hier in der Stadtmitte müsse man die Parole und Antwort kennen, die sich täglich ändere. Zum Schutz gegen die »Taubenhalter«. Abends nach Einbruch der Dunkelheit werde immer nach dieser Legitimierung gefragt. Das sei die Polizeistunde. Dann machten sie sogenannte Requisitionen von Passanten (um nicht Razzia zu sagen). Für Einsatz bei kommunalen Arbeiten. Graben, Hämmern, Barrikaden. Die Führung der AK sei derzeit an der Ecke Swiętokrzyska und Marszałkowska, im Gebäude der PKO, der Sparkasse. Vorläufig sei es, zumindest hier im Zentrum und

Süden des Bezirks Stadtmitte, noch halbwegs erträglich, das heißt, die Verteidigung funktioniere noch und die Ordnung. Deshalb werde er uns hier eine Arbeit besorgen. Hier müsse man sich nützlich machen. Arbeit sei Pflicht.

An diesem närrischen Freudentag erstaunte uns das alles und auch wieder nicht. Nicht dass wir uns vor der Arbeit fürchteten. Daran hatten wir uns gewöhnt. An was hatte man sich nicht gewöhnt? Doch unter der versüßten Laune hatten wir wahrscheinlich eine große Unsicherheit, was das alles betraf. Unsicherheit über alles sogar. Aber vorerst, ja, wenn es so war, dann war es so.

Untereinander sprachen wir allerdings schon davon, uns dem Aufstand anzuschließen.

»Ich hab daran gedacht«, sagte Halina.

»Ja, genau«, sagte ich. »Wenn du willst, machen wir es, eigentlich ist doch sowieso alles egal.«

Halina sagte, ihr sei jetzt auch schon alles egal.

Und dabei blieb es. Bei dieser Passivität. Wie sich herausstellte, nahmen sie sowieso keine Neuen auf, oder nur ungern, weil es an Waffen fehlte. Außerdem mussten die Leute ja unterwiesen werden.

Wohl am selben Tag noch sagte Zocha, nachdem wir schon etliche Mahlzeiten hinter uns hatten, wir sollten zum Essen zu ihr ins Quartier kommen. In der Nähe. Ecke Chmielna und Zgoda. Dieses Haus steht bis heute. So eine Torte, ein Stück Torte, fünfstöckig, unten mit einem Dreieck (so eine Art Hof).

Zochas Quartier beziehungsweise das der Abteilung, für die sie kochte, war in der Wohnung des Ehepaars Bałtarowicz. Zocha nannte sich dort Frau Zula. Sie trug Turnschuhe und einen Turban auf dem Kopf.

Sie ließ uns am Tisch Platz nehmen. Gab jedem von uns

einen Teller Nudeln. Dazu stellte sie ein Glas Schmalz. Mit Grieben. Und Saft. Ich glaube auch in Einmachgläsern.

Swen schmierte sich und mir gleichzeitig die Nudeln ein. Mit Schmalz. Dann noch mal.

»Da, haste noch.« Noch ein Löffel für jeden.

»Da, haste.« Ein zweiter Löffel für jeden.

Und er griff nach dem Saft. Himbeer. Nein. Kirsche, glaube ich. Und er goss ihn über das Schmalz und die Nudeln. Ich schimpfte irgendwie. Doch er goss nach. Dann hauten wir rein, sofort. Und zwar schnell. Mit großem Appetit. Das gebe ich zu. Mit Genuss an allem in dieser Mischung.

Damit endete, glaube ich, das erste große Fressen. Es war schon dunkel. Denn ich weiß noch, wie Vater uns zu Onkel Stefan brachte. Der war Setzer. In der Górskiego. Zum Drucken von Zeitungen. Es war ein lieblicher, warmer Abend. Wie im Jahr 39. Und auch der zweite September. Samstag. Süße Ruhe, Wärme. Dunkelheit. Dieselbe Szpitalna und Chmielna. Und Mutter und ich. Vom Napoleon-Platz gingen wir bei Jędrzejewski Kuchen holen. Dort gab es gute, große Kuchen. Auch damals diese Front. Die man hörte. Gespieltes Glück. Wie man sich selbst etwas vormachte durch körperliches Wohlbefinden.

In der Druckerei gab es jede Menge Lampen, Maschinen, Menschen, Zeitungsgerüche, Lettern, Papiere, Stapel, Vornübergebeugte, Geklopfe. Dazu lief das Radio. Gerade auf Sender Lublin eingestellt. Wanda Wasilewska[21] sprach. Zu Warschau, über Warschau. Das wurde merkwürdig aufgenommen. Denn sie redete auch merkwürdig.

Onkel Stefan war wohl für den Satz zuständig. Und unterdessen aß er wohl etwas, aus einem Papier. Und er redete, denn ich hatte gefragt, wie es Tante Natka ging und Krysia und Bogusia (denn die waren nicht in der Towarowa, bei der Eisenbahn, wo sie eigentlich wohnten).

»Nein, die sind in der Miedziana bei Marycha. Es ist schrecklich dort.«

Ich hatte schon erfahren, dass dort alles zerstört war, am 26. und 27. August hatten sie Bombenangriffe wie auf die Altstadt. Die drei hatten überlebt. Sie wussten nicht, dass sie Dresden noch vor sich hatten, denn ausgerechnet dorthin wurden sie nach dem Aufstand deportiert.

Nicht nur hinter der Marszałkowska war es schrecklich. Hinter Nowy Świat wurde es auch schrecklich. Hinter dem Sächsischen Garten nur Ruinen und Wüstenei. Durch den Sächsischen Garten verlief die Front. Es blieb also nur dieser eine erhaltene Streifen, höchstens ein Drittel der Stadtmitte. Mit dem Anschein einer Ordnung. Mit der Führung der AK. Mit der fünfminutenlangen »Republik Stadtmitte«. Aber auch hier gab es etliche Zwischenfälle.

Ich habe schon davon gesprochen, wie die Nazis mit Panzern das Haus Bracka 18 stürmten und etliche Menschen abschlachteten. Dann dasselbe an der Jasna. Vater ging einmal die Zgoda entlang, jemand spielte Klavier. Plötzlich Flieger. Sofort danach Bomben. Die Hälfte des Hauses war weg. Der auf dem oberen Stockwerk abgeschnitten. Das Treppenhaus eingestürzt. Zum Glück kam ein Wagen. Feuerwehr. Mit Leitern haben sie ihn runtergeholt.

Nicht umsonst sang man in Stadtmitte zu einer alten Rumba-Melodie die Worte:

Pan-zer auf der Marszałkowska,
Pan-zer auf Nowy Świat …

Das Gebäude der Sparkasse (Führung der AK) war auch schon angeschlagen. Aber es hielt sich irgendwie. Einfach so. Stark. Beton. Soundsoviele Stockwerke. Dort saßen sie. Vater ging zu seinem Bekannten, dem Major Brejdygand. Er wollte ihn rausholen. Major Brejdygand sagte:

»Nein ... alles gut hier ...«

Am nächsten Tag ging Vater frühmorgens wieder los, um ihn zu holen. Er fand von dem Gebäude nur Trümmer vor. Major Brejdygand war umgekommen. Die Bombe war bis in den Keller durchgeschlagen, durch zwei Stockwerke hindurch. Der Beton hatte nichts geholfen.

Von Janek Markiewiczs Mutter weiß ich, dass sie und Janek dort einen Bekannten hatten, der verwundet war. Er musste rausgeholt werden. Sie besorgten eine Trage, rannten hin, suchten, er ist nicht dort. Sie rufen. Nichts. Lauter Verwundete. Im Wasser. Das Wasser stieg. Denn ein Rohr war gebrochen. Die Verwundeten kriechen, aber sie schaffen es nicht. Die beiden suchen ihren Mann. Endlich ein schwaches Stimmchen:

»Hier bin ich ...«

Sie gucken hin: eine Mumie, ganz in Verbandszeug gewickelt. Sie nehmen ihn auf die Trage. Tragen ihn hinaus. Die anderen rufen:

»Und wir, wann sind wir dran? Wann holt ihr uns?«

»›Wir holen euch noch!‹, hab ich gerufen«, erzählt Markiewiczs Mutter. »Ich musste lügen. Schrecklich. Wir tragen dieses Jammerbündel. Tragen und tragen. Mir wird es schon schwer. An der Sienkiewicz falle ich mit der Trage hin und beginne zu schreien. Janek fährt mich an: ›Was schreist du so hysterisch!‹ Aber ich konnte nichts machen, liege nur da und schreie: ›Hiiiilfe!‹.«

»Und dann?«, frage ich lachend, »hats geholfen?«

»Stell dir vor, es hat geholfen. Plötzlich kam einer angerannt. In Uniform. Er hat mit Janek die Trage genommen. Danach hat er salutiert und ist gegangen. Das war dieser Jugoslawe, der bei unserem Aufstand mitgemacht hat.«

Das alles passierte Anfang September. Noch im August hatten sie Vater den Auftrag gegeben, einen Postler aufzusuchen. Die Adresse: Śliska soundsoviel. Vater geht hin: Der alte Mann sitzt mit seiner Schwester in der kleinen Küche. Vater erzählt:

»Ich hab gesagt, sie sollten mitkommen, doch die beiden sagen: ›Ach nein … nein …‹ Ein paar Tage später geh ich wieder hin. Sie sind nicht mehr dort. Sitzen im Keller. Aber wo? Unter dem Hof. Sie hatten unter dem Haus Tunnel gegraben und ein Viereck unter dem Hof. Und dort sitzen sie, auf beiden Seiten Bänke mit Menschen, einer neben dem anderen, so eng, und kein Klo. Wieder will ich sie überreden, aber er wieder: ›Ach neiiin … ich bleib jetzt hier mit meiner Schwester …‹ Als ich noch ein weiteres Mal zu ihnen gehen wollte, da wurde ich in dem Haus, wo das Kino ›Capitol‹ ist, an die Wand geschleudert, ich stürzte in den Keller, dort fing die tragende Wand an einzuknicken, denn offensichtlich war die Bombe hinter der Wand eingeschlagen, bis in den Keller durch … Wir stehen alle da, reglos, jeder hat sich den Kopf gehalten, um den Kopf zu schützen. Ja, und wie ich dann auf die Śliska kam, stellte sich heraus, dass alle, die dort in diesen Gängen an der Wand lang saßen, umgekommen waren.«

Außer den Geschichten von den berühmten Kämpfen in der Telefonzentrale (dieser Schichttorte mit Deutschen und Polen auf verschiedenen Etagen) und in der Heiligkreuzkirche, wo angeblich die Deutschen auf dem Dach waren und die Polen auf dem Chor mit der Orgel und sogar die Orgelpfeifen rausgerissen haben, um damit zu werfen, erzählten Vater und Halina uns von einem Bengel, der den ganzen Tag in der Straßenbahn auf der Marszałkowska irgendwo Nähe Złota saß und Flaschen warf, sobald sich ein Panzer näherte. So hat er angeblich ein paar Panzer fertiggemacht, aber schließlich ist er selbst umgekommen.

Mehr erstaunte mich damals, dass Woytowicz im Parterre eines Cafés auf Nowy Świat ein Chopinkonzert veranstaltete. Für die Aufständischen. Es war Abend. Der Artilleriebeschuss begann. Woytowicz spielte die »Revolutionsetüde«, während Geschosse über Nowy Świat pfiffen und in Häuser einschlugen. Direkt dort. Woytowicz unterbrach nicht. Niemand regte sich. Nur das Geschirr fiel um und zerbrach. Das hat mir hinterher Irena P. erzählt.

Halina sagte, es habe im Konservatorium Konzerte gegeben. Und im Kino »Apollo« in der Nähe wurde ein Film gezeigt. Ein Dokumentarfilm. Von den Kämpfen in der Heiligkreuzkirche. Sie hatte ihn selbst gesehen. Das hat sie mir damals erzählt.

Doch zurück zur Situation in der Chmielna 32, im dritten Stock. Ich weiß nicht mehr, wie wir geschlafen haben. Wir waren ja immerhin sieben Personen, doch irgendwie scheint es bequem gewesen zu sein. Zocha zeigte von Anfang an eine große Zuneigung zu Zbyszek, worüber Swen sich lustig machte.

Am 3. September herrschte vom frühen Morgen an Hitze. Sonntag. Es fühlte sich besonders feiertäglich an. Essen. Sitzen. Familienleben. Auf dem Sofa. Und Ruhe. Wie damals. 39. Auch am 3. September. Auch an einem Sonntag. Plötzlich blieben die Fliegerangriffe aus. Hitze. Die Leute rannten mit Manifesten von einer Botschaft zur anderen, weil England und Frankreich in den Krieg eingetreten waren. Auf dem Nowy Świat war ich auf eine Gruppe von Leuten gestoßen, die die Marseillaise sangen. Eine Frau dirigierte vom Dach einer Limousine aus, sie hatte schwarzes Haar, glatt und wie feucht frisiert, und ihre großen Ohrringe schaukelten. Ich fragte jemanden nach ihr. Das sei die Sławojowa-Składkowska[22], hieß es.

An diesem Tag nun, dem 3. September 1944, veranstaltete ich eine Lesung. Eines Poems. Zu einem ganz abgelegenen Thema. Geschrieben in der Rybaki. Und eines angefangenen Dramas über den Aufstand. Mit einer Szene im Luftschutzkeller in der Rybaki. Das Drama war auf dem Papier geschrieben, das ich aus dem Schränkchen in Podwale 5 genommen hatte, dort, wo dieser hölzerne Brunnen war. Während meiner »Autorenlesung« saßen wir zu viert – Halina, Swen, Zbyszek und ich – auf dem Sofa. Ich war sicher, dass der Tag bis zum Schluss ruhig bleiben würde. Und mehr oder weniger war es auch so.

Ich weiß nicht mehr, was zuerst anfing – der Fliegerangriff oder der große Dünnschiss. Ich weiß noch, dass Swen der Erste war. Er fing an zu rennen. Zum Klosett im Hof. Vom dritten Stock. Alle paar Augenblicke. Dünnschiss und Reihern. Im großen Stil. Das eine wie das andere. Ich glaube, dass es ihn schon gegen Ende dieses letzten (heiligen) Sonntags erwischte. Mich wohl am Montag. Vom Morgen an. Dieses Wetter. Wie wir wissen. Hitze. Verbrennen von Abfall im Mistbehälter. Welcher für Chmielna 32 und das »Palladium« derselbe war, denn wir hatten eine gemeinsame Mauer mit Loch. Und bei ihnen war Wasser. Bei uns nicht. Dafür lagen bei uns Leichen auf dem Hof. Schon seit Samstag. Und die Lumpen von diesen Leichen, verschiedene blutige Überzieher, hingen an der Klinke des Klosetts. Wie also unser Gerenne anfing, war das nicht sehr angenehm. Und die Fliegerangriffe fingen auch irgendwie plötzlich wieder an. Am Montag.

Vater sagt, wir hätten damals – nach dem Gang durch die Kanäle – fast drei Tage im Bett gelegen. Aber es waren nicht drei Tage, und wir haben auch nicht direkt nach der Altstadt die ganze Zeit gelegen. Ich habe doch unsere ersten beiden Tage beschrieben. Mit all dem Herumgehen. Am dritten Tag, also am 4. September, dem Montag, erinnere ich mich an aufgeschlagene Feldbetten. Aber wegen dieses Drangs, dauernd nach unten zu rennen, konnten Swen und ich nicht normal daliegen, so wie man im Bett liegt. Es ging ja nicht nur um Dünnschiss und Reihern, sondern es gab ja auch Fliegerangriffe.

Ich habe schon erwähnt, dass es ein schmales Zimmer gab und eine Art Flur, und wir waren zu so vielen. Außerdem noch zwei kleine Katzen. Die eine schwarz, die andere weiß. Halina liebte Katzen. Ich auch. Swen mochte lieber Hunde (die Menschheit teilt sich ja in Hunde- und Katzenleute). Doch Katzen mochte er auch. Ja und mein Vater. Sein ganzes Leben lang hält er Tiere und hat Geduld mit ihnen. Wie selten einer. Überhaupt hat er eine Seelenruhe. Wohlwollen gegenüber dem Leben, der Welt und den Menschen. Er ist gern aktiv. Während der Okkupation machte er Stempel. Fälschte Unterschriften. Deutsche. Auf Glas. Das Glas von unten beleuchtet. So was konnte er hervorragend. Nachts. Und tags mit diesen »ausweisy« – und zwar Mengen davon – zur Industrie- und Handelskammer. Und der Handwerkskammer. Auf der Wiejska, Ecke Senacka. Dort bearbeitete er den Hausmeister. Oder besser gesagt nicht den Hausmeister – der war nämlich schon auf unserer Seite –, sondern durch Vermittlung des Hausmeisters den »Kanari«, den Wärter von der SA, den er völlig besoffen machte. Es ging darum, zu jeder Tageszeit leichteren Zugang zum Büro des Chefs zu haben. Der Chef war fürs Aufstempeln der Krähen zuständig, das heißt der Nazi-Vögel. Im Stil der römischen Adler. Der Chef war eine Frau. Sie war ein bisschen in den Hausmeister verliebt, denn der war jung. Der Hausmeister ließ den betrunkenen »Kanari« zurück, ging ins Büro, öffnete mit einem nachgemachten Schlüssel die Schublade mit den Stempeln und setzte in Windeseile die Krähen auf alles, was ihm mein Vater und andere brachten. Und dann musste man sich noch an dem Schalter für eine Unterschrift anstellen. Da stand man endlos an, wie um alles damals. Es gab noch eine weitere Schwierigkeit. Pro Person konnte nur ein Ausweis abgefertigt werden. Deshalb nahm Vater Zocha, Halina, manchmal auch mich mit oder jemanden anders, der sich gerade anbot. Auf diese Weise konnte man drei, vier »ausweisy« hinkriegen. Doch am nächsten Tag konnte die sogenannte Deutscheiße einen erkennen. Zocha verkleidete sich dafür. Es war eben hauptsächlich Zocha, die mit ihm ging. Mit Brille. In Trauer. Lispelnd. Sie wurde eine richtige Spezialistin.

Ich erinnere mich an meinen Vater 1940. Als die Razzien anfingen. Unser Fenster an der Ecke Leszno und Wronia war auf dem vierten Stock und man konnte die ganze Länge der Leszno von dort aus sehen. Eines Abends fuhren eine Zeitlang Pritschenwagen über die Żelazna. Richtung Pawiak. Sie tauchten nur kurz auf, einer nach dem anderen, beim Überqueren der Leszno. Das waren die typischen Razziawagen, wie man sie später nur allzu gut kannte, vollgestopft mit Menschen. Mein Vater stand am Fenster. In der Unterwäsche. Hinter der Gardine. Und schaute auf die Leszno. Wir waren schon lange schlafen gegangen, auf der Straße war es ruhig geworden, mein Vater stand immer noch da und schaute.

Am ersten Tag des Aufstands rannte er, der Vorkriegspostler, um die Hauptpost zu stürmen. Später organisierte er einen Ausfall, um Zucker für die Aufständischen zu besorgen. Zucker gab es auf der Ciepła. Nähe Ceglana. Vater warb zwanzig Zivilisten an. Leute, die zufällig des Weges kamen. Halbe-halbe, erklärte er. Die Hälfte für die Truppen, die andere Hälfte für sie. Sie rannten zur Ceglana. Doch da in diesem Magazin teils schon die Deutschen waren, brachten sie eine Eskorte mit. Drei Fünfzehnjährige mit Granaten schlichen sich von hinten an die Deutschen an. Eins-zwei-drei hatten sie die erledigt. Und dann gings ans Laden. Vater drängte. Sie sollten sich nicht übernehmen. Denn außer dem Zucker gab es dort noch jede Menge verlockende Lebensmittel. Auch Wodka. Und Sliwowitz. Sie tranken etwas. Nahmen etwas mit, als Vorrat. Ja, und dieser Zucker. Und noch andere Leckereien. Und dann der Rückweg. Vater brachte auch eine Menge Zucker mit. Einen ganzen Sack. Zuckerwürfel. An den Sack kann ich mich noch erinnern. Er war aus Kunstfaser, ganz dünn, fast wie ein Netz. Dieser Zucker war später wichtig, hinter den Aleje.

Ich kann mich nicht mehr genau an das Datum unserer Flucht hinter die Aleje Jerozolimskie erinnern. Damals, am Montag, den 4. September, bin ich mit Swen und meinem Vater an der Ecke Chmielna, Bracka und Zgoda gewesen. Vielleicht auch näher an Nowy Świat. Plötzlich sahen wir Leute, die in heller Aufruhr rannten und schrien:

»Powiśle ist zerbombt!«

»Powiśle ist erledigt!«

»Die Deutschen sind in Powiśle!«

Sie waren bestimmt so, wie sie gingen und standen, losgerannt. Ohne alles. Ein paar hatten noch Schuttreste in den Haaren. Sie kamen von der Ordynacka und Foksal her gerannt. Ich fragte. Im Laufen. So wie die, die über die Chłodna erst nach Wola gerannt waren und später von Wola kamen.

Gleich darauf begannen auch bei uns die Fliegerangriffe und das Durcheinander. Und dann dieser Dünnschiss und das Gereiher. Und diese Leichen, die wir später hinterm »Palladium« begruben. Und dieses Verbrennen von Müll und Abfällen.

»Verbrennen! Verbrennen! Ansteckungsgefahr!«

Es war voller Qualm. Panik. Gerenne.

Am Anfang sind wir nicht runtergerannt, in den Keller. Es waren ja vier Stockwerke. Drei bis ins Erdgeschoss, noch eins in den Keller. Und der Dünnschiss und das Gereiher zwangen uns ja sowieso schon zum Rennen. Wir wollten die ganze Zeit nur liegen. Ich weiß noch, wie den ganzen Tag Herden von Menschen durch unser Haus zum »Palladium« auf der Złota und vom »Palladium« zur Chmielna rannten. Ununterbrochen. In beide Richtungen. Unten in unserem Treppenhaus, in der Mitte des Eingangsflurs, durch den die Fluchtroute führte, waren Flügeltüren, halb verglast. Pausenlos waren diese Türen in Bewegung und quietschten und schlugen gegen die Wand. Ich sah – ob beim ersten Mal aus dem Fenster und beim zweiten Mal an dieser Tür oder umgekehrt – einen Mann, den zwei Frauen unter den Armen stützten. Seine Wange war abgerissen. Sie hing herunter. Sie kamen in unseren Hausflur getrabt. Richtung Chmielna. Die Türen gingen dauernd auf und zu. Und dann kehrten dieselben drei wieder zurück – auch diesmal im Trab. Nur hatte der Mann die Wange da wieder angenäht. Ich weiß nicht mehr, ob ich gesehen habe, dass sie angenäht war, oder nur den Verband. Doch später, noch während des Aufstands, habe ich mich immer wieder gefragt, wie er die Wange noch haben konnte. Verschrammt, aber noch da. Denn ich sah ihn wieder, im Vorbeigehen. Und nach dem Krieg habe ich ihn auch gesehen. Und die Wange war wieder normal geworden. Aber damals sah es grausig aus.

Swen, Zbyszek und ich rannten nicht gleich hinunter. Halina auch nicht. (Vater und Zocha waren in der Stadt, und Stacha – Halinas Mutter – war sofort in den Luftschutzkeller gegangen.) Aber sie bombardierten immer weiter: die Złota, Chmielna, Zgoda, Jasna, Moniuszko, Sienkiewicza. Das Haus schwankte. Wir hatten keine Zeit zu verlieren. Keinen Augenblick mehr. Wir gingen hinunter. Denn jetzt kamen auch Panzergeschosse. Und die Kühe.

»Die Kuh brüllt«, sagte man hier in Stadtmitte, so wie man in der Altstadt gesagt hatte: »Sie ziehen einen Schrank auf.«

Der Keller. Oder besser gesagt: die Keller. Quadratisch. Mit Verschlägen. Abzweigungen. Die waren eng. Ein paar Bänke für die älteren Leute. Provisorisch. Direkt an der Wand. Die Übrigen standen. Auch an der Wand. Und wir auch. Nahe am Eingang. Nebeneinander. Der Reihe nach. Einer am andern. Mir wurde schwer ums Herz, dass schon das Ende kommen sollte. Doch überkam mich auch ein Gefühl der Hinnahme des Todes. Es ging nur um die Art und Weise. Halina sagte:

»Ich glaube, wir halten uns am besten an der Hand.«

Und als wir das zweite Mal am selben Tag hinuntergerannt waren, standen wir an der Wand und hielten uns an den Händen. Die Bombardierung war schrecklich. Es begann – nach dieser Idylle – plötzlich, doch auch wiederum auf die gewohnte Weise. Viele Abwürfe im Tiefflug und Explosionen. Erschütterungen. Einstürze. Gerenne. Getrappel. Gerufe. Neuigkeiten. Schlechte. Dass dies … dass jenes … Dass gleich hier … Auch in der Chmielna. Auch in der Złota. Und überhaupt. Dieses war weg. Jenes auch. Herausholen der Verschütteten. Brände. Unmittelbar. Kennen wir. Kennen wir. Kennen wir. Aber diese Erschöpfung – trotz der Hinnahme – ein drittes Mal … ein drittes Mal? Dasselbe? O mein Gott …

Danach musste man zum Wasserholen weiterrennen. Nebenan, im »Palladium« gab es kein Wasser mehr. Wahrscheinlich hatte eine Bombe eingeschlagen. Irgendwo. Also rannte man die Chmielna entlang. Hinter den kleinen Zgoda-Platz, Ecke Bracka und Szpitalna. In ein Tor. Irgendeins. Oder vielleicht auch in irgendeins auf diesem Abschnitt. Ich weiß es nicht mehr. Ich weiß noch, dass es voll war mit Leuten, die Schlange standen, schon auf der Chmielna in Viererreihen, durchs Tor, über den Hof, auf den Widok, über den Widok bis an ein Tor, einen Hof, einen Durchgang (kompliziert, der war unterirdisch), der auf die andere Seite der Aleje führte. Alles drängte. Auf die andere Seite der Aleje. Dort stand, daran erinnere ich mich, auch die Wawa an. Mit Hut. Die Parodistin. Und Chanteuse. Die Handtasche unterm Arm. Mit violetten Wimpern, völlig künstlich, die waren angeklebt. In ihren hochhackigen Schuhen. Ich will nicht gemein sein, aber sie ist – das weiß sie selbst – dick, denn:

»Solche gefallen Ihnen doch grade!« Damit schüttete sie bei Hania einem gewissen Herrn ein Glas Wasser über den Kopf (dazu, etwas verzögert, Kreischen). Später hats ihr leidgetan, sie hat sich entschuldigt. Aber das war sowieso erst 1950.

Damals kannten wir Wawa noch nicht. Nicht persönlich. Vom Sehen, Hören, ihren Auftritten her, ja. Wer kannte sie nicht. Swen erzählte, wie er in diesen Tagen damals durch die Keller rannte und irgendwo auf eine Menge stieß, zusammengeballt, beim Fliegerangriff. In der Menge war auch Wawa, mit Hut. Swen gleich zu ihr hin:

»Frau Wawa!«

Sie darauf: »Ach!«

»Guten Tag!«

»Guten Tag, mein Herr.«

»Sie hier?«

»Ach …«

Jetzt erst mal durch dieses Tor. In der Chmielna. Wir rennen hindurch, mit scheppernden Kübeln. Für Wasser. Andere warteten auch. Aber Vater und Zocha hatten Armbinden der AK. Am Vorabend, oder vielleicht auch zwei Tage zuvor, hatte Vater sich allerdings versteckt, als jemand kam und ihn suchte. Er wurde für etwas gebraucht. Das war wohl, als wir in der Nacht aus der Altstadt gekommen waren. Vielleicht auch am 2. September. Nachdem wir bei Onkel Stefan gewesen waren. In der Druckerei. Und nach dem Schmalz mit Kirschsaft. Vater war kein Drückeberger. Das hab ich schon geschrieben. Dass er immer unterwegs war. Organisierte. Aber manchmal auch nicht. Er müsse. Sagte irgendeiner. Doch er war der Meinung, das sei seine Sache. Für die Kübel jedoch war es nützlich. Sofort gabs die Genehmigung. Wenn dann eine Frau oder einer von den Zivilisten maulte, was solls, einer mault immer. Höchstens eine dreiviertel Stunde später war Wasser da. Im Haus. Oben. In der Butze.

Wir waren vielleicht schon bei den Bałtarowiczs. (Nach der Nacht vom 4. auf den 5. September, wohl der letzten bei Zocha an der Chmielna 32.) Das heißt im Quartier. Das heißt, wir hatten unser eigenes Zimmer. Zu sechst. Denn hier bildete der erste Stock ein grobes Dreieck, dazu fünf weitere Stockwerke, und der Kleinsche Keller. Gewölbe. Drüben wars jetzt gefährlich. In der Chmielna 32. Wir waren also vielleicht schon teilweise an diese Ecke Chmielna und Zgoda umgezogen. So war es wohl. Das muss der 6. oder 7. gewesen sein. September. Mittwoch – Donnerstag. Denn da waren wir schon hier. Zum Übernachten, zum Essen. In der Chmielna 32 schauten wir manchmal vorbei, immer seltener. Denn es wurde immer schlimmer. Der Beschuss. Sie erledigten sie systematisch. Der Reihe nach. Die Złota, dann Jasna, dann Sienkiewicza. Jeder wusste Bescheid. Welche wann dran war. Aber dann tagsüber. Der Himmel. Grauslich. Mengen. Mengen. Oft. Buuu-uu-u. Flieger. Wie Zahnschmerzen. Und dieses Wetter. Hitze. Blauerhimmel. Und hier so grau! Und

uu-uu-uu-uu-uu …
wiuuuumm-uu-u …
wiiijjjjuuuuuu-uuu-krach!
wiiiii-jjuuuu- … krach!

Nach Tagen. Drei Tagen. Mit großem Dünnschiss. Und großem Gereiher. Rannten wir draußen herum. Was sollte man auch herumsitzen (nachdem eine Rennerei sich erledigt hatte). Dort im Quartier an der Ecke Zgoda. Obwohl es hier nicht so schlecht war. Wir waren ja unter uns, Familie. Und Halina. Und dieses Zimmer, praktisch unseres. Zocha immer aktiv. Kumpelhaft familiär. In Fahrt von ihrer eigenen Energie. Kocht. Brutzelt. Teilt aus mit der Kelle. Legt nach. Immer in Turban und Turnschuhen. Erzählt, redet, mit uns, mit ihren Jungs, denen von der AK. Zu dem einen sagte sie immer gerne:

»He, Trübsal.« Das war sein Pseudonym. So wie Teik »Kralle« hieß. Roman Ż. – »Atos«. Lech – »Emphase«. Wie Vater hieß, habe ich vergessen.

Einmal renne ich draußen herum. Über die Chmielna.

Leute, nichts als Leute. Ins Tor rein. Den Durchgang. Rüber auf die andere Seite der Aleje. Der Zug dorthin wurde noch länger. Immer länger. In Windungen. Am Tag, in der Nacht. Ich gehe da also meines Weges. Hier fallen wohl die Bomben von der Linie Jasna, Moniuszko, Złota. Immer ärger setzen sie uns zu. Auch von Powiśle her. Und von hinter der Marszałkowska. Und hier:

wiiiiijjj – – das sind die Kühe.

Ich rein in so einen Riesen – Koloss – Schranktrumm – sieben Stockwerke – krumm – mit Erkern – Chmielna … Hinter dem Tor rechts die Treppe. Schon geht es krach! krach! Irgendwo hier. Und wijjjuu … krach. Und der nächste. Und wieder. Keine Zeit. Nur diese Treppe ist da. Rechts. Und nur nach oben. Ich renne also hoch. Die Eingangstore galten als besonders schlimm (wenn die Kühe fielen). Das waren so diese richtigen Tor-Tore. Typisch. Gewölbt. (Zur Abwehr?) Mit Schwelle, Gitter. Aus Eisen. Mit Nischen an der Einfahrt. Und manchmal noch mit eisernen Zapfen oder Nikoläusen zu beiden Seiten.

Von der Treppe aus – mit Innehalten anderthalb Treppen hoch, auf dem Absatz mit Fenster auf das Höfelchen, das winzige. Sehe ich. Das Höfchen, ja. Aber ich sehe auch noch etwas, was ich nicht erwartet hätte (diese Konditional-Eleganz, oft bedingungssätzlich-höflich, typisch warschauerisch). Plötzlich also sehe ich vor dem Hintergrund der Rückseite des anderen Hauses ein kleines Gartenhaus, ein einstöckiges Minipalais mit Mezzanin, auf dem Mezzanin ein hängender Garten mit Wegen, Blumen. Trittsteinen, Balustraden. Und Bäume. Ich glaube Flieder. Die Blätter grau und ziegelrot überzogen. Mit Staub. Ganz frisch.

Das war eine Überraschung. Seltsam. So wie die Figuren in der Kathedrale, die Rückseite des Radziwiłł-Parks (heute auf der Insel), die Vier Winde auf der Długa, heute abgebrannt.

Ein anderes Mal gingen Swen und ich die Zgoda und Złota entlang. Gegenüber der Bank »Zu den Adlern« ein Schild: Toilette. Ich glaube Złota 5. Wir also rein. Ein langer Hof. Am Ende irgendwo an einer bereits ans nächste Grundstück gequetschten Mauer eine Latrine. Öffentlich. Eine von vielen. Sitze, aus Stangen und Stöcken. Lang. Mit langen Mulden. Für die Haufen. Und drauf? Da sitzen sie wie die Hühner. In Hosen. Runtergelassen. Hängend. Mal so, mal so. Und dabei ist Wojciech Bąk. Den kennen wir von seinen Gedichten, seinen Gedichtbänden. Ein Bekannter hatte ihn mir gezeigt. Früher mal. Das sei er. Im Krieg. In Warschau. Sie hatten ihn aus Poznań hierher umgesiedelt. Da war er also. Wartete ab. Dass er an die Reihe kam, auf der Latrine zu sitzen. In Qualm und Gefahr. Ich habe ihn dann noch mal gesehen, wie er unterwegs war. Ja, und wie sich zeigte, hat er alles überlebt.

Von der Latrine aus gelangte man an Durchbrüche in der Mauer zur Chmielna. Die Leichen haben sie jedenfalls begraben, als die Lumpen verbrannt waren. Vom dritten Stock aus konnte man die frischen Gräber sehen. Daneben der immer noch qualmende Misthaufen. Und daneben noch eine Latrine.

Was das Bankgebäude »Zu den Adlern« angeht: Ab und zu gingen wir eben aus dem Quartier hinaus auf die Zgoda. Zum Beispiel Halina und ich. Wir gehen also hinaus. Und schauen so auf die Bank und sagen uns träumerisch, wenn sie schon in Flammen aufgehen soll, und das wird sie bestimmt, dann möglichst bald und wenn wir dabei sind. Denn das würde ein Spektakel sein. Fünf mächtige Stockwerke. Schwarze Metallbeschläge an den Mauern. Überhaupt das ganze Gebäude fast schwarz (damals). Und auf den zwei Eckgiebeln Adler. Geduckt. Gleichsam bereit, sich in die Lüfte zu erheben. Sie blicken auf die Dächer und ein wenig nach unten. Und dadurch wirkt alles, was unter ihnen liegt, wie Felsen.

Halina und ich gehen wieder einmal hinaus. Vor uns die dreieckige Festung, in der wir Quartier haben. Plötzlich eine Granate. Plauz! Und schon befinden sich die Adler über einem Abgrund. Ganz und gar. Und wie. Mit Feuer. Im Nu. Lodernd. Fünf Stockwerke hoch. Vorerst kaum Rauch. Dafür Flammen vom Parterre bis zu den Adlern hinauf. Niemand unternimmt etwas, löscht. Wie auch? So ist das Gebäude abgebrannt. Die Mauern sind allerdings stehengeblieben. Also, wer hätte das gedacht?

Die Panik wuchs. Immer mehr Leute drängten sich auf die andere Seite der Aleje. Als warte dort die Erlösung. Aber nach dem mir schon bekannten Gesetz war es einfach so, dass die Leute das Gelände wechseln und Orte für besser oder schlechter befinden mussten. Und da es nur noch einen kleinen Rest Gelände gab, den man aufteilen konnte, wurden die Aleje eben zur Grenzlinie.

Gewiss, es gab schon einen Grund. Als ich nämlich, es war wohl am Abend des 6., mit Vater und Zocha einen Vorstoß auf die andere Seite machte (im Eilverfahren, dank der AK-Armbinden), zeigte sich, dass es dort tatsächlich – zumindest vorläufig – nicht so schlimm war. Es fällt mir nicht mehr ein, wohin und zu wem wir damals dort auf der anderen Seite der Aleje liefen. Nur der allgemeine Eindruck. Die Tatsache, dass die Flucht von unserer Seite drüben immer dringender wurde. Damals, am Abend des 6. September, vielleicht war es auch die Nacht vom 5. auf den 6., machten wir uns definitiv bereit. An diesem letzten Abend im Quartier saßen wir alle um den Tisch und begannen zu essen. Es gab noch ausreichend zu essen, Verschiedenes. Und durch diese Vorbereitungen und die Unruhe stellte sich, wie es hartnäckigerweise oft der Fall ist, eine feierliche Stimmung ein. Wie bei einem Festmahl. Wir essen also und essen, und trinken sogar etwas dazu, und zu allem Überfluss gibt Zocha noch jedem Bonbons in schimmernden Papierchen. Zbyszek bekam ein Bonbon mehr. Aber dann gab sie mir auch gleich noch eins. Ob Swen auch, weiß ich nicht mehr. Halina in jedem Fall auch. Plötzlich. Sie erhob sich vom Tisch und ging ins Nebenzimmer. Das dunkel und leer war. Ich gehe und schaue nach ihr. Da steht sie in dem Spalt hinter der Tür, an die Tür gelehnt. Und weint. Was ist los, frage ich. Sie weint. Ich tröste sie, küsse ihr Haar, denn es war mir irgendwie peinlich, da weint sie noch mehr. (Vor kurzem habe ich sie danach gefragt, da konnte sie sich überhaupt nicht mehr daran erinnern, und an den Grund dafür erst recht nicht.)

Nach dem Abendessen beschlossen wir, noch etwas zu bleiben. Aber wohl nur bis zum Morgen. Kurz davor war der Plan anders gewesen. Vater und Swen waren durch dieses verstopfte Tor auf den Widok gelaufen und hatten sich dort auf die Suche nach Unterkunft gemacht. Keiner hatte auch nur die geringste Ahnung, warum ausgerechnet Widok. Sie hatten mit einer Frau nicht nur eine Unterkunft für uns alle ab sofort ausgemacht, sondern Swen war mit ihr auch auf das Thema Kunst zu sprechen gekommen, und sie hatten beide beschlossen, dass wir gleich am ersten Abend dort eine künstlerische Veranstaltung machen wollten. Der Plan änderte sich rasch, denn Bomben regneten ausgerechnet auf den Widok. Vielleicht war ich auch nach dem Abendessen mit ihnen dort. Um zu sehen, ob es sich noch eignete (wegen der Bomben nebenan), und vielleicht ging man gar nicht unter den Aleje dorthin, und das bringe ich jetzt nur durcheinander. Ja, so ist es, glaube ich.

Der Mond schien. Späte Nacht, nach Mitternacht. Es war warm. Vollmond. Beladen mit Koffern, Taschen (ich trug den Papiersack mit Zuckerwürfeln aus der Ciepła auf dem Rücken), schlossen wir uns diesmal ganz zielstrebig der Menge an, die diesen Weg nahm. Natürlich nicht dem langsamen und sehr großen Tross, sondern einem kleineren, schnelleren, einem, der Passierscheine hatte. Halina und Zocha schleiften Koffer, weil sie nicht auf eine bestimmte Menge an Wäsche verzichten wollten. Halina hatte ein schlechtes Gewissen, denn sie hatte beide Katzen oben gelassen. Wir hatten ihnen allerdings viel Essen bereitgestellt, und Wasser zum Trinken, und das Fenster geöffnet (wie mir jetzt einfällt), und uns beiden war nicht wohl dabei. Wir zogen im Trubel der trabenden Menge mit und hatten ganz seltsame und zerrissene Gefühle. Der Mond schien. Wir kamen an Höfen vorbei (mit Büsten von Chopin und Mickiewicz), diese Höfe dienen bis heute als Passage mit denselben Büsten zur Zierde. Irgendwann mussten wir unser Privileg (oder unsere Dreistigkeit) aufgeben und uns in die Menge fügen, die dort zog. Diese eine geballte, sich in gemeinsamem Chaos voranschiebende Masse. Die Lawine rollte und rollte. In ganzer Breite. Und so viele mussten noch hinter uns sein. Obwohl seit Tagen schon Mengen gingen. Wawa war auch gegangen. Bei einem Spaziergang sahen Swen und ich nämlich in der Menge ihren großen Hut mit Krempe, unter der Krempe violette Wimpern und unter dem Arm eine Handtasche.

Warum ging die Schlange so langsam? Hielt an? Stand? Vielleicht, um die durchzulassen, die echten Vorrang hatten? Vielleicht gab es ab und zu ein Hindernis an den Aleje. Oder scharfen Beschuss. Artillerie. Beispielsweise – von der Weichsel. Und vom Hauptbahnhof aus? Vielleicht waren Panzer aufgefahren, obwohl die Barrikaden zwischen BGK, der Nationalbank, (an der Ecke Nowy Świat) und der Marszałkowska keinen Panzer durchließen – das kam später. Am Anfang war es so schwer gewesen, diese Barrikaden zusammenzuschustern. Und diesen unterirdischen Durchgang anzulegen. Doch nach großen Anstrengungen gab es beides. Das größte Hindernis, das Langsamkeiten und Stillstand der Schlange verursachte – beziehungsweise beider Schlangen (denn sie kamen ja auch von hinter den Aleje hierher, vor die Aleje), war die Tatsache, dass es in beide Richtungen ging. Und dass ein Passierschein einmal für die Richtung hinter den Aleje galt und einmal für die Richtung von drüben zu uns. Wie üblich – Drängeln von dort nach hier und von hier nach dort. Obwohl die Hauptbewegung nach drüben ging. Die unterirdischen Gänge waren zu eng und zu gewunden, um zwei Richtungen zuzulassen. Einen Massenzusammenstoß im Lauf konnte man sich nicht leisten. Denn – daran möchte ich erinnern – das Laufen war ja die große Mode, immer und überall. Dabei spielte allerdings nicht die Mode eine Rolle, sondern Beschuss, Hektik und Fliegerangriffe. Na ja, und die Ungeduld. Zu guter Letzt.

Als wir uns also am Tor oder im Hof auf dem Widok der Menschenwoge angeschlossen hatten, blieben wir immer mal wieder stehen, dann schob sich die Menge als Phalanx ein Stück weiter.

Wieder blieben wir stehen. Erst als für unseren Strom der Punkt kam, an dem wir tatsächlich auf die andere Seite hinüberwechselten, kam alles in Bewegung. Wir gelangten in die Keller. In Gänge, die nicht kellerartig waren, sondern angelegte Gräben, also künstlich, beziehungsweise Eiltunnel für diesen Zweck. In den Gängen und Windungen war es sehr heiß. Und man sah, dass sie aus Erde waren, Erde mit Würzelchen.

Der Durchgang oder, besser gesagt, der Lauftunnel unter den Aleje Jerozolimskie selbst war noch schmaler. Flacher. Und ohne Decke. Natürlich. Die Barrikaden gaben ja Deckung. Ich kann mich noch an die linke Barrikade auf der Seite von Nowy Świat erinnern, genau oberhalb von uns. Jetzt wäre es völlig unmöglich gewesen, eine Barrikade zu errichten. Denn dafür hätte man ja oben arbeiten müssen. Und die Deutschen, die in der Nationalbank saßen, passten schon auf. Für einen gewissen Deckeneffekt waren Äste, Pfosten, Zweige (Kiefern) draufgeworfen, streckenweise, selten. Wie es gerade kam. Und wo. So viel, wie es irgendwie ging. Ein wenig geht mir das mit den Palisadenbefestigungen der Schützengräben durcheinander.

Dauernder Beschuss. Wohl normal. Nachts. Also nicht allzu bedrohlich. So kommt es mir vor.

Eins-zwei-drei – und schon sind wir hinter den Aleje. Wir rein in weitere solche Tunnel, die Windungen. Gänge. Einige sind allerdings aus Ziegeln. Vielleicht teilweise. Auch auf der anderen Seite der Aleje war es wohl heiß. Vielleicht von den Bränden.

Auf die Nowogrodzka strömten wir – im Mondschein –, mit der Menge zwischen Bracka und Krucza. In einer Parterrewohnung, hofseitig, in der Nowogrodzka wohnte ein alter Kollege von Vater, Mieczysław Michalski. Vater führte die ganze »Mondscheinkawalkade« (wie Halina das nannte) mit den in diesem Licht ganz hellen Bündeln zu Miecio. Wir überquerten die Fahrbahn. Traten durch ein Jugendstiltor. Und sogleich in den Hof des dreigeschossigen Hauses, zu einem mondbeschienenen Brunnen in der Mitte, umgeben von einem Staketenzaun. Denn da war wohl ein Gärtchen. Wir lehnten unsere Bündel und Rücken an den Zaun, alle in einer Reihe. Und warteten. Ziemlich müde. Und Vater ging sofort in einen Gang. Zu Miecio. Der nicht vorgewarnt war. Wir wussten übrigens gar nicht, ob er noch lebte, ob er überhaupt hier war.

Das Warten mit dem Rücken gegen den Zaun kann nicht lange gedauert haben. Doch für uns zog es sich in die Länge. Schon wenige Tage später. Zu einer langen schläfrigen Ungewissheit. Einer mondsüchtigen. Denn es war Vollmond.

Vater kam aus dem Gang gelaufen.

Miecio lebte. War hier. Also: Ist hier. Mit seiner Schwester. Sie haben ein Zimmer mit Küche. Laden uns ein. Wir lösen Rücken und Bündel vom Staketenzaun. Ganz weiß waren einige Rucksäcke. Auf jeden Fall der von Halina. Das weiß ich noch. Im Mond.

Begrüßung, Bewirtung, Verteilung, sofort fühlt man sich zu Hause, es gibt ein Nachtlager. Parterre – die halbe Rettung. Man kann sich irgendwie ausstrecken. Im Parterre rechnet man nicht mit Granaten. Es sei denn, es ist ein besonders böser Angriff. Auf diese Seite hier. Der Mond leuchtete. Also Ruhe. Seufzer der Erleichterung. Essen. Tisch. Wir sitzen. Reden. Waschen uns. Wir alle. Nacheinander. In Becken. In richtigem Wasser. Mit Seife. Und schlafen.

Ja, das war nicht vor der Nacht vom 6. auf den 7. September. Von Mittwoch auf Donnerstag. Damals wusste man nicht, welcher Wochentag war. Jetzt rechne ich das aus. Man kannte nur das Datum. Denn dieses Durcheinander, dieses Tohuwabohu, das war schon von Anfang an. Nicht später. Denn wie ich erfuhr, ist Powiśle am 6. September gefallen. Und all die Leute waren doch von unten, von der Tamka, Okólnik, Oboźna gelaufen gekommen und hatten geschrien:

»Powiśle ist gefallen!« – (damals endgültig).

Das ist der Beweis für das Datum.

Mit diesem einen Drittel des Bezirks Stadtmitte habe ich vielleicht übertrieben. Dass es in unseren Händen war. Doch Powiśle und das Ghetto, also das Niemandsland, fielen ja weg. Und man muss auch bedenken, dass die Stadtmitte nicht so viel Gelände einnahm wie jetzt.

Doch ich habe noch nicht ergänzt – und das ist wichtig für alle, die die Geschichte des Aufstands nicht kennen –, dass ein Teil von Mokotów, sowohl des oberen als auch des unteren, uns war. Uns gehörte auch das südliche Powiśle (das damals sogenannte, neben Czerniaków) und Żoliborz mit Marymont. Nur waren das isolierte Kessel.

Am Morgen Fliegerangriff. Hier unsere »neue« Stadtmitte. Eine Bombe irgendwo in der Nachbarschaft. Krachen. Und schon rieselt es auf uns nieder. Ruß. Vater war ganz voll. Denn er saß unter dem Ventilator. Voll mit Ruß aus dem Ventilator. Er sprang auf. Und stand da, schwarz und hilflos, mit leicht abgespreizten Armen. Da haben wir alle ein wenig lachen müssen. Was sollten wir machen. Man konnte nicht nicht lachen. Und gleich darauf haben wir ihn saubergemacht, gewaschen, gereinigt, vor allem Zocha. Wir uns selbst auch. Wir mussten. Richtig schrubben. Schon wieder.

Es war heiß. Nach dem Vollmond jetzt Vollsonne. Wie jeden Tag (ausnahmslos!). Aber – wie sah es nun aus, hinter den Aleje? In diesem Luxus? Auch diese letzte Zuflucht sollte wanken. Vorläufig jedoch herrschte Ruhe. Relativ natürlich. Mit Granaten. Manchmal auch Fliegerangriffe. Aber so sah Ruhe in diesen Zeiten damals aus.

Ich wusste schon, dass es jeden Augenblick mit dieser Ruhe vorbei sein konnte. Dass sie derzeit jene Stadtmitte bombardieren. Und sich bald an diesen meinen neuen Stadtteil machen würden.

Also zum vierten Mal das Gleiche. Und wieder würde man sich allmählich mit dem Tod abfinden müssen. Oder damit, dass man ein Arm oder ein Bein verlor. Dass einer von uns sterben könnte, daran dachte man nicht. Wir dachten immer, wenn, dann würden wir zusammen sterben.

Swen und Zbyszek gingen gleich zur Żurawia, um sich nach Danka zu erkundigen. Und Vater und ich, wir gingen, ich glaube, nur zu zweit, zur Wilcza 21, wo die engsten Freunde von Zocha, Vater und Halina wohnten. Zu Herrn und Frau Woj., Jadwiga und Stanisław. Um zu ihnen zu ziehen. Denn mit dieser Absicht waren wir auf diese Seite der Aleje gekommen. Außerdem kam es uns an der Wilcza glaube ich besser vor als hier an der Nowogrodzka. Eine Anti-Aleje-Einstellung? Drang nach Süden? Ein Drang! Ganz allgemein. In der Angst drängen alle Lebewesen irgendwohin, verstecken sich, drängen weiter.

Ich glaube noch vor der Wilcza gingen wir bei meinem Schulfreund Zdzisław Śliwerski vorbei. Ja, mein Schulfreund. Davon könnte ich einiges erzählen. Żurawia 6. Auf dem ersten Stock. Auf dem ersten Stock. Zdzisławs Vater öffnete uns. Sogleich erschien auch Frau Alfreda. Sie winkten uns einladend herein. Aber da war diese Furcht. Und dazu der erste Stock. Dieser Aufenthaltsort fiel also weg. Denn sie mussten jetzt selbst an ein Obdach denken. Wir redeten im Flur. Stehend. Dann noch lange in der Tür und auf der Treppe. Alle in heller Aufregung. Ich fragte nach Zdziś.

»Zdzich ist in der Emilii Plater«, sagte Herr Śliwerski. »Bei seiner Einheit.«

»In der Emilii Plater?« Ich war erstaunt, ich hatte nicht gedacht, dass dort auch unsere Leute waren. Sogar dort.

»Ja, in der Emilii Plater. Wollen Sie ihn dort aufsuchen?«

»Ja. Aber kommt man dorthin?«

»Ja, schon.« Er gab mir den Namen seiner Einheit. Es sollte an der Ecke Wspólna und Hoża sein. An einer Ecke jedenfalls.

Zuerst aber gingen wir – Vater und ich – in die Wilcza. An der Krucza entlang. Mitten auf der Krucza war gefährlich. Oder wir sind doch auf der Krucza gegangen. Kann man leicht vergessen. Denn überall waren Barrikaden. Hoch. Kompakt. Aus Gehsteigplatten. Also, selbst wenn wir auf der Straße gegangen sind, dann bestimmt nicht die ganze Zeit. Das ging dann Tor, Hof, Loch in Mauer, Eingangsflur. Wieder Loch. Keller. Hof.

Es war unglaublicher Betrieb. Die Menge der Menschen in diesem Teil des Bezirks Stadtmitte war inzwischen zu einer einzigen Masse geworden. Und es kamen immer weiter Leute. Und würden weiter kommen. In jedem Winkel wimmelte es.

Sicher war damals schon links entlang der Krucza (von den Aleje kommend) diese Hof- und Mauerlochroute angelegt. Bald darauf verlief die Route mehr unterirdisch. Und sie war, so wie andere mir aus dem Aufstand bekannte Tunnelrouten oder »Champs Elysées«, komisch, mit Leitungsrohren, Löchern, Verschlägen, Windungen, und es gab bald einen Spottvers über diese Pseudo-Krucza. Den lasen wir in der Zeitung. Laut. Und lachten. So wie in der Altstadt. Mit dem aufgedrehten Schrank. Der hier Kuh hieß. Und tatsächlich, wenn man es hörte – man brauchte nicht mal genau hinhören – denn es war ein lärmendes Wesen –, dann hatte es etwas vom Brüllen einer Kuh. (Als ich später im Kriegsmuseum in Warschau Minenwerfer bzw. Schränke bzw. Kühe betrachtete, war ich erstaunt. Besonders die Geschosse. Die

Dreier- oder Sechsergeschosse. Sie sahen aus wie Milchkannen. Also etwas, das mit Kühen zu tun hatte.) Hier – hinter den Aleje – sah ich Häuser, die von den Kühen aus dem Boden gerissen worden waren, schmale Häuser, aber immerhin manchmal vier Stockwerke hoch. Und wenn ich sagte, ach, die Kühe, die seien doch nicht schlimm, dann sagten die anderen:

»Die kriegen schon was hin, allerdings!« Und das kriegten sie.

Das Gleiche galt für die unterschätzte Artillerie. Insbesondere die großen Mörser, die ich mit etwas Solidem assoziierte, aus Metall, vielleicht Messing, und mörserhaft im Sinne von Mörser fürs Stampfen von Pfeffer und Zimt.

Auch da sagten die Leute:

»Na, wirst schon sehen …«

Und ich darauf:

»Aber bis in die Keller werden sie doch nicht einschlagen.«

Und die anderen darauf:

»Haha! Nicht bis in die Keller durchschlagen? Und ob die einschlagen!«

Und auch das stimmte.

Ich habe schon davon geredet, wie sich das Gehör schärfte. Für das, was die Front war. Was in einem anderen Stadtteil war. Was hinter den Aleje. Was zwei Straßen weiter. Was für ein Kaliber. Nach Gehör. Halina und ich hatten unsere eigenen Bezeichnungen. Für das, was gerade los war. Was flog. Die einen Geschosse miauten so seltsam. Wir sagten:

»Aha, Katzen!«

Am schlimmsten waren die Bertas. Das waren – soweit ich mich erinnere – Dreivierteltonner. Eine Dreivierteltonne, das ist nicht schlecht. Allerdings waren das Bomben von einer Dreivierteltonne, und die kamen nicht von oben, sondern von der Seite. Ich stellte fest, dass das tatsächlich von Bedeutung ist. Also, die vom Himmel, die flogen schräg, im Winkel. Und die von der Seite auch im Winkel. Der Unterschied ist nicht so groß. Trotzdem, ein Unterschied ist da. Ich beharre auf meiner Ansicht. Es geht mir ja nur um die Zahlen in den Kellern.

Frau Jadwiga war im Luftschutzraum. Denn alle waren schon ins Parterre hinuntergegangen. Oder auch in den Luftschutzraum. Frau Jadwiga sagte, sie seien schon unten, und zu uns sagte sie:

»Kommt nur, gerne, aber sicher, kommt mit, es ist allerdings der Keller. Gleich kommt auch Stasio.«

Herr Stanisław hatte Dienst. Er bewachte das Dach. Mit anderen. Er kam gleich darauf herunter. Oder bald.

»Wir liegen auf dem Dach, passen auf, sobald was ist, sind wir bereit mit nassen Lappen.«

Gegen Feuer.

Herr Stanisław kam auf die Idee, dass wir im Parterre bleiben sollten. Sie hatten eine Nachbarin, alleinstehend, älter, die Frau Rybkowska. Im Parterre hatte sie zwei Zimmer mit Küche. Sie selbst saß im Luftschutzraum. Seit langem schon. Sie hatte große Angst.

»Klar, erledigen wir gleich!« Und weg war er.

»In Ordnung, erledigt, sie ist einverstanden, kommt. Kommt nur!«

Das Haus Wilcza 21 hatte fünf Stockwerke. Und einen abgesenkten Hof. In so einem Haus war es nicht das Übelste, im Parterre zu sein. Außerdem sollte es ja auch eine Wohnung sein. Für uns. Und Luftschutzraum war Luftschutzraum.

Noch etwas zur Höhe der Häuser. Hier, im Südteil des

Bezirks Stadtmitte. Hier war es nämlich am besten. In dieser Hinsicht. Das war der höchste Stadtteil in Warschau. Häuser mit fünf, sechs, sieben hohen Stockwerken. Und noch mehr. Oft solide gebaut. Schmale Straßen. Also dicht. Überhaupt war die südliche Stadtmitte der größte Aufstandsbezirk. In Länge und Breite. Nein, da übertreibe ich. Und es ist nicht gerechtfertigt, diese beiden Stadtmitten getrennt zu betrachten. Sie waren ja verbunden.

In Stadtmitte – überhaupt in dem ganzen Bezirk – gab es etwas Bezeichnendes. Das waren die öffentlichen Arbeitseinsätze. Dabei handelte es sich nicht um Razzien, sondern – je nach Notwendigkeit – eher um ein Anhalten von Fußgängern, denen halb bittend, halb befehlend gesagt wurde, was zu tun war. Jeweils für zwei, drei Stunden. Das machten alle gern. Bei solchen Dingen lehnte man sowieso nicht ab. Obwohl es nie gut ist, für alle zu sprechen. Doch in dieser Zeit damals wurde fast alles gemacht. Und da schrecklich viele Leute da waren, wahrscheinlich etwa zweihunderttausend, wurde ich nie gefragt. Und ich streifte so für mich herum.

Noch eine Sache. In Stadtmitte gab es eine hervorragende Vermischung von Zivilisten und Aufständischen. Es gab viele mit Armbinden nur zum Schein. Verschiedene Halbaufständler. Zwischenstadien. Vorlieben für kleinen Handel hier und da. Überhaupt alles Mögliche.

Frau Jadwiga hatte uns gleich gesagt, dass sie am Anfang für die Soldaten massenweise Wäsche, Schirmmützen und anderes Uniformliches genäht hatte.

Wir kehrten mit guten Nachrichten in die Nowogrodzka zurück. Swen kam auch mit einer guten Nachricht. Sie hatten Danka in der Żurawia angetroffen. Bei Herrn und Frau Szu. Bei ihnen hatte sie ein Zimmer gemietet. Diese waren allerdings lieber im Keller. Statt im zweiten Stockwerk, wo sie wohnten (ich glaube, es war das zweite). Und Danka kommt immer mal wieder dorthin, aber sie ist Kurierin bei der AK. Sie sitzt also im Keller, sendet und empfängt. Ganz in der Nähe übrigens. Wohl auch in der Żurawia. Zbyszek war gleich bei ihr geblieben. Er sollte sich melden. Oder – sie sollten ihn nehmen. Falls Waffen da waren. Die gabs wohl. Eroberte. Und auch von den Abwürfen. Nicht so viele, wie nötig waren. Aber es wurde so langsam ansehnlich. Der Waffenvorrat. Es waren wohl auch viele Leute hier. Für alle, die fielen, meldeten sich neue. Denn die Front war schräg gegenüber jenseits des Flusses. Ich erinnere daran: Wir hatten Mokotów, Czerniaków, Żoliborz. Nach dem Fall von Praga, nach Ochota, Powązki und Wola war der Stand, was das Gebiet betraf, nicht schlecht. Aber wir wollen auch nicht übertreiben: Schon nach einer Woche sah es nicht so gut aus.

Zurück zur Handlung unserer Geschichte, Swen »wohnte« auch schon praktisch bei Familie Szu. Beziehungsweise im Keller. Er blieb noch kurz bei uns in der Nowogrodzka. Wir aßen noch etwas dort, tranken vielleicht auch. Aber wahrscheinlich doch nicht. In der Chmielna haben wir Wein getrunken. Nach dem Kanal. Denn es war Wein da. Eine Berta oder Bombe kriegten wir noch mit. Und wieder wurde Vater ganz überschüttet. Diesmal hellblau. Nebenan war der Lagerraum einer Apotheke. Oder Drogerie. Da war die Bombe eingeschlagen. Ins Waschblau. Und das landete wieder auf ihm. Wieder Gelächter. Säubern. Waschen. Ich erinnere mich auch noch an die tägliche Suppe. Und ich fand, glaube ich, ein Haar darin. Ihres. In der Suppe. Aber vielleicht verwechsle ich es auch mit einer, die Miecios Schwester ähnlich sah, ein anderes Mal, auch in einer Gefahrensituation. Auch in der Suppe.

Also, auf in die Wilcza! Swen in die Żurawia. Und so begann eine neue Phase. Topographisch-wohnungsmäßig betrachtet.

Das Erste, was wir machten – in der Wilcza, bei Frau Rybkowska –, war, dass wir einen Herd bauten. Diesmal einen soliden. Aus etlichen Ziegeln. Mit Lehm zusammengefügt. Und einem Rost in der Mitte. Und einem Aschebehälter. Zocha machte sich daran, etwas zu kochen. Ich weiß nicht mehr, ob der Herd uns nicht gleich zusammenfiel, bevor der Lehm noch trocken war, und wir mussten ihn neu bauen? Frau Rybkowska hatte mehr Angst als Neugier. Wir lernten sie erst am zweiten oder dritten Tag kennen.

Schlaf bekamen wir viel dort. Denn wir hatten viel Platz. Vor den Fenstern war eine Art Verschlag für etwas. Neben dem Verschlag ein Fass mit Wasser. Für den Brandfall. Auf der linken Seite das Tor. Rechts eine Mauer mit Loch. Zur Krucza, Nummer 7. Dort gab es nämlich eine Latrine und Wasser. Die Mauer war grau: katzenfarben. Das ganze Wohnhaus hatte diese Farbe. Noch etwas: gegenüber, ein wenig nach links, in die Ecke gequetscht, stand das Häuschen von Frau Trafna. Frau Trafna, das hat mir Zocha später gesagt, war Jüdin. Ich weiß nicht, ob die beiden sich vorher schon kannten oder nicht. Frau Trafna und Zocha. Wir freundeten uns an. Schnell. Wie das damals so war.

In der ersten oder zweiten Nacht hatte ich Wachdienst. Auf unserem Hof. Wilcza 21. Es war noch jemand dabei. Herr Stanisław war auch lange da. Rauchte Zigaretten. Und Vater war da. Sie standen herum. Redeten. Ich auch. Wir standen auf den Wülsten und Senken und Brettern der Gräben. Nachts hat man ein Gespür für das Gelände, ohne dass die Sicht in die Quere kommt. Der Mond schien. Abnehmend. Schon zum zweiten Mal. Die Nächte klar. Zumindest ohne Brände in der Nähe. Es war sehr warm. Die ganze Nacht. Ich trug nur offene Schuhe, ohne Socken (woher auch Socken! ein Luxus), Hose und Hemd. Hell. Vielleicht vom Mond.

Am zweiten Tag kam Swen. Wir saßen mit Halina zusammen. Zu dritt. Im Vorderzimmer mit dem Sofa. Am Fenster, gegenüber der Wassertonne. Vielleicht spielten wir etwas. Vielleicht habe ich gelesen. Vielleicht Swen auch. Fast bestimmt habe ich etwas geschrieben. Aber daran kann ich mich weniger gut erinnern. Jedenfalls scheint es mir so. Obwohl doch nicht. Dort erst habe ich das Stück über den Luftschutzkeller geschrieben. Immer noch auf dem Papier aus dem Schränkchen von Podwale Ecke Kapitulna.

Vielleicht hat da eine Kuh gebrüllt. Sie krachte los. Wohl in der Nähe. Denn als die zweite losbrüllte, da rannten wir schon, so wie wir waren, nicht ganz angezogen, irgendwie ohne Schuhe und (dann doch) in Socken, die Treppe hinunter. Die war gleich nebenan. Wir rannten – das ist untertrieben. Eine Treppengeländerkurve – und dann in fliegender Hocke! Und schon waren wir im Keller. Wie damals in der Rybaki.

Swen nahm mich mit zu sich. Um mir zu zeigen, wo er wohnt. Danach sind wir wohl zu Zbyszek. Zbyszek war schon aufgenommen. In den KB, denn im AK hatten sie keinen Platz mehr. Es war in der Nähe. An einer Straße zwischen Żurawia und Hoża. Oder vielleicht Wilcza? Von der Krucza zum Drei-Kreuze-Platz. Wir gingen ins Parterre. Vom Tor aus. In einen Raum, der war vollgestopft mit Aufständischen. Und auf dem Sofa saß, mitten in der Menge, Zbyszek mit ausgestreckten Beinen und schon in einer Art Uniform.

»Vorläufig sitzen wir nur und warten, weil wir keine Waffen haben«, sagte er.

Irgendwo in der Żurawia, nicht weit von Swens Wohnort, gingen wir in einen Keller. In einem Verschlag für Kohle oder Kartoffeln, zwischen Wänden aus Apparaturen, die aussahen wie ein offenes Radio von hinten, saß Danka auf einem Stuhl. Sie trug Kopfhörer. Und mit beiden Händen gleichzeitig schaltete sie in rasendem Tempo einzelne Knöpfe und Schalter ein und aus. Und redete dabei. In Code. Ungefähr so:

»Bu-wa! Bu-wa! Sechs! an ma-ha-ta! hier ma-ha-ta! hallo, hallo, wir senden! en-ka – achtzehn! hallo!« Dann kamen auch längere Serien im Code, die aber immer wieder unterbrochen wurden, aus irgendeinem Grund.

Und so weiter. Dauernd. Rasend schnell. Nur einmal, nach längerem Warten (unsererseits) neigte sie sich ein wenig in unsere Richtung. Etwa: »Hallo, wie gehts?« Und dann wieder dasselbe. Sie konnte sich nicht losreißen. Wie auch? Aber wir langweilten uns nicht. Überhaupt nicht! Wir waren das erste Mal bei einem solchen Funkvorgang.

Bei einer Sitzung in der Żurawia oder auch oben, noch bei den Szu.s, die im Übrigen im Keller oder auf dem Hof waren, hörte man, daran erinnere ich mich, aus den Parterrefenstern an der Ecke viele Leute, es ging gesellig zu, Besteck klapperte. Ich bin bis heute sicher, dass jemand Namenstag feierte. Das heißt, sicher bin ich mir natürlich nicht. Aber es kam mir so vor. Kommt mir heute noch so vor. Auch, dass es seltsam war. Umso stärker dieser Eindruck. Es war Nachmittag. Sonne. Hitze. Staub. Auf dem Hof ging es zu. Was? Alles Mögliche. Durcheinander. Geschäftigkeit. Dieser Namenstag hat mich verwundert und bedrückt. Sogar geärgert. Es ging nicht um diese Sorglosigkeit. Sondern ein untrügliches Zeichen für etwas Schlimmes. Das näher kam.

Denn es kam näher, immer näher.

Die Wohnung an der Wilcza war wunderbar, doch wir hatten schon einen Platz im Luftschutzraum. Und dort übernachteten wir dann auch. Einmal nur haben Halina und ich die Nacht versessen oder sitzend verschlafen, auf dem grünen Plüschsofa. Denn das stand nah an der Tür zur Treppe. Und da blieben wir sitzen. Denn ich sehnte mich nach dem Luxus, Platz zu haben. Nur noch einmal Platz. Und Halina blieb zur Gesellschaft da. Und auch deshalb, weil sie sich mit dem Übernachten im Keller noch nicht angefreundet hatte. Sie hatte einen dunklen Mantel an (ja – einen Wintermantel hatte sie an, um ihn bei sich zu haben). Mit aschgrauem Pelzbesatz. An den Ärmeln. Und am Kragen. Sie schmiegte sich an diesen Pelz wie an ihre Katzen.

Im Luftschutzraum hatten wir Bettzeug. Etwas Federbettiges. Das von innen aufgeplustert war. Und außen rot. Wie viele Federbetten hatten wir? Zwei? Denn wir hatten etwas zum Zudecken. Auf was wir schliefen, das weiß ich nicht mehr. Schemel? Bänke? Von allem ein wenig, glaube ich. Und wir konnten uns kuscheln. In die Federbetten. Federbetten, Federkissen gab es viele in unseren Kellern und Kellerchen. Sie leuchteten. Diese Karmesinrots. Zinnoberrots. Etwa im elektrischen Licht? Ich glaube nicht. Karbidlampen! Kerzen! Es wimmelte von Leuten. In allen Ecken. Im Parterre schalteten und walteten wir allein. Doch auch nur zu bestimmten Zeiten. Und am Tag. Und Frau Trafna in ihrem Häuschen. Ich glaube allerdings, Frau Trafna war ganz in den Keller übergesiedelt. Was auch gut war. Denn bald erwischte es unseren Hof. Mehr als einmal schwere Kaliber. Und zwar hartnäckig. Granaten. Katzen (die wir so nannten). Kühe. Bertas. Mittlere Mörser (Schluss mit dem Zimt!). Wohl etwas von oben. Denn das Haus zerfiel langsam von oben. Immer wieder ein bisschen, auf Raten. Zuerst wurde es demoliert. Dann nahm es ab. Vielleicht fing es auch Feuer. Bestimmt. Aber sie konnten es immer löschen. Herr Stanisław rannte schnell hin und her (und er war groß). Er passte auf. Feuchte Lappen auf den Dachblechen. Er lag sogar flach auf dem Bauch, den Kopf nach unten, bis über die Regenrinne. Hab ich ihn mir so ausgemalt? Ausgedacht? Frau Jadwiga rief ungehalten im Keller: »Geh nicht! Stasiu! Geh nicht!« Und wenn er ging, dann war sie verzweifelt. Und er ging alle paar Augenblicke, daran war sie nicht so gewöhnt und, ja, eben verzweifelt. Sie war Modistin. Also Fachkollegin von Stacha und Zocha. Staś und sie hatten erst fünfzehn Jahre zusammengelebt, ohne zu heiraten, sie fürchteten diese Legalitäten, die Entromantisierung. Irgendwann in großer Angst nahmen sie ihren Mut zusammen. Hochzeit. Und wieder vergingen fünfzehn Jahre. Verehelicht. Nichts ging schief. Und so lebten sie später in Jelenia Góra zusammen bis zum Schluss.

Frau Jadwiga wollte gerne ihr Bett in unserer Nähe aufschlagen. In unserem Verschlag. Denn wir bildeten eine Familie. Die beiden, Stacha, Zocha, Halina, Vater und ich. Frau Trafna nebenan. Andere Frauen, Männer, Kinder. Ganze Herden. Hinter dem rechten Eingang ging es weiter. Links, im ehemaligen Keller, waren die ursprünglichen Inbeschlagnehmer der Plätze.

Und Frau Rybkowska. Mit Brille, gelegentlich schaute sie bei uns im Parterre vorbei. In ihrer Wohnung. Also bei uns. Sehr selten. Aber sie hatte das Bedürfnis nachzusehen. Einmal kam sie nachsehen, ob wir nicht zufällig die Gläser in der Kredenz zerbrochen hatten. Dann wieder war sie ärgerlich, weil wir die Kredenz verschoben hatten. Sie stand schief, ich weiß nicht warum. Das war bei ihr so. Aber ihr ging es um ein Bild, ein wundertätiges, von der Muttergottes von

Tschenstochau, das hing hinter der Kredenz. So ein ganz gewöhnliches Bild. Hinter Glas, voller Staub. Ganz verblasst. Sie rückte die Kredenz ganz alleine ab und trat in den Spalt. Sie saß oft mit uns im Parterre herum, beim Kochen des Mittagessens oder dem Aufbau des Herds, denn dauernd brachten Kühe oder Mörser ihn zum Einsturz. Auch Herr Stanisław saß oft bei uns. (Zocha konnte es sich nicht verbeißen, bei Frau Jadwigas dauerndem »Stasiu, Stasiu, geh nicht!« Gesichter zu ziehen. Schließlich kam es zu bissigen Bemerkungen deshalb. Von beiden Seiten. Kleine Beleidigtheit, die schnell vorüberging. Die Zeiten waren derlei nicht förderlich. Dann hatten sie sich wieder gern. Und siezten sich weiter. Erst nach dem Krieg haben sie sich geduzt. Aber nach dem Krieg haben sie sich ernstlich verzankt. Von Danzig bis Jelenia Góra. Bis sie einander verziehen haben. Das war, als Stasio starb.)

Und wenn Frau Rybkowska sich zu sehr mit der Kredenz, dem Bild, den Gläsern aufhält und anfängt, alles nachzuprüfen, sagen Herr Stanisław und wir zusammen:

»Oh, Flieger!«

»Ja?«, fragt Frau Rybkowska.

»Ja«, sagen wir.

Und sie flieht in den Luftschutzkeller. Sie hat uns geglaubt. Warum auch nicht. Einmal saßen wir auf dem Sofa (Zocha kochte), und ein Geschoss schlug in die Tonne mit Wasser. Aus der Tonne schoss seitlich ein Strahl wie ein Springbrunnen. Dann schlug es hier und dort ein. Später beschossen sie das Häuschen von Frau Trafna. Einmal. Zweimal. Trockener Kalk fiel herunter, Mauerstücke, Schilf. Auch vom Mietshaus rieselte es. Der Putz flog. Fensterrahmen. Blech. Die Dächer waren damals noch aus Zink. Vorwiegend. Frau Trafnas Häuschen wurde immer kleiner.

Sie war noch im Luftschutzkeller mit uns, aber eher irgendwo in der Nähe der Tür, denn irgendwas war mit der Tür, Durchzug … oder ein Streit? Ich glaube ja … Es war auch noch eine Frau de la Soundso da. Anscheinend Französin. Oder nur die Frau von einem Franzosen. Jedenfalls Witwe. Sie wohnte im vierten Stock. Glaube ich. Einmal gab es Streit. Im ganzen Hof. Ein Haufen Männer. Blockleiter. Halbblockleiter. Viertel-AKler. Die setzten der in die Ecke gedrängten, verschreckten Frau de la Soundso in ihrem abgetragenen Mantel zu, weil sie sie gerade erwischt hatten, wie sie im vierten Stock einen Haufen machte. Vor der eigenen Tür.

Na ja, so war das. Auch das ging vorüber. Die Latrine war auf dem Nachbargrundstück, Krucza 7. Ich weiß jetzt nicht mehr, ob man zuerst noch (ganz zuerst ging man natürlich durch ein Loch in der Mauer) durch einen zweiten Hof ging. Ja, stimmt. So ging man zum Wasserholen. Und dann in den ersten Hof. Von der Krucza aus. Von vorne. Oder ob man gleich durch das Loch in diesen langen riesigen Hof kam mit einer riesigen Mulde in der Mitte. Ein richtiges Tal, das dort mit Schaufeln ausgehoben war. Aus nackter Erde. Und dort, mitten in der Mulde in einem noch größeren Loch war die Pumpe. Dort standen immer Leute an. Manchmal eine lange Schlange. In drei Schleifen. So, dass sie die ganze Mulde füllte. Dafür war sie ja auch da. Nachmittags war der Andrang am größten. So gegen Abend. Wenn man schon auf die baldige Dunkelheit hoffte. Denn dann war es, als gingen die Flieger schlafen.

Und die Latrine? Die Latrine war jedenfalls rechts von dem Loch. Am Ende des Hofes. Welcher auch immer es war. Seitlich. In der Ecke. Und wegen dieser Enge war dort nur Platz für eine Art Sitzbrett. Mit Kuhle. Für die Haufen. Und ein Pfad. Über den man dorthin ging. Wenn man sich auf das Sitzbrett über der Kuhle setzte, hatte man – praktisch direkt vor der Nase – einen Schuppen mit etwas. Und darüber etwas, das in die Höhe ging. Das war wohl die Seitenmauer des Hinterhauses. Ohne Fenster. Und im Rücken, also im A..., hatte man eine riesige Mauer über soundsoviele Stockwerke. Auch blind. Über sich hatte man einen kleinen Ausschnitt (schmal und lang) Himmel. Über den die Geschosse flogen. Ich wollte schon sagen: Geschöpfe. Aber nur diese Art. Künstliche. Die lebendigen waren in den Kellern. Bei uns war eine Frau, die hatte einen Hund. Welche Rasse? Klein und fett. Herr Stanisław sagte, auf diesem Hund (vielleicht eine Hündin?) könne man ein Glas Wasser abstellen. Und zu der Frau mit dem Hund oder der Hündin sagte er:

»Ich rate Ihnen, geben Sie gut Acht auf den Hund.« Denn angeblich, oder sogar bestimmt, wurden damals auch Hunde gegessen. Und Katzen.

Im Luftschutzkeller, nicht diesem, aber nebenan, in der Nummer 23 (einer riesigen Mietskaserne mit sechs Stockwerken, diesen alten, im Jugendstil, wir beneideten sie um die Kleinschen Gewölbedecken) –, nebenan also hatten wir einen Radiosender. Der war in einem der Kartoffelverschläge. Hinter Brettern. Aber mit Ritzen. Ich sage »wir hatten«, weil wir doch immer dorthin rannten. Um Radio zu hören.

»– Biep – biep – biiiiiep! – Bi Bi Si ...« Soundso oft am Tag Nachrichten. Wir standen vor diesen Brettern. Legten die Ohren an die Ritzen. Und rannten einfach von uns aus dorthin. Aus unserer Höhle. In unseren Luftschutzraum. Durch andere Luftschutzkeller. Gänge. Löcher. Durchbrüche. Irgendwo in die Tiefe dieser Luftschutzkeller. Unter dem

Haus Nummer 23. Also, Rennen durch Keller. Wie überall. Unabhängig von den überirdischen Durchgängen.

In diesen ersten und sogar allerersten Tagen in der Wilcza gab es, daran erinnere ich mich, am Sonntagmorgen einen Gottesdienst. Eine Frau stellte dafür ihre Wohnung zur Verfügung. Im Parterre. Im rechten Winkel zu unserer. Also vom Eingangstor aus gesehen links. Mit Fenstern zum Hof natürlich. Sie hatte sogar einen Teppich und Palmen bereitgestellt. Oder vielleicht eine Palme. Und das andere war ein Drachenbaum? Irgendwas war da. Was Kirchliches. Dem Anschein nach. Nach der Messe war Beichte. Kollektivbeichte. Denn es waren viele Leute da. Mit der Bedingung – die laut gesprochen wurde –, dass man zur Einzelbeichte gehen würde, wenn man das alles überlebte.

Der Sonntag fiel auf den 10. September. Das war der zweite Sonntag in der Stadtmitte, und der erste bewusste, den wir hinter den Aleje begingen. Genauer gesagt, von dem wir wussten, dass es ein Sonntag war. Danach war es bis zum Ende, bis Mitte Oktober, so, dass niemand mehr überhaupt die Tage auseinanderhielt. Vor kurzem habe ich ausgerechnet, auf welchen Tag der erste Oktober fiel, denn das war ein bedeutungsvolles Datum. Vor kurzem – also nach zwanzig Jahren. Ein Sonntag – wie ich erstaunt zum ersten Mal erfuhr. Es war ein Sonntag.

Ihr erinnert euch, 6. August in der Chłodna. (»Vielleicht wird der Herr Jesus uns auch etwas verklären.«) Sonntagsbewusstsein. 15. August – Rybaki – der Feiertag – Weichselwunder – aber sie kommen nicht. 3. September – ein Sonntag wie an jenem Böllertag 1939. Dieselben Daten, dieselben Wochentage. Das Sofa. Chmielna. Und jetzt der vierte. Wissentliche. Feierliche. Jetzt. Und das – ist alles.

In diesen allerersten Tagen schon verlief die Route entlang der Krucza unterirdisch. Auf der Krucza selbst, zwischen Wspólna und Hoża, lag ein blutiger Damenschuh (mit einem Stück Fuß darin). Von da an wurden die Leute vorsichtiger. Nur ein Abschnitt – der von unserer Wilcza bis zur Hoża – stand jetzt im Ruf, sicherer zu sein. Dort waren nun die Leute unterwegs. Sie waren auch zwischen Wilcza und Piękna unterwegs, also schon von unserer Ecke bis ans Ende der Krucza. Ab Mittag. Bis hin zum Platz an der Kreuzung Piękna – Krucza – Mokotowska. Quer über den Platz, gegenüber der Einmündung der Krucza und längs der ganzen Südseite der Piękna verlief eine Barrikade. Lang. Solide. Aus diesen mit irgendetwas gefüllten Säcken und Beuteln. Und aus Gehsteigplatten. Aber die Barrikade war nicht hoch. Man musste laufen. Und sich dabei ducken. Und auf die Krucza achten, wenn man zu dem kleinen Platz ging. Denn dort begann der Beschuss von der Marszałkowska und dem Erlöserplatz. Die Häuser standen trutzig. Und die Türme.

Aber die Leute rannten. Viele. Mengen. In der Krucza und in der Mokotowska waren viele Quartiere. Für Aufständische und Zivilisten. Deshalb rannten Zivilisten und Aufständische über die Krucza. Und Mischlinge. Die Krucza war zweifellos die Hauptstraße der südlichen Stadtmitte. Auch schon deshalb, weil sie noch aussah wie eine Straße. Und es gab Verkehr. Trotz einzelner Trümmer. Und Barrikaden. Und obwohl es nur ein bestimmtes Stück war. Aber das reichte. Um sie zur Königin zu machen. Sie wurde eine Art Ersatz-Aleje für die ganze Stadtmitte. Auf der Krucza konnte man alles Mögliche erledigen. Auf der Krucza trafen sich Leute mit ihren Freunden und Familien. Mit den Ankömmlingen aus den einzelnen Bezirken. Mit denen, für die dieser Bezirk schon der dritte oder vierte war. Im Zuge des Aufstands. Man konnte hier auch Leute treffen, die man zehn Jahre nicht gesehen hatte. Plötzlich. So wie es mir geschah. Mir auch. Ich traf Franio Graf Ż. Aus der Schulzeit. Nach soundsovielen Jahren. Später noch jemanden.

Auf der Krucza trafen wir Roman Ż. In der Uniform der AK. »Atos«. Den, der damals, am 31. Juli, in die Chłodna gekommen war, als es gleichzeitig ein Gewitter und einen Fliegerangriff gab. Um sich zu verabschieden. Von meiner Mutter. Und mir. Er kannte auch Halina. Ich glaube, auch Vater und Zocha. Ist auch nicht wichtig. Er kam uns gleich besuchen. Einmal und dann wieder. Zocha bewirtete ihn. Mit frisch gekochter Suppe. Ein ganzer Teller voll. Roman macht sich ans Essen. Und da kommt eine Kuh:

Hu-u! u-u! u-u!

– und der Putz flockt von der Decke. Direkt in die Suppe. Roman schöpft mit dem Löffel ab, soweit es geht. Die kleineren Stückchen Decke isst er mit. Beim zweiten Mal war es, glaube ich, genauso. Und da fiel auch der Herd auseinander. Was uns nicht bekümmerte. Denn wir richteten ihn sofort wieder her. Jeden Tag kam was von der Decke gebröckelt. In Scheiben. Scheibchen. Und in die Suppe. Und auf den Kopf. Und da war einiges, das fallen konnte, denn auch wenn es von außen ziemlich übel aussah, es war innen doch ein Jugendstilhaus. Oder vielmehr dieser Warschauer Klassizismus fünften oder sechsten Grades. Mit Stuck. Rosetten. Girlanden. Mindestens an den Gesimsen.

Randale in der südlichen Stadtmitte. In diesem letzten Zufluchtsort, unserem Rettungsanker. Es fing ganz schnell an. Nachdem wir die Wohnung in der Wilcza gemietet hatten (umsonst – Geld war nicht in Umlauf. Damals!). Im Parterre. Eins-zwei. Denn es gab ja den Luftschutzkeller. Fast sofort. Und nach ein paar Nächten dachten wir trotzdem an die Nummer 23, nebenan. Unseres hatte diese fünf Stockwerke obendrauf. Schon etwas geschrumpft. Angefressen. Außerdem zeigte sich, dass es in schlechtem Zustand war. Von Anfang an hatte es nicht allzu stark ausgesehen. Nicht gerade festungsmäßig. Der graue Putz bröckelte – und wie. Weißgelblich. Ausgetrocknet. Furztrocken. Die Balken. Die Lättchen. Und Kalk, wie ich es nannte: Etwas mit der Decke. Die Trägerbalken, wie sich herausstellte. Da sind wir gegangen. Geschlossen. Von unter dem Haus Nummer 21 (wortwörtlich unter, denn wir bewegten uns unterirdisch). Um Nummer 23 zu begutachten. Im Hinblick auf einen Umzug. Die Mieter von Nummer 23 kannten uns. Wir wussten, dass sie einverstanden waren. Und auch wenn sie uns nicht gekannt hätten, wäre es genauso gewesen. Es gab auch noch ein bisschen Platz. Also unternahmen wir eine Besichtigung. Ich erinnere mich noch. Wie wir nacheinander das Kleinsche Gewölbe lobten, und die anderen pflichteten bei, tasteten es ab. Alle möglichen Leute, ältere Frauen. Jeder wusste das zu schätzen. Man verstand sich darauf. Strich mit der Hand über den »Klein«. Dieser Klein[23], einfach ein gewisser Herr Klein, ein Jude, ein Deutscher, hatte da eine gute Erfindung hingekriegt. Und zwar gerade zur rechten Zeit. So hatte man schon zu Zeiten von Prus und von Proust in der alten Stadtmitte etliche solcher Häuser gebaut.

Offensichtlich krachten die Bomben, denn wir brauchten nicht lange. Wir packten unsere »Siebensachen«, unsere Bündel, und hui!, nichts wie unter den Klein! Wäre nicht dieser Klein gewesen, also dieses Tonnengewölbe aus Ziegeln mit den schimmernden Eisenträgern. Dann hätte sich dieser Keller von dem anderen kaum unterschieden. Wir fanden einen Gemeinschaftsplatz für uns. Mit einem Eingang ein Stück weiter weg. Und einem Ausgang von den vorhergehenden

Kellern aus. Und wieder Federbetten. Bänke. Taschen. Familien. Herumsitzen.

Praktisch die ganze Wilcza 21 war umgezogen.

Es flogen die Bomben. Die Geschosse. Solche großen. Dabei saßen wir sogar im Mittelgang, so weit wie möglich von den Öffnungen nach draußen entfernt. An dem Gang links war ein Kellerverschlag hinter dem anderen. Jeder mit einer kleinen Tür. Die aber offen standen. Im nächsten Räumchen saß die Familie Wi. Herr Wi., ein Ingenieur, und Frau Wi., seine Frau. Sie saßen auf Säcken. Mit irgendwas drin. Den ganzen Tag. Das brachten sie fertig. Sie sah der Gioconda ähnlich. Und ihr Hals, ihre Stimme und Art zu reden waren wie die einer Turteltaube. So nannte Halina sie auch. Sie hatten zwei kleine Kinder. Die Kinder rannten mit anderen kleinen Kindern herum. Sie spielten:

»Du kommst mir mit der Tasche entgegen, und wir treffen uns.«

Sie gehen auseinander. Mit Taschen. Treffen sich:

»Guten Tag, liebe Frau.«

»Guten Tag.«

»Ist ihr Haus apgeprannt?«

»Ja, ganz apgeprannt« – mit einer wegwerfenden Handbewegung. »Und Ihr Haus?«

»Auch apgeprannt …«

Sie spielten auch Panzer. Frau Józia kümmerte sich um die beiden Kleinen der Wi.s. Sie war Lehrerin. Sobald es krachte, hielt sie sich mit den Fingern die Ohren zu. Und da es oft krachte, stand oder saß sie mit den Fingern in die Ohren gedrückt. Aber wenn sie sich mit den Kindern beschäftigte und mit ihnen oder den Wi.s oder überhaupt mit Leuten redete, dann nahm sie die Finger von den Ohren. Danach hielt sie sie sich schnell wieder zu. Und fragte:

»Waas?« – Ja, sie nahm die Gesten einer Tauben an. Oder einer Taubstummen. Einmal musste die kleine Ewa (ja, Ewa hieß sie, daran erinnere ich mich plötzlich wieder) einen Haufen machen. Ein Nachttopf ist da. Frau Józia setzt Ewa auf den Nachttopf. Im Gang. Frau Wi. im Kellerabteilswohnzimmer sitzt auf den Säcken. Und ruft:

»Genau in die Mitte! Genau in die Mitte!«

Also setzt Frau Józia Ewa zurecht. Sie hält sich die Ohren zu. Denn es wird geschossen. Und Ewa bekommt auch Angst:

»Tanti, gib mir die Hand!« Frau Józia hält Ewa, die auf dem Nachttopf sitzt, an der Hand. Und mit der anderen Hand hält sie sich das andere Ohr zu. Auf dem einen hört sie. Na ja – auch das ist gut.

Stimmt. Sie hatten noch ihre Mutter aus der Bracka dabei. Und Jadzia, ein junges Mädchen, eine Art Hilfe. Aber sie saßen lieber hier. Denn damals war jede Familie groß, und diese Kellerchen so klein. Durch die Gänge hallten die Explosionen. Die Erschütterungen. Und Gesänge.

»Unter deinem Schutz und Schirm …
Heiii-li-ge …«

Nebenan waren sie schon weiter:

Oh Muuutter,
oh Muuuhutter
oh Muuutter u-hun-ser –
Trö-ste-rin-du-uun-seeer …

Wir hatten den Klein über uns. Gute Mauern. Ein bisschen Eisen. Und diese sechs Stockwerke. Mit Mansarde. Mit Erkern. Gauben, Gehängen. Sechs Stockwerke. Plus ein Kuppeldach. Plus Parterre. Acht Etagen. Und nur sieben zum Zerbomben. Denn die achte – das waren wir. Durch sieben würde eine Bombe nicht durchschlagen können. Es gab Ausnahmen. Manchmal. Aber man verließ sich auf die Norm. Aber was, wenn die Bombe mehr von der Seite kommt und nicht ins Dach trifft, sondern in das Stockwerk darunter? Dann sind es nur sechs. Auch dann sollte es nicht passieren. Dass es durchschlägt. Aber was, wenn sie ins vierte Stockwerk einschlägt? Auch das kam vor. In diesen großen Mietshäusern. Vom Gebäude der PKO mal ganz zu schweigen. Dann blieben noch fünf. Nur bei diesem soliden Bau … dem Klein. Und wenn eine Kuh auf einmal vom dritten Stock alles bis nach unten aufreißt? Oder ins Parterre einschlägt und etwas raussprengt? Aus dem Keller? Eine dumme Kuh? Oder eine Berta? In anderen Worten das, was man irgendwie weniger in Betracht zieht? Es reicht ja, wenn es einen der Verschläge trifft. Und dabei einen von uns tötet. Die Familie. Oder einen allein. Oder nebenan. Man dachte ja an die eigenen Leute. An die nebenan, an die dahinter schon etwas weniger, aber dennoch. An die noch weiter Entfernten, aber noch an dieser Adresse – noch weniger, aber doch immerhin noch ein bisschen. Und an das Nebenhaus? Oder das gegenüber? Es geht ja nicht um die Anteilnahme. Aber wer würde uns ausgraben, wenn wir verschüttet wären? – Die da. – Und wer sie? – Wir. – Also? – Und was war mit denen, die ganz weit entfernt waren? Das waren sonderbare Berechnungen. Die jeder machte. An jeder Stelle. Den Möglichkeiten entsprechend. Und wie viele von denen, die solche Berechnungen anstellten, sind umgekommen? Na, wie viele? Das wusste niemand. Aber ein entsetzlich hoher Anteil. Die Verletzten, Geretteten, Ausgegrabenen rechne ich nicht mal mit. Je mehr wir waren, desto besser. Scheinbar. Denn so verteilt sich die Möglichkeit der sogenannten Unfälle (der Krieg ist doch schließlich eine Ansammlung unglücklicher Zufälle, und ein Aufstand ist eine Explosion solcher Ansammlungen) auf mehr Leute. Also müssten dann weniger Menschen umkommen. Aber im Grunde – was ist der Unterschied? Ob wir zu dreihundert im Keller sind oder zu fünfhundert? Wenn wir unter den Trümmern begraben werden? Und erdrückt? Im Ghetto waren schrecklich viele Menschen. Nicht fünfhundert. Nicht fünftausend. Nicht fünzigtausend. Sondern fünfhunderttausend. Und fast alle sind vernichtet worden. Fast alle von denen, die nicht geflohen sind. Der Tod war das Prinzip. Die größte Möglichkeit. Fast die einzige. Fast hundert Prozent. Doch für viele gab es kein »fast«. Das ist auch ein Fehler der Statistik. Außerdem war es ja so: Wenn jetzt Bomben fallen, heißt das, dass jemand umkommt. Bei jedem solchen Geräusch, das man hört, schlägt es irgendwo ein. Oder sagen wir – nicht von jedem einzelnen. Es gibt ja auch Blindgänger. Oder Danebengänger. Oder solche, die die Fahrbahn trafen. Oder ein Stück Rasen. Oder die mitten in einen Hof fielen. Außerdem – wenn etwas getroffen wurde, dann konnte es einstürzen, aber es schlug nicht bis in den Keller durch. Dann konnte es unverletzte Verschüttete geben. Die mussten allerdings ausgegraben werden. Was auch ein Risiko ist. Denn wie wollte man Trümmer wie die unserer Wilcza 23 beiseitewälzen? Wer würde das schaffen? Und wie viele Leute? Und womit? Und wie lange? In der Zeit könnte man ersticken. Oder so. Und der Wassermangel? Und die ganze Zeit weitere Fliegerangriffe und Hindernisse. Jetzt weiter: Wenn nur ein Teil verschüttet ist und schnell ausgegraben werden kann und nur ein Teil umgekommen ist, und dem Rest im Allgemeinen nichts passiert ist – diesmal jedenfalls nicht –, dann ist das dem Anschein nach kein schlechter Durchschnitt. Für sich gesehen. In diesen Zeiten. Aber ist das in Ordnung, wenn überhaupt jemand umkommt? Selbst wenn es nur zehn sind? Und wird es bei einem zweiten Mal nicht für alle das Ende sein? Der Zufall kann sich auch umkehren. Vielleicht mehrere Bomben auf dieselbe Stelle. Außerdem – alles hängt von der Menge der Bomben ab. Und man wusste ja, dass es immer große Mengen waren. Und auf einem Bereich, der nicht so riesig war. Sicher, er war groß. Wir haben ja noch Mokotów. Den anderen Teil der Stadtmitte. Żoliborz. Czerniaków. Na ja, aber dort sind auch Häuser. Und unter den Häusern Menschen. Von den Aufständischen in Aktion gar nicht zu reden. Die haben schlechtere Deckung. Oder gar keine. Je mehr von uns weg sind, desto schlimmer. Denn so sind wir schwächer. Und vom Gesichtspunkt der Statistik aus ist es auch schlechter. Denn jetzt kann die gleiche Anzahl Bomben auf weniger Menschen fallen. Oder noch mehr. Und andere Waffen? Zufälle? Einstürze von Häusern? Sind wohl schon vorgekommen. Und Deportationen ins Lager?

Und dann noch die Zerstörung der Deckung. Wenn dieses Haus einstürzt, wenn weniger davon da ist, dann sind unsere Chancen schlechter. Und dann. Kann es noch weiter schrumpfen. Und es wird noch schlimmer. Wo sonst soll man hin? Wo? Überall wird es weniger. Und die Menschenmengen. Ja, sie kommen um. Das stimmt. Aber die Häuser kommen auch um.

Oder die Brände. Denn die gibt es. Ein Brand für sich ist nichts. Im Vergleich mit den Bomben. Vor einem Feuer kann man weglaufen. Die Leute sitzen im Keller, bis das Feuer schon im Parterre ist. Die Nachbarn rufen:

»Kommt raus! Das Parterre brennt schon!«

Dann kommen sie raus.

Aber dann verliert man die Deckung. Und die Deckung? Je besser sie ist, desto mehr Möglichkeiten, dass sie bleibt. Sollte man meinen. Aber wenn ein sogenannter tödlicher Zufall eintritt, dann verkehrt sich alles Gute in Schlechtes.

Immer im Kreis. Das geht. Rechnen. Denken. Beobachten. Fliehen.

Swen kam nicht. Eines Tages. Nichts Verwunderliches. Und Roman Ż. Er hatte sich verabredet. Und kam auch nicht. Vielleicht war was dazwischengekommen? Eine Aktion? Und dann diese Fliegerangriffe … Aber am zweiten Tag kommen sie auch nicht. Wir warten. Sie werden schon kommen … Obwohl es uns zu denken gegeben hat.

Wir sitzen unrasiert da. Wir waschen uns nicht. Nur manchmal. Meistens aus der Flasche. Ein bisschen. Mal hier, mal da. Von richtigem Waschen von oben bis unten kann keine Rede sein. Das Wasser ist knapp. Angeblich gibt es aber welches. In dieser Mulde abseits der Krucza. Aber das ist eine große Fläche. Und die wird beschossen. Doch ganz ohne Wasser? Alle müssen warten, bis es dämmert. Im Dämmer allerdings werden die Granaten, Mörser, Kühe, Bertas rasend. Draußen haben die Waffen andere Bedeutung. Da zählen nicht nur die Bomben. Sondern auch all die anderen. Und zwar sehr. Trotzdem gehen die Leute Wasser holen. An diesem Tag geht auch Vater. Er nimmt den Kübel. Die Armbinde übergestreift. Nachmittag. Der Rest: Zocha, Stacha, Halina. Herr Stanisław, Frau Trafna – wir bleiben. Familie Wi. sitzt auch geschlossen da. Vater bleibt lange aus. Es wird geschossen. In der Nähe. Auch weiter entfernt. Aber eher hier irgendwo. Na, macht nichts. Wir wissen ja, dass dort eine Riesenschlange ansteht. Denn es kommen Leute zurück. Einige. Mit Eimern. Mit Wasser. Und sie reden davon. Wie viele Leute da sind. Eine Stunde. Zwei. Plötzlich Krachen. Nebenan. Hat es jetzt uns getroffen? Ist jemand raus, um nachzusehen? Oder reingekommen? Ja. Viele sind angerannt gekommen. Ohne Wasser. Verschreckt. Weil es eingeschlagen hat. Einmal. Oder mehrmals. Denn es war wohl eine Bombe. In der Nähe. Und Geschosse. Eins direkt auf den Brunnen. Einige sind wohl umgekommen. Jawohl. Der Brunnen ist zerstört. Die Wasserzufuhr abgeschnitten. Das ist Pech. Aber die Menschen … Und Vater? Zocha-Zula und ich springen auf. Rennen. Durchs Loch. Zu dieser Riesenmulde in dem großen Hof. Es wird wohl gleich dunkel. Oder dunkelt schon. Eine Art Schlachtfeld ist da. Verletzte. Getötete. Manche haben sie schon weggebracht. Vater ist nicht da. Er ist verschwunden. Wir gehen zurück. Er ist nicht da. Wo ist er? Warum ist er nicht da? Wo sollen wir ihn suchen? Seine Spur? Für den Fall, dass. Wir schlafen nicht. Zocha und ich. Überhaupt keiner. In unserer Familie. Und wir warten. Er wird doch kommen. Und wenn nicht? Am Morgen gleich müssen wir durch die Lazarette. Als Erstes. Aber er wird doch kommen … Ach ja. Es ist Nacht … Schon so spät. Und er ist nicht da. Schließlich, ich glaube gegen Morgen oder am Morgen, als wir alle schon sicher sind, dass ihm etwas zugestoßen ist, kommt er zurück. Mit dem Kübel wohl. Gesund, unversehrt. Mit Armbinde. Nichts passiert. Eine Bombe. Hat eingeschlagen. Den Brunnen zerstört. Menschen? Ja, ein Teil. Ein paar. Aber im Großen und Ganzen konnten sie weglaufen. Vater war auch weggelaufen. Er ist zur Szopena gerannt. Wohl um Wasser zu holen. Gleich dahinter ist der kleine Platz mit der Barrikade quer darüber. Dort in der Nähe ist ein Kollege. Den wir kannten. Alle. Ein ewiger Soldat. So ein jovialer. Herr Kowalski. Vater bekam Lust. Vorbeizuschauen. Mit dem Kübel. Er geht rein. Auf den ersten Stock. Denn dieses Quartier hat ein Obergeschoss. Die eine Seite der Szopena war nämlich polnisch, die andere deutsch. Hier wird also nicht bombardiert. Damit man nicht die eigenen Leute trifft. Das Quartier ist bei einem Ingenieur. Mit Tochter. Schon erwachsen. Die Fenster stehen offen. Schönes Wetter. Zum Teufel, was solls! Sie spielen Karten. Wahrscheinlich Bridge. Denn so haben sie zu viert dagesessen: Vater direkt an der Wand, mit dem Rücken dazu, zwischen zwei Fenstern. Kowalski Vater gegenüber. Die Tochter vor dem einen Fenster. Vor dem anderen der Ingenieur. Sie spielen. Eine Granate. Sowjetisch. Damit hatten sie nicht gerechnet. Mit der Front. Splitter fliegen. Durchs eine Fenster. Und durchs andere. Vater und Kowalski passiert nichts. Der Ingenieur ist verletzt. Doch nicht so schlimm. Aber die Tochter. Die ganze Seite ihres Körpers ist aufgerissen. Sie rennen und holen eine Trage. Bringen sie herbei. Legen die Tochter darauf. Verbinden sie. Tragen sie wohl irgendwohin.

»Der Tochter ist es schlimm ergangen«, sagt Vater bis heute. »Diese Seite, oh … ganz aufgerissen … Leber verletzt … sonst … noch was … ich weiß nicht … Schlimm war das, mein Gott.«

Am nächsten Tag kommt Swen herübergelaufen.

»Eine Bombe hat uns getroffen. Unser Hinterhaus. Ist bis in den Keller durchgeschlagen. Das halbe Haus ist weg.«

»Vier Stockwerke, und sie ist bis unten durch?«

»Aber jaaa. Ich stand in dem Teil. Genau dem, der dann eingestürzt ist. Im letzten Augenblick hab ichs geschafft, nicht bloß selbst in den Teil zu rennen, der erhalten geblieben ist, ich hab auch die ganze Familie noch rüberschubsen können. Die sind mir dankbar …«

Das war Swens Reflex. Und die Erfahrung aus der Altstadt.

Dass man zwischen dem Einschlagen der Bombe und dem Einsturz noch viel Zeit hat zu handeln.

»Die Leichen liegen noch immer auf dem Hof. Komm, sieh selbst.«

Wir rannten los. Das halbe Haus war weg. Auf dem Hof lagen Leintücher. Oder vielmehr – etwas unter Leintüchern. Einen Teil hatten sie wohl schon begraben. Der Hof. Das Haus. Das alles sah grauenhaft aus. Zerschlagen. Wer weiß von was. Die Fenster Löcher ohne Rahmen. Hitze in der Luft. Und wie nach einem Vulkanausbruch. Etwas Graues. Dauernd. Das in der Luft hing.

Am dritten Tag meldete sich Roman. Mit ganz verbundenem Kopf.

»Eine Berta hat mich umgehauen, an der Mokotowska, im Quartier, auf dem sechsten Stock. Der Rest war unten. Zu zweit waren wir geblieben. Auf einmal diese Berta. Und schon liegen wir unter Ziegeln begraben. Auf mich ist die Tür gestürzt. Und auf die Tür Ziegel. Ein Stück Wand. Ein Spalt zum Luftholen war noch da. Ich höre Leute. Vorbeigehen. Ich rufe. Sie haben mich gehört. Kommen reingerannt. Graben. Die haben mich ausgegraben.«

Der Brunnen war eingestürzt. Nebenan. Man ging und suchte andernorts Wasser. Deshalb rannten wir wohl über die Hoża. Hier von der Krucza aus zur Skorupka (heute Sadowa), bis ganz an die Marszałkowska. Fast. Plötzlich Trümmer. Frische. Zerbombt. Bis in den Keller. Das Kino »Urania«, bis zum Krieg »Mewa«. (Hier hatte es 42-43 eine Revue gegeben, polnisch, mit den besten Sängern. Im Warschau der Jahre 42-43 wimmelte es von Revuen.) Als wir hinauskamen, führten sie gerade etliche Deutsche aus dieser »Mewa«-Revue-Urania ab. Noch voller Putz und Mörtel. Sie trugen ihre grünen Überzieher. Offen. Ziemlich zerfetzt. Kriegsgefangene. Zum Tausch. Sie hatten unter dem Mietshaus gesessen, in dem das »Urania«, ehemals »Mewa« war. Da hatte es eingeschlagen. Eine Bombe. Oder mehrere Bomben. Mit Durchschlägen in den Keller. Wer nicht umgekommen war, wurde ausgegraben. Jetzt brachten sie die Unverletzten weg. Einfach an einen anderen Ort. Wir kamen an ihnen vorbei. Überhaupt kamen wir an Mengen von Menschen vorbei. Die rannten. Die einen aus zerbombten Häusern, die anderen zu Hilfe, wieder andere um Wasser, oder im Dienst. Eher verwundert. Und jene blickten uns und die Häuser und das alles voll Angst an. Dazu hatten sie auch allen Grund. Sie hatten uns das ja vorher alles angetan. Sie wollten es. Vielleicht nicht alles. Und jetzt waren es ihre eigenen Bomben. Dieses Paradox. Aber nicht zum Lachen.

Ich bin verwirrt wegen dieser zwei Monde. Einmal am 26. August in der Miodowa, auf diesem Fries. Dann um den 6. September in der Nowogrodzka. Dazwischen also dreizehn Tage. Vielleicht ist es möglich, wenn man es als zwei Phasen sieht. Doch an der Nowogrodzka hatte es auf jeden Fall etwas von Vollmond. Und das war ganz bestimmt der Mond. Aber in der Miodowa konnte es nicht gut der Mond gewesen sein. Das konnte einem nur zeitweise so vorkommen. Oder die Erinnerung hatte es in der Zwischenzeit in den Mond verwandelt. Doch es war ganz bestimmt der Widerschein der Feuer. Wo sollte da der Mond herkommen?

Und was war mit der Front? Der sowjetischen – wie man damals sagte. (Die Sowjets oder einfach die Russen, manchmal die Bolschewiken. Doch während des Aufstands eher selten Bolschewiken, weil sich das bei uns traditionell nicht so gut anhörte. Und außerdem Russkis oder Iwans. Namen aus der Zeit vor dem Ersten Weltkrieg. Doch damals benutzte man Ausdrücke mit diesem negativen Beiklang lieber nicht. In der Not geh zum Jud, wie es bei uns heißt.)

Vom 9. auf den 10. September also gab es den ersten Fliegerangriff auf die deutschen Stadtteile. Leuchtraketen wurden abgefeuert, die schaukelten und lange alles so hell erleuchteten, dass man eine Nadel hätte am Boden finden können; doch was am meisten schwankte – mal länger, mal kürzer –, waren die Schatten der Grashalme. Ich erinnere mich an die Explosionen. Und das Blitzen. Das alles in unserer Nähe. Es ging auf die Koszykowa nieder, die Szucha, Aleje Róż, Szopena und Bagatela. Vor Freude rannten wir hinaus auf die Straße. Dann, ein paar Nächte später, kamen die nächsten Angriffe. In der Nacht vom 13. auf den 14. September hörte man zum ersten Mal einen Kukuruznik. Einen sowjetischen. Den Doppeldecker. Bekannt für seine Wendigkeit. Er schnurrte. Turr-turr-turr. Wir nannten ihn Schnurrer. Er flog ganz leise. Im Dunkeln. Ganz tief. Für die Deutschen war er schwer zu erwischen. Sie haben keinen einzigen abgeschossen. Und er brachte was. Warf Waffen ab. Lebensmittel. Ohne Fallschirme. Es plumpste auf, aus keiner großen Höhe: Plumps – ein Sack mit Zwieback, oder: Plumps! – ein Sack mit Waffen.

Es hieß, die Waffen seien kaputt. Ich weiß es nicht. Von den Abwürfen der anderen Alliierten hieß es, die meisten landeten bei den Deutschen.

In der nächsten Nacht wieder ein Schnurrer. Er flog und flog. Wie ein Johanniskäferchen. Turr-turr-turr-turr … Ziemlich im Kreis. Kehrte zurück. Wurde leiser. Dann schnurrte es wieder: turr-turr … Als hätte er sich geirrt. Hätte sein Ziel verpasst. Wie diese Insekten. Die wissen, was sie tun. Dafür zündeten die Aufständischen dann Feuer an. Und warteten. Dem Schnurrer wurde das Kreisen auf diese Weise erleichtert.

Bewegte sich also die Front? Offensichtlich ja. So hieß es im Radio. Und in den Zeitungen. Sie bewegte sich. Das hieß, sie kam näher. Auf uns zu.

Bis es passierte.

Am 15. September.

In der Hitze.

Am Nachmittag. Um vier. Vielleicht. Oder um fünf.

Da fing es an.

Plötzlich.

Alles auf einmal.

Und ging gleich weiter. Auf die gleiche Art.

Man hörte aus alledem die Katjuschas heraus, die sogenannten Stalinorgeln. Das heißt – eine Serie, grölend – und die heizten ein! Und den ganzen Rest. Aber ich glaube, ich beschreibe das nicht gut. Denn ein einziges Krachen begann mit riesiger Wucht. So, als stoße der Himmel auf die Erde. Oder – und so habe ich es damals wohl empfunden – als berste er in Stücke (und es schien geradezu verwunderlich, dass er noch da oben hing). So ging es weiter. Und weiter. Dasselbe. Ohne Veränderung.

Ich wusste nicht, dass es ein so lautes Krachen geben konnte.

Dabei kannten wir ja einiges … Na ja … trotzdem.

Das war einer der größten Angriffe. Von der östlichen Front. In diesem Krieg. So viel war jetzt gleichzeitig im Einsatz. Bomben. Andere Artillerie. Waffen. Und Stalinorgeln. (Die Antwort auf die Kuh-Schränke.) Das Echo kam gar nicht mehr mit. Wir rannten alle hinaus. Egal, wo man gerade war. Sofort. In Mengen. Strömten sie aus den Kellern. Immer höher wollten die Leute stehen. Auf Brettern. Auf Erdhaufen. Auf Trümmern. Als könnte das beim Gucken helfen. Man sah sowieso nur Himmel. Doch es kam einem so vor, als wäre man auf einem Stück Trümmer oder einem Erdwall mit Brettern und Gehsteigplatten allem näher. Zumindest würde man mehr hören. Mittendrin sein. Genau. »Egal wie«. Es war eine Überraschung, eine große. Trotz der Zeichen, die es vorher am Himmel gegeben hatte und vom Himmel an die Erde. Die Deutschen musste es noch mehr überraschen als uns. Trotz allem. Denn wir hatten es ja gewollt. Wenn es bloß deshalb gewesen wäre.

Was sich dort drüben ereignete – in Praga –, ließ sich kaum vorstellen. Die vertrauten Stellen, Straßen, Parks, in denen sich jetzt Dantesche Szenen abspielten. Die Front musste ja durch sämtliche Häuser, Gräben, Grünanlagen verlaufen. (Es sei denn, man stieß plötzlich auf eine Leere. Wie jemand in Schlesien 45, aber das lag an der Betrunkenheit einer gewissen Gruppe, die schlief.) Und sie spielten sich ab, solche Szenen. Angeblich war genau im Skaryszewski-Park eine der schlimmsten Einkesselungen. Sooft ich auch später, nach dem Krieg, durch diesen vertrauten Park ging, jedes Mal stellte ich mir – insbesondere neben diesem gemauerten Abort, der so von Kugeln, Granaten, Geschosssplittern zernarbt war – vor, wie bedeutend dieser banale Ort damals war, dass sich dort Geschichte abgespielt hatte und dass für manchen dieses Toilettenhäuschen die letzte Zuflucht war oder das Letzte, was er im Leben sah. Ein zweiter Kessel war wohl am Ansatz der Eisenbahnbrücke auf der Seite von Praga, an dieser Brücke, die von der Zitadelle her kam. Dort hatten sich viele Deutsche zusammengerottet. Zur Verteidigung des Brückenkopfes. Die Russen griffen sie an. Fliegerangriff. Die Deutschen, an die Weichsel gedrängt, nachdem der Angriff sie vom festen Boden vertrieben hatte, stürzten sich auf die Pontons. Trieben. Aufs Wasser. Doch nichts half. Sie wurden abgemurkst. Wir – lauschende Beobachter – schauten einander an. Dann schrien wir einander zu, was wir zu sagen hatten. Außerdem – das weiß ich noch – überliefen mich Schauer von den Ohren bis in den Magen und zurück. Ich hätte nie zuvor angenommen, dass solch ein Krachen in mir eine solche Freude bewirken konnte.

Der Angriff musste entsetzlich heftig sein. Das spürte man. Bei gleichbleibender Angespanntheit der Schlacht. Zwei, vielleicht drei Stunden lang. Nicht länger. Denn wir standen die ganze Zeit in äußerster Anspannung. Und plötzlich verstummte alles. Alles war vorbei. Die Sonne schien noch. Nur Praga – war erobert. Das war wahrhaftig der erste glückliche Tag. Ohne einen Schatten von Bedrücktheit. Die Hoffnung begann. Und, ehrlich gesagt, auch die Gewissheit. Vom Ende unseres Elends. Der Bomben. Der Deutschen.

Diese Gewissheit wurde nach ein paar Tagen schwächer. Ich weiß nicht mehr, ob bei der Führung zum Zeitpunkt des Czerniakówer Brückenkopfes Gewissheit geherrscht hatte. Und in den Zeitungen schrieben sie, wie wir uns beim Einmarsch der Sowjetarmee verhalten sollten. Na ja, wie soll man das nennen. Es war eine Unterweisung. Man sollte nicht jubeln. Und auch kein Missfallen zeigen. Aber eher etwas wie Gleichgültigkeit. Ich erinnere mich an zwei Worte, ich weiß nicht mehr wo, vielleicht war es eins von den rechten Blättern: »… Schweigen bewahren.« »Einfach Schweigen bewahren.« Das hat uns erstaunt. Wir zuckten mit den Schultern. Ein Kontakt war doch hergestellt. Bei uns waren sowjetische Beobachter mit Fallschirmen abgesprungen. In den Stadtteilen. Sie sollten ihren Leuten Hinweise auf die Ausrichtung der Artillerie geben. Es gab Versuche, sich zu verständigen. und Bitten um Hilfe. Im Radio hörten wir von Mikołajczyk[24]. Er reise nach Moskau. Mit dem Flugzeug. Ungeduldig wartete ich darauf, dass er endlich in dieses Flugzeug stieg. Dass er endlich losflog. Bestimmt brauchte er lange, um sich für die Reise zurechtzumachen. Mein Gott! Welche Naivität! Und wozu das alles, wo doch sowieso nichts dabei herauskam.

Die Versuche einer Einigung hier – vor Ort – über die Weichsel hinweg – waren auch nur Versuche. Das war spürbar. Und man wusste es auch irgendwie. Ich habe aber jetzt nicht vor, weiter solche längst geklärten Dinge wieder aufzuwirbeln. Das sage ich gleich. Denn es ist nötig. Das englische Radio ärgerte uns auch manches Mal. Obwohl wir dauernd durch die gewundenen Korridore zu diesen Ritzen rannten – um mitzuhören. Also, erstens ärgerte es uns, weil sie zu viele Nebensächlichkeiten in ihre Programme für uns einflochten. »Alles Gute zu Jüdisch Neujahr«. »Mit dem Rauch der Feuer«[25]. Und eine neue, eigentlich aber ganz alte Hymne, aus den Zeiten der Konföderation von Bar[26]:

Zu den Waffen,
Jesus Maria, zu den Waffen ...

Halina und ich dachten damals, es sei eine ganz neue Hymne, und sie gefiel uns sehr. Zweitens jedoch ärgerten wir uns auch aus Neid. Dass diese andere Front vorwärtskam. Dass Paris sich erhob. Vier Tage. Und schon war Paris frei. So hatten wir es uns ungefähr vorgestellt, bevor unser Aufstand ausbrach. Und dann Holland – immer mehr befreite Städte. Was sich bei mir so festgesetzt hat, ist Arnhem. Wie ein Splitter.

Am 18. September, mitten am helllichten Tag, kam plötzlich eine Masse amerikanischer Flugzeuge an. Der ganze Himmel war in Bewegung. Vor lauter bunter Fallschirme. Sie waren wirklich farbig. Verschiedenfarbig. Sie brauchten lange, um unten anzukommen. Jedenfalls für unsere kurze Geduldsspanne. Etwas hing an den Fallschirmen. Wir warteten – was würde es sein? Es waren Waffen, Verbandszeug und Bücher. Das war nicht gleich klar. Denn nicht alle Fallschirme landeten bei uns. An diesem Tag gab es wohl leichten Wind. Mir kommt es sogar so vor, als sei das Wetter an dem Tag nicht so heiß gewesen. Die Fallschirme trieben also irgendwohin ab. Fast schon, fast schon kam es uns so vor, als würden sie bei uns landen. Aber nein, es geschah nicht. Bald sah es auch nicht mal mehr danach aus. Denn die meisten waren auf der deutschen Seite gelandet.

Nach diesem Spaß verdarb die Laune allgemein. Denn die Front agierte wirklich. Das heißt, sie schossen. Nachts kreiste der Schnurrer. Und wir wollten einfach erobert werden. Doch irgendwie lief es nicht

Etwas fing an, das von Bedeutung für uns war. Wenn wir bombardiert wurden, war es oft so, dass die anderen die Deutschen einfach verjagten. Mit ihren Fliegern. Doch hier waren die Deutschen jetzt stärker. Denn diejenigen, die es aus Praga an unser Ufer hier verschlagen hatte, wurden jetzt in Anti-Aufstandsaktionen eingesetzt. Die Artillerie raste. Der Panzerzug schoss und schoss. Von den Umgehungsgleisen. Von Westen. Ja, und die Angriffe auf die Divisionen der Aufständischen. Es war nicht klar, ob die Front am Sächsischen Garten halten würde. Und die im Westen von Stadtmitte. Was mich sowieso verwunderte, war, dass sich nach der Hölle an der Chłodna und Wronia die Front von Ceglana bis Łucka ausgerechnet auf der Wronia hielt.

Sogleich nach dem Verlust von Praga griffen die Deutschen hier alles an, was noch nicht in ihrer Hand war. Von der Weichsel aus. Sielce fiel. Vom 15. auf den 16. Und am 16. fiel Marymont. Das haben wir wahrscheinlich damals in der

Zeitung gelesen. Aber ich habe es vergessen. Und nicht nur ich. Wie hatte Marymont überhaupt eineinhalb Monate durchhalten können? Ein Haufen Häuser auf einem Abhang aus Sand? Mit einer Seite an Żoliborz geklemmt. Bielany war damals eigenständig. Viel weiter weg und klein. Żoliborz auch noch viel kleiner. Es hatte nicht so viele Straßen. Eher eine Blockbebauung. Es war also schwierig, dort durch die Straßen zu rennen. Wenige Ecken und Winkel. Die Blocks nicht allzu hoch. Höhere Blocks standen nur am Invalidenplatz und am Wilson-Platz (heute Platz der Pariser Kommune). Es gab ein paar schmalere Straßen. Dicht bebaut, in der Nähe der Kubuś-Puchatka-Straße[27]. Wie hatte Żoliborz sich halten können? Und doch, es hatte sich gehalten. Ich weiß wenig davon. Aber ich kann mich erinnern, wie die ausgebrannte Mickiewicz-Straße aussah. Und das völlig zerbombte Zentrum. Wilson-Platz. Krasiński-Straße. Und die Rückseiten davon. Da, wo das Gelände abfällt. Unterdessen machten sich die Deutschen ans südliche Powiśle. Also das ehemalige obere Czerniaków. Was sich dort tat, weiß ich von Teik, der schon Wola überlebt hatte. Danach die Altstadt. Und danach das. Überlebt – das ist untertrieben. Die ließen sich ja von den Dächern fallen. Solche wie Teik. Sie hatten die Münzanstalt verteidigt (im August). Und versucht, eine Verbindung zu Żoliborz herzustellen. Durch Muranów. Żoliborz kam zu spät. Die Deutschen hatten etwas bemerkt. Und griffen an. Teik und seine Kollegen führten im Depot die Abwehr. Am Danziger Bahnhof. Ich weiß nicht, wie viele von ihnen lebend da rausgekommen sind. Irgendwann fand Teik sich in der Toilette wieder. Nicht umsonst war mir der Skaryszewski-Abort im Gedächtnis geblieben. Ich weiß von mehreren tragischen Situationen in Zusammenhang mit Toiletten. Zygmuś M. erzählte mir (schon im Sanatorium), wie er 39 als Soldat während des Angriffs der Deutschen in ein hölzernes Klohäuschen sprang. Und wie dieses Klohäuschen dann eine Maschinengewehrsalve abbekam. Und Zygmuś meinte, das sei das Ende. Ich selbst bin 43 während eines sowjetischen Fliegerangriffs in der Nacht in mein sogenanntes Außenklo an der Chłodna gerannt. Hinter mir her ein Kerl. Die sowjetischen Flugzeuge zielten auf die Gleise des ehemaligen »Siberien«[28]. Nicht weit von uns entfernt. Die Bomben fielen mit einem dumpfen Poltern. So, als schlage jemand auf ein Blech. Und sie gingen etwas daneben. Denn sie kamen von sehr hoch oben. Irgendwann wackelte das Häuschen. Und wir dachten schon, von hier gehts ins Grab. Die Bombe hatte die Ecke von Żelazna und Chłodna getroffen. Doch zurück zu Teik. Er ist also im Klo des Depots in Muranów. Mit einem Kollegen. Auf einmal liegen beide am Boden. Eine Zeitlang bewusstlos. Danach merken sie – sie können sich nicht bewegen. Denn die Tür und ein Teil der Mauer waren auf sie gestürzt. Dann wollen sie sich irgendwie verständigen. Doch sie können nichts hören. Sie buddeln sich also raus. Sortieren sich. Und reden unterdessen in Zeichensprache. Es wird Zeit, sich davonzumachen. Sie rein in die Halle. Die Deutschen sind baff. Sie werfen ihre Granaten und hauen ab. Teik überlegt in aller Hast: Die zwei Granaten nehmen – und was dann? Und nichts wie weg. Er hat gut entschieden. Denn er lebt.

Teik war auch in Solec. Solec, das ferne Ende davon, war eigenartig. Kopfsteinpflaster. Ich wusste nicht, dass Solec sich so weit hinzog. Als ich klein war, bin ich mal bis dorthin gegangen. Dort waren Mietshäuser, Leute, Frauen. Und weil schönes Wetter war, Frühling, war ganz viel Himmel da und Wasser. Wo war das noch, wo war das noch? Ich weiß es nicht mehr. Ach, aber die Leute. Auweia. Die haben was abbekommen. Und dann auch noch die Landung.

»Heute Nacht ist die sowjetische Armee (so wurde sie glaube ich genannt) auf dem Kopf der Czerniaków-Brücke gelandet.«

Ich war an dem Morgen damals selbst an den Radioritzen. Bei dieser Nachricht rannte ich sofort zu meinen Leuten. Durch die Gänge. Um die Ecken. Hüpfend. Was war das für eine Freude! Also endlich doch! Bis es auf einmal an meinen Kopf kracht. Schmerz. Blut. Nichts Schlimmes. Beim Hüpfen hatte ich mich vergessen. Was die Niedrigkeit der Decke anging. Mit den Kleinschen Streben. Und an so ein Ding – aus Eisen – war ich mit der Stirn geschlagen. Mit Schwarz-vor-den-Augen. Später hatte ich jahrelang eine Narbe an dieser Stelle.

Also, die Landung. Die von Żoliborz (an der Krasiński-Straße), von der wir damals wohl kaum etwas wussten. Sie misslang. Immer weiter kamen Leute um. Der Rest – Rückzug. Ein Teil ging mit ihnen. Von uns wohl. Ein Teil von unseren Leuten von unten und ein Teil von ihren Leuten wohl, die schlugen sich durch nach oben. Ins Obere Mokotów. Und nach ein paar Dutzend Stunden der zweiten Hoffnung auf Gewissheit zusammen mit dem Gerücht (vielleicht auch wahr):

»Die Russen sollen in der Książęca sein!«

Was hieß: da blieb nur noch der Drei-Kreuze-Platz und die Żurawia. Wie viel? Ein Kilometer. Und dann – kamen wir. Aber nein. Später. Nach dieser Hoffnung also: Radio. Ich höre:

»Heute um … Uhr … die Kościuszko-Abteilung[29] … vom Kopf der Czerniaków-Brücke … Rückzug angetreten …«

In der Altstadt hatte man gesagt, geseufzt:

»Der fünfzehnte Tag …«

»Der sechzehnte …«

»Der zwanzigste Tag des Aufstands.«

Jetzt. Hier. Nach all dem. Gabs nichts mehr. Zu zählen.

»Der vierzigste – der vierzigste.«

»Der zweiundfünfzigste – der zweiundfünfzigste …«

Allmählich – so fühlte es sich an – betrachteten wir das als das einzig Wirkliche, das es gab. Gibt. Und geben wird. Wir witzelten:

»Was dann? Wenn der Winter kommt?«

»Ja, genau. Und Weihnachten?«

»Was soll sein? Wir werden hier sitzen …«

»Vielleicht gibts irgendwoher … Weihnachtsbäume.«

Alles Winterliche war uns fremd. Fern. In diesem Jahr. Ganz besonders.

Zum Wasserholen gingen wir an die Szopena. Am Anfang wohl. In der Zeit, als es nachts die sowjetischen Bombenangriffe gab. Hinter dieser Barrikade. Diese grauen Säcke da. Ducken. Nachts waren sie auch grau. Dann ein Stück geradeaus. Und gleich nach links. In der Nacht war es am sichersten.

Danach in die Wilcza. Ich weiß nicht mehr, ob wir sofort zu diesem Haus gleich hinter der Ecke der Mokotowska gingen. Auf der rechten Seite. Denn einmal gingen wir die Krucza und die Wilcza lang. Dann wieder die Mokotowska. Jedenfalls irgendwo dort. Viele Male auch, daran kann ich mich erinnern, tagsüber. Doch es gab auch die Gänge am Abend. Und im Dämmer. Denn wir lernten die Parolen. Und die Antwort (die Antwort war wichtiger). Und nicht selten musste man antworten. Viele Leute gingen mit uns in dieselbe Richtung. Und viele kamen uns entgegen. Zivilisten. Und

Aufständische. Und die Halb-Halben. Mit Eimern und ohne Eimer. Die Abende waren warm. Ich erinnere mich an die trockene Erde unter den Füßen. Und Sand. Bei den Barrikaden. Die Panzerabwehrgräben. Bei den Löchern. Trümmer. Und diese Umrisse im Dämmer. Hastend.

Einmal auf der Wilcza bei Tag, das fällt mir jetzt ein. Auf diesem Stück von der Krucza bis zur Mokotowska. Die Sonne schien. Große Häuser. Hohe Barrikaden. Der Geruch nach Gehsteigplatten. Von den Barrikaden. Ganz schmale Durchgänge. Jemand von den Aufständischen hielt Wache. Und, wie immer, Menschenmengen. Es ist mir in Erinnerung geblieben, weil ich da angefangen habe, mich überhaupt zu wundern. Dass da Menschen sind. Die gehen. Es sind sogar noch Reste von Straßen da. Häuser. Es ist immer noch Sommer. Blauer Himmel. Eine ruhige Stunde. Also dieser Schein. Und diese Wahrheit. Die traurige. Auf einmal überkam mich Traurigkeit. Weil es normal sein könnte. Ich weiß nicht, ob ich an ganz Warschau gedacht habe. Wahrscheinlich nicht. Es reichte ja mit diesem kleinen Stück. Von der Wilcza. Etwas stand. Noch. Etwas lebte. Es war warm. Einfach wieder anfangen, auf diesem kleinen Stück normal zu leben.

Ein anderes Mal gingen Halina und ich zusammen. Zocha oder Vater war auch dabei. Auf die Wilcza. Schon an der bekannten Adresse, wo wir länger blieben. Nachmittag, gegen Abend. Nach der Hitze. Trocken. Staub. Dass es zwischen den Zähnen knirscht. Splitter, Erde, Holpriges unter den Füßen. Es war direkt nach einem Bombenangriff. Genau hier. Von weitem sichtbar, dass das drei- oder viergeschossige Mietshaus an der Ecke nicht mehr da war. Nein. Nicht von weitem. Das war, als wir zurückgingen. Aber irgendwie wussten wir es schon. Wir gingen ja die Wilcza entlang. Und die

Ecke Wilcza und Mokotowska war zerbombt. Vollkommen zerschmettert. Ja, zerschmettert. Trocken. Knasternd. Zu Brettern, Lättchen, Mauerbrocken, Ziegeln zerschmettert. Reste. Zerklüftet. Stehend. Hängend. Das Haus ergoss sich auf die Straßen. Auf beide. Auf die Kreuzung. Und zerfiel. Verfiel in sich zusammen. Denn es war immer noch was da, das fiel. Immer seltener, je weiter man ging. Einzelnes. Mal ein Brett. Dann Ziegel. Und alles trocken!

Als wir zurückkamen und Wasser bei uns hatten, nahmen wir ein paar Bretter mit, Feuerholz. Alle machten das. Warum auch nicht? In der Altstadt war es genauso gewesen. Den ganzen Aufstand über. Überall. Denn mit irgendwas muss man ja Feuer machen. Wir wissen nicht, ob es Tote gegeben hat. Wir haben keine eingehüllten Bündel gesehen. Leintücher. Gräber – oder was man so bezeichnete – muss es damals schon so viele gegeben haben. Auf den Grünflächen, den Rasenstreifen. Nach dem Ernten der Kartoffeln. In den Höfen. Auf den Gehwegen. In unseren Luftschutzkellern in der Wilcza, unweit vom Radiosender, starb eine ältere Dame eines sogenannten natürlichen Todes. Und sie bekam ein Begräbnis. Im Hof.

Die Mutter von Janek Markiewiczs Mutter starb damals auch eines natürlichen Todes. Im selben Stadtteil, nur ein Stück weiter nach Süden. Also in der Mokotowska. Oder Służewska. Ich weiß, dass sie zu zweit Bretter für den Sarg zusammensuchen mussten. Sie rannten herum. Janek hat es mir erzählt, und seine Mutter auch. Bis sie welche gefunden hatten. Sie nagelten einen Sarg zusammen. Beerdigten sie am Rand des Mokotówer Felds, bei der Polna. Später war es schwer zu finden. Sie brachten schon Leute hin, für die Exhumierungen. Sie fragten:

»Wo sollen wir graben?«

Da kniete Janeks Mutter sich in den Dreck, es war nämlich dreckig dort, und legte das Ohr an die Erde. Und es kam ihr vor, als höre sie genau die Stimme ihrer Mutter. Von unter der Erde herauf. Mit diesem verschleiften »r«.

»Fürrdchte dich nicht, Tochter, ich berrrdeite dir keinen Kummerrrd ...«

Was Markiewiczs Mutter betraf, nicht genug damit, dass sie zusammen mit ihrem Mann, dem Publizisten Lech Byliński, mit einer Reihe anderer Leute an der Bagatela an die Wand gestellt wurde. Salve um Salve hörten sie hinter sich. Und Rauch war zu riechen, Verbranntes. Irgendwann fiel ihnen etwas seltsam Zerschmolzenes zwischen die Füße.

»Was ist das?«, fragte Lech.

»Beweg dich nicht«, sagte sie.

(Ein Stück Leiche.)

Also, nicht genug damit, dass Lech an die Szucha[30] kam. Dass er dort wahrscheinlich am 4. August erschossen wurde. Nach alledem setzten die Deutschen Janeks Mutter noch mit anderen zusammen auf einen Panzer und fuhren mit ihnen die Aleje Ujazdowskie hinunter zum Drei-Kreuze-Platz. Sie brauchten sie als lebendes Schild für ihren Angriff. Janeks Mutter sitzt auf dem Panzer. Und denkt:

»Na gut – aber wie geht es weiter?«

Sie kommen immer näher.

»Noch einen Augenblick ... na gut – aber wie geht es dann weiter ...«

Dann bogen sie in die Mokotowska. Die Aufständischen schossen nicht. Aber schließlich fingen sie doch an zu schießen. Die Leute stürzten sich auf die Haustore. Keiner wollte die Tore öffnen. Endlich haben sie doch ein paar geöffnet. Und deshalb wusste man nie, wer getötet worden war und wer nicht.

Hier hat Janeks Mutter ihn glaube ich erst gesehen. Und bis zum Schluss blieben sie zusammen. Er war damals noch klein. Kaum Pfadfinderalter.

Zurück zum Wasser. Den täglichen Gängen. Am häufigsten gingen dann Halina und ich zusammen, zu zweit. Wir lernten die Antwort auf die Parole. Nahmen den Kübel. Meistens im Abenddämmer. Und los gings. Mit der Menge. Auf die Wilcza. Oder ein Stück weiter. Wo – das schreibe ich gleich. Ich weiß nämlich, dass man auf der Wilcza jenseits der Kreuzung Mokotowska hinter einem Tor nach links abbog. Aber war hier nicht noch irgendwo ein zweites Tor? Denn in einer (ich glaube der zweiten) Toreinfahrt saß man in der Abendschlange. Die war lang. Man stellte Eimer mit dem Boden nach oben. Und setzte sich drauf. Und quatschte weiter. Zwei Stunden. Drei. Ganz egal. Man betrachtete das als Spaziergang mit angeregtem Gespräch, wie ein Vergnügen. Ohne Ungeduld. Die Schlange bewegte sich ein Stück vorwärts? Die Eimer knirschten los? Wir also auch. Zogen. Unsere Eimer ein Stück weiter. Und wieder, zapp, auf den Eimerboden, und weitergeredet.

Einmal sagte Halina, wir sollten ein Stückchen weiter gehen. Bis hinter die Aleje Ujazdowskie, hat sie sogar gesagt, glaube ich. Es war schon ordentlich dunkel. Wir gehen also. Und gehen. Durch Höfe. Einen. Den zweiten. Ich schaue hinaus. Wo sind diese Ujazdowskie? Wir sind auf einem ziemlich kleinen Hof. Mit Mäuerchen oder etwas in der Art. Schwarze Wände.

»Das sind die Aleje Ujazdowskie«, sagt Halina.

»Wie? Das hier?«, frage ich.

»Ja, das hier.«

»Ist das kein Hof?«

»Das sind die Aleje Ujazdowskie.«

»Wie geht das zu?« Wir schauen uns näher um.

»Hm, ja, das sind die Aleje Ujazdowskie.«

Das Näher-Hinschauen nützte nichts. Da waren mit Sicherheit Barrikaden. Diese Mäuerchen. Also ein geschlossener Raum. Aber wie elend das alles! Diese schwarzen Wände, das waren die Fassaden. Genauso sah es auf den anderen Hauptstraßen aus. Auch auf der Marszałkowska. Wir gingen weiter. Auf die andere Seite der Ujazdowskie. Hinter den Ujazdowskie – ich weiß nicht, ob wir nur damals dort waren. Bei diesem einen Mal. Aber diese Verblüffung, was das für ein Ort sei, die vergesse ich bis an mein Lebensende nicht. Dass man die Aleje Ujazdowskie für einen elenden schwarzen Hinterhof halten konnte!

Unser Herd fiel weiterhin auseinander. Und das Haus Wilcza 21 auch. Und das Häuschen von Frau Trafna. Und die Mäuerchen. Und der Hof mit den Granaten. Es gab eine Zeit, in der wir wohl gar nicht im Parterre kochten. Wir saßen im Luftschutzkeller. Damals wurde es wohl auch allmählich schlimm mit den Nahrungsmitteln. Überhaupt. Vom Würfelzucker gab es nur noch einen kleinen Rest. Und damals war es. Einmal. Zocha war aus dem Keller gegangen. Ich stürzte mich auf ihre Flaschen. Und hielt mir eine an den Hals. Eine einzige. Die hielt ich für Saft. Süß. Aber dann der Schock! Etwas (ungewohnt!) anderes. Widerlich. Ich schluckte. Es war nicht wie sonst. Ich überlege.

»Öl!« Eine plötzliche Erleuchtung. Aber ich mag doch Öl. Na ja. Hätte ich gewusst, dass es Öl ist. Dann hätte ich es nicht widerlich gefunden.

Einmal geschah es, dass wir ziemlich viel eigenes Wasser im Keller hatten. Sogar im Kessel. Stacha hatte etwas umgefüllt. Swen kam an. Mit einer Flasche.

»Darf ich was nehmen?«, fragte er wie selbstverständlich.

»Neiiin .... aber neiiin.« Plötzlich war etwas in Stacha gefahren.

»Ach, Verzeihung.« Swen wich zurück.

»Nein, nein ... Gehen Sie und holen Sie selbst Wasser, wie alle anderen es auch können.«

Swen erinnert sich bis heute daran. Vielleicht zu Recht. Denn in diesen schlechten Zeiten hat mir Roman einen kleinen, aber echten Brotlaib gebracht. Roggenbrot.

»Da, nimm.« Er legte es hin. Ich nahm es. Wie erstaunt ich war. Und gerührt. Ich habe ihm das nie vergessen, all diese Jahre hindurch. Deshalb hat er nach dem Krieg auch bei mir gewohnt. Wohl wegen dieses Kanten Brot. Man darf sich wegen Swen nicht wundern. Obwohl Stacha überhaupt nicht gemein war. Aber sie hatte da irgendwie so einen Rappel ...

Genau. Apropos Rappel. Zurück zum Herd. Dem aus Ziegeln. Irgendwann sind wir alle dort zusammen. Es wird gekocht. Zocha ist dafür zuständig. Richtet an. Wegen irgendetwas ist sie böse. Auf Vater. Oder auf mich. Zu mir war sie meistens (auch nach dem Krieg) gut. Sogar wunderbar. Aber plötzlich ist sie böse. Und sagt etwas. Über meine Mutter. Die doch – wie ich später erfuhr – eine Barrikade abgebaut hatte und dann mit Stefa und Tante Józia zwischen diesen Leichenhaufen her getrieben wurde. Dann Pruszków. Stefa verschwand irgendwann. Sie hatte sich freigekauft. (Natürlich nicht als Jüdin, sondern so wie viele Leute.) Danach Deportation. Nach Głogów. In Głogów treffen sie Michał. Der sich in der Leszno von Nanka getrennt hatte. Und ihre Adresse jetzt nicht wusste. Erst durch die Familie aus Skarżysk. Aber Nanka zog gleich nach der Rückkehr bei Sabina ein. Michał kam zu ihr. Sie wollte nicht wieder zusammen mit ihm. »Schluss! Nein!« Zuletzt gab sie doch nach. Und was war passiert? Um was ging es? Irgendwann – die Bomben krachen, die Deutschen stürmen, schlachten ab – und er (ich weiß nicht, aus welchem Grund) sagt zu ihr laut, im Keller:

»Dass dich doch, zum Teufel, die erste Bombe erschlagen soll!«

Und Nanka ist gleich zu den Deutschen hinaus.

Also zurück zu Zocha. Am Herd. Irgendetwas Blödes in Zusammenhang mit Vater. Gegen meine Mutter. Ja. Bloß um eins auszuwischen.

»Sie hat ja schließlich mit deinem Vater zusammengelebt.« Das war an Vater gerichtet.

»Wieso das?«, sage ich da plötzlich.

»Na, wieso wohl? Hat sie etwa nicht bei ihrem Schwiegervater auf dem Schoß gesessen ...«

Diesmal ja. Unnötigerweise. Spuckte ich aus. Und trat in den Herd. Der stürzte zusammen. Es gab eine kleine Stille. Dann baute Zocha den Herd wieder auf. Aufs Neue. Niemand fand das bemerkenswert. Dass der Herd zusammengestürzt war. Zum soundsovielten Mal. Sofort Übertünchungsversuche. Dann Unterhaltung. So eine Art Unterhaltung. Am längsten dauerte meine Scham. Mutter war Mutter. Aber ich weiß, wie das bei Zocha ist. Es machte nichts aus. Wir redeten ein paarmal. Normal. Und am nächsten Tag keine Spur mehr davon. Nur, dass ich mich noch schämte.

Aber ich will noch von einem anderen Rappel reden. Vor dem Aufstand. Noch 41. Als Vater einmal in der Leszno 99 übernachtet hatte. (Denn dort wohnten wir. Bei Nanka und Michał.) Zurück am Ort meiner Geburt. Es schneite. War noch früh am Morgen. Zocha kam. Meine Mutter war nicht da. Denn Zocha hatte ausgespäht. Mein Vater lag im Bett. Das wusste Zocha nicht. Im Zimmer. Ich saß in der Küche herum.

Klopf-klopf! Nanka öffnet.

»Entschuldigung, ist Zenek vielleicht hier?«, fragt Zocha.

Ich mache schnell die Zimmertür zu. Bevor Zocha etwas sehen konnte. Und bleibe im Zimmer. Ich sehe: Vater ist erschrocken. Er schwitzt. Nanka sagt etwas. »Nein!« Vater zieht sich die Decke über den Kopf. Er ist nicht da. Zocha fragt noch etwas. In normalem Ton. Nanka sagt was. Auch normal. Sie hat damals wahrscheinlich selbst nicht nachgedacht. Was sie tut. Denn jetzt ändert sich ihre Stimme.

»Überhaupt – was wollen Sie hier? Was? Mit welchem Recht?« Und sie packt den Schrubber. Am Stiel. Zocha raus aus der Tür. Nanka hinter ihr her. »Scheren Sie sich zum Teufel!«

Und, pauz! – hört man einen dumpfen Knall. Danach haben sich alle gewundert. Die Nachbarinnen. Denn sie hatten es auf dem Gang gehört. Frau Bachmanowa. Mit den dicken Lippen. Mit der Ponyfrisur. Die wir »den Alten Zygmunt« nannten. Meine Idee. Sie sagte:

»Aber Nanka? Sieh mal einer an. Nanka …?«

Nanka galt immer so. Und gilt auch heute noch. Als Gipfel der Geduld. Doch so ist das. Nanka ist ein Engel. Aber auch einen Engel packt manchmal die Wut.

Doch das Schicksal ist listig.

Es war im Jahr 1945. Zocha kam zurück aus Österreich. Durch die Tschechoslowakei. Zu Fuß. Mit einem Handwagen. Und schrieb ein Tagebuch. Sie wohnte anfangs bei uns. In der Poznańska. Ich brachte ihr jeden Tag Brennholz hinunter. Bretter. Aus den Häusern. Sie kochte. Wie zu Aufstandszeiten. Und es war gut.

Dann das erste Fronleichnam. Ich schlafe. Früher Morgen. Ich höre etwas im Schlaf. Jemanden. Wache auf.

»Nanka!?« Ich sprang auf. Um sie zu begrüßen. Zocha richtet unterdessen ein Frühstück.

»Bitte … bitte essen Sie …«, fordert sie Nanka auf.

Dabei hatten sie sich seither nicht gesehen. Seit dieser Schrubberszene.

Głogów also. Das aus der Geschichte. Vom Krzywousty.[31] Dort war meine Mutter. Und Michał. Auf den Schutzwällen. Nanka ging jeden Tag dreißig Kilometer zu Fuß – je fünfzehn hin und zurück. Zur Arbeit. Und von der Arbeit. In Holzpantinen. Durch den Schnee. In den Bergen. Und sie kam frisch und fröhlich zurück. Dabei war es früher so, dass sie es nicht zum »Kometa« auf der Chłodna schaffte, sie ging langsam, zu Fuß, doch irgendwann sagte sie: »Ach, die Schuhe drücken.« Und dann ging sie nicht weiter.

Hatte es also den Krieg dafür gebraucht? Und den Aufstand? Und das Hin und Her eines ganzen Volkes? Für dieses Schrubber hin, Schrubber her, für diese Großherzigkeit? Ich weiß es nicht. Sie wissen es auch nicht. Früher, vor langer, langer Zeit ging meine Mutter in regelmäßigen Abständen, um nach Vater zu sehen. Einmal kam er aus Zochas Korridor. Und sagte, er komme nicht von ihr. Dann gabs später noch Streit mit Zocha. Weil meine Mutter gekommen war. Nach dem Krieg, als meine Mutter schon Frau Piekutowa war. Früher übrigens auch schon. Da hat Zocha mir gesagt. Einmal, zweimal, ein drittes Mal:

»Deine Mutter, die ist eine prächtige Frau.«

Und Sabina hat zu mir gesagt:

»Also was? Deine Mutter sollte ihr jetzt einen Wodka spendieren.«

Und sie beide, Mutter und Sabina sagten:

»Jetzt sollte er sie wirklich heiraten. Nach siebzehn Jahren.«

Er kam nach Warschau, denn 1945 war er mit Zocha nach Danzig gezogen. Er heiratete Wala. Nanka und Sabina sind zu ihm gefahren, zur Hochzeit. Dann nicht mehr. Und die sind seine Schwestern. Sie kommen zu Mutter. Und Mutter fährt zu ihnen. Vor nicht allzu langer Zeit hat Zocha geheiratet. Und wie zufrieden sie ist! Vater hat sich mit ihr getroffen. Sie hegen einander keinen Groll.

Aber jetzt zurück zu unserer Geschichte. Nach dem 20. September. Als es mit dem Waschen schon schwieriger war. Denn zum Wasserholen musste man weit gehen. Die Bärte wuchsen. Und wuchsen. Richtige Büschel von Haaren. Und als ich von einem Friseur hörte, der sein Geschäft betrieb, und zwar hier auf der Wilcza, auf unserer Seite, drei oder fünf Häuser weiter, begann ich von einem Haarschnitt, einer Rasur zu träumen.

»Wie viel nimmt er?«

»Hundert Złoty.«

Ich wunderte mich, dass diese hundert Złoty für ihn einen Wert hatten. Das war früher schon so wenig gewesen. Dass er überhaupt etwas nahm. Dass er überhaupt Kunden bediente.

Swen saß mit Bart da. Fuchsrot.

»Also weißt du. In so einem Moment …«

Der Moment dauerte schon fünfzig Tage. Warum sollte ich nicht gehen? Vater hatte mir hundert Złoty gegeben. Sie hatten viel Geld. Vater, Zocha, Halina. Und ich schlich mich hin. Durch die Höfe. Vielleicht auch über die Straße. Richtung Marszałkowska. An diesen großen Jugendstilhäusern der Wilcza entlang. Es wurde geschossen. Versteht sich. In Maßen. Artillerie. Ich ging in den Hof. Ob durch den Hof oder durchs Tor, jedenfalls an der Rückseite hinein. Ich fand hin. Zum Friseur. Das Geschäft war offen. Die Tür angelehnt. Er musste, glaube ich, erst noch jemanden fertig bedienen. Denn es kam jemand heraus. Er bat mich herein. Auf den Friseurstuhl. Ein Friseurstuhl war da. Ich setzte mich hin. Vor den Spiegel. Der war auch da. Das Wasser war kalt. Und spärlich. Aber es war da. Und ein Kamm. Und ein Maschinchen. Und ein Rasiermesser. Und wohl auch ein Umhang. Den legte er mir um. Und Seife war da. Nur alles wirkte künstlich. Dunkel. Der ganze Raum war dämmrig. Denn die Vorderseite zur Straße war ganz mit Brettern zugenagelt. Doch zwischen den Brettern waren Ritzen. Und deshalb war es so halbdunkel. Das ganze Ladenlokal voller Staub. Mörtelstaub. Die Gegenstände mussten auch voll von diesem Staub sein. Der Stuhl. Der Friseur. Von meinem Kopf mal ganz zu schweigen. Ich erinnere mich an das Sitzen. Die Passivität. Traditionell. Als wär es wie früher. Scheren, Rasieren. Dieses Halbdunkel. Die Selbstvision im Spiegel. Oder die Halbansicht der ganzen Szene. Das Parkett. Ja. Die Haare flogen. Mengenweise. An den Brettern draußen rappelte es, denn immer wieder war was. Das krachte. Irgendwo. Von der Artillerie. Der Friseursalon war groß. Hallte wider. Die Straße – ein Tunnel. Also auch Echo. Ihr eigenes. Zu diesem dazu. Der Friseur – kein Wort. Ich auch nicht. Darüber. Als wär nichts. Ich zahlte.

»Danke.«

»Danke.«

Ich rannte zu den Meinen im Luftschutzkeller. Familie. Neugeboren. Ohne Bart. Ohne Haarbüschel am Hals, an den Ohren. Niemals zuvor und niemals danach hatte ein Friseur so viel Reiz und Chic. Obwohl. Am 10. September 1939, am zehnten Tag des Krieges, am fünften Tag der »Tour« in Równo[32], hatte ich mich zum ersten Mal bei einem Friseur auf den Sessel gesetzt, um mich rasieren zu lassen. Jener Friseur jedoch arbeitete noch mit dem Schwung der Vorkriegszeit. Das war Barbiertum!

Läuse. Es musste ja kommen. Es ging schon zu lange. Um ohne zu bleiben. Ja. Ohne Wasser. Diese Haarbüschel. Keller. Kennt man ja. Nur wer? Wem? Zuerst so halb verschämt, gaben diese es an jene weiter. Der eine Keller an den anderen. Die eine Straße an die andere. Ich übertreibe. Vielleicht familienweise. Es kommt aufs selbe raus. Ein, zwei Tage, und es war klar. Offenbar. Niemand schämte sich vor niemandem. Sondern gab Ratschläge. Wie danach suchen. Alle suchten.

Ich weiß nicht, wer bei uns in der Familie zuerst dran war. Es war wohl allgemein. Die Żurawia hatte schon Läuse gemeldet. Swen kam. Sagte, dass er auch welche habe. Denn alle hatten sie. Sie waren im Umlauf. Jawohl. Läuse. Waren da. Pech. Auch am Ärmel, das kam vor – kommt ab und zu eine rausgekrochen. Ein wenig befasst man sich damit. Wäscht sich. Sucht sich ab. Knackt. Und sitzt weiter da. Weiß man ja. Neue springen über.

Wir spürten es gleich. Auf der Stelle. Ein Brennen. Die ganze Wilcza 21. Schnell! Suchen. Halina und ich in die Küche. Die Woj.s hatten wohl schon welche gefunden. Geknackt. In dieser Küche von Frau Rybkowska. Diese Küche. Die ist mir in Erinnerung geblieben. Nur wegen dieser Lausgeschichte. Wo war der Eingang? Ich weiß es nicht. Aus dem Flur? Wir von einer Tür zur nächsten, in die Küche. Reißen uns dieses und jenes vom Leib. Halina nimmt ihre Sachen. Sucht.

»Nichts.«

Sie nimmt meine. Ich warte, halbnackt.

»Nichts.«

Vielleicht war ich auch zuerst dran. Mit meinen. Und sie erst nach mir. Meine. Und nichts. Wir hatten für den Anlass ein Feuer gemacht.

»Ach, das ist doch unmöglich!«, sagt Halina.

Schon macht Zocha sich an die Suche. Und Vater. Zocha sagt auch, dass es nicht möglich ist. Halina nimmt ihr Zeug. Meins. Wies gerade kommt.

»Gib her!«

Sie schaut nach.

»Ich glaube, man muss die Nähte sehr gut absuchen. Da ist eine! Bitte sehr!« Und schnips. Auf die Herdplatte.

»Da, noch eine!« Schnips.

»Vier! Und du?«

»Vier.«

Vielleicht hatten wir je acht? Später waren es jedenfalls mehr. Und sie hielten sich lange. Absuchen kam in Mode. Man bekam Übung. Die rechte Uhrzeit. Der rechte Ort. Ich habs schon beschrieben. Den Anfang.

Unterdessen – ich hab es bereits angedeutet – machte sich Hunger bemerkbar. Jemand tauschte an der Ecke Wilcza – Krucza eine Tomate gegen Streichhölzer. Dann brachte jemand Brot an diese Ecke. Vielleicht Altbrot. Wieder jemand anders Zigaretten. Und wohl Gold. Und so fing der Markt an.

Wir hörten, die Mühle auf der Prosta sei in unseren Händen. Noch mit Vorräten an Roggen, Weizen, Gerste. Und es gebe Expeditionen dorthin. Wie Karawanen. Für alle, die wollten. 15 Kilo – für die Truppen. Der Rest – so viel man tragen könne – für den eigenen Bedarf. Angeblich gingen Leute. Wir selbst sahen auch sogleich welche mit Säcken unterm Arm. Auf dem Weg zu der Mühle. Sie war weit. In der Tat. Das wunderte mich. Hinter der Żelazna. Sogar. Und dass sie in unseren Händen sein sollte. Aber so weit. Unterwegs Theater. Es war gefährlich. Artillerie. Von der Eisenbahn. Von »Sibirien«. Von hinter der Towarowa. Vom Panzerzug. Das machte uns keine Angst. Wir dachten, man müsse es wohl versuchen. Und zwar schnell. Morgen. Für morgen wurde auch eine Unternehmung organisiert. Der Treffpunkt war an der Hoża.

Ich weiß nicht mehr, wie viele wir waren. In unserer Gruppe. Denn die Gruppen gingen in Abständen. Jeweils etwa zwanzig Personen. Oder vielleicht dreißig? Vierzig? Von uns gingen: Vater, Swen, ich. Der Rest – Unbekannte oder Halbbekannte. Es waren wohl auch Frauen dabei. An eine kann ich mich sicher erinnern. Mit einem Sack unter dem Arm. Jeder hatte einen Sack. Seinen eigenen. Säcke ließen sich leicht auftreiben. Wir hatten einen Anführer. Die Übernahme des Getreides musste ganz schnell gehen. Und die ganze Expedition hatte Tempo. Ich erinnere mich an kein bisschen Warten. Und den Aufständischen, beziehungsweise den Organisatoren der Expeditionen ging es um einen möglichst großen Absatz an Getreide über die Gruppen. Jede Person bedeutete 15 Kilo für die Truppen. Es war nicht sicher, ob man die Mühle würde halten können.

Unsere Gruppe ging wohl von Anfang an mehr oder weniger in einer Reihe. So zu gehen war damals in Mode. Anders konnte man übrigens gar nicht gehen. Wegen dieser Keller, Löcher, Durchstiege an der Krucza. Danach unter den Aleje.

Zum ersten Mal nach der Flucht bei Mondschein sind wir also nun »vor den Aleje«. Wichtiger war für uns, dass wir hinter die Marszałkowska gehen sollten. Überhaupt zum ersten Mal. Für Swen und mich. Und wohl auch für einige andere. Ich weiß nicht mehr, wo entlang – genau – wir bis an die Marszałkowska gingen. Eine Debatte entspann sich im Lauf. Welche Route wir gehen sollten. Nach der Überquerung der Marszałkowska. Zuerst sollte es die Złota sein. Doch ging das Gerücht – hier schon –, dass die Złota nicht geeignet sei. Also die Sienna.

Irgendwo sind wir also auf die Rückseite der Sienkiewicza abgebogen. Und dort haben wir die Marszałkowska überquert. Das heißt – zuerst kamen die Keller. Und dort sang man:

> Unter deinem Schutz und Schirm …
> Maria voller Gnaden …

Dann hielten wir uns geduckt. Und – schwupp! Durch diese schwarze Grube. Wie soll man es anders nennen. Gebückt an der Barrikade entlang. Ich sah nicht viel. Die Grube. Die Marszałkowska – das war offensichtlich – wurde von den Türmen der Erlöserkirche aus beschossen. Schwarze Wände. Die Unterseiten von Straßenbahnwaggons. Die Böden. Und ich hörte beim Hinüberhasten, wie jemand auf unserer Seite (auf unserer Chmielna) auf dem Klavier die »Warszawianka«[33] hämmerte. Und gleich darauf landeten wir im Keller auf jener Seite. Dort sangen sie:

> Von allen Übeln
> erlö-höse uns …

Und im nächsten Keller, in den wir kommen:

> O Mu-hutter
> o Mutteeer
> o Muu-hutter u-unser.

Ich erinnere mich, dass ich sicher in drei Kellern hintereinander unterschiedliche Stellen dieses Wechselgesangs hörte. Offensichtlich lief es nicht so gut. Da sie so sangen. Oder es wurde geschossen. Sie schossen von diesem Panzerzug. Vater – ich berufe mich hier vielleicht dreimal auf seine Erinnerungen – behauptet, alle sieben Minuten sei eine Granate gefeuert worden.

»Alle sieben?«

»Na, weißt du nicht mehr, wie wir auf die Uhr geschaut haben und uns beeilten, um es vor dem nächsten zu schaffen ...«

»Ach a... das ...«

Aber mir schien es, dass auch noch andere schossen. Zusätzlich. Oder vielleicht nur der Panzerzug? Jedenfalls etwas, das gefährlich war. Für uns, die wir rannten.

Es gab wohl eine Explosion, als wir gleich hinter der Marszałkowska hinunterliefen. Vielleicht dort in den Kellern. Wir liefen wieder hinaus. Nach oben. Da fing die Sienna an. Aber – wie sah sie und die ganze Umgegend aus! Die Straßen, die Seiten, die Hinterhöfe. Und warum rannten wir überhaupt auf der Straße? Na ja, alles war eingestürzt. Samt den Durchgängen. Zerbombt. Und die Trümmer lagen zwei Stockwerke hoch! So weit das Auge reichte. Rechts. Und links. Hier und da ragte etwas auf. Aber das hatte nichts mit Leben zu tun. Man konnte nicht annehmen, dass unter diesem Etwas Menschen saßen. Doch es saßen Leute dort. Die, die überlebt hatten. Ich dachte kurz daran, bei Staszek P. vorbeizugehen. Wenigstens um mich zu erkundigen. Er hatte ja gerade dort, links, in dieser »Tatra« gewohnt. Doch erstens rannte die Gruppe. Und zweitens war ich sicher, dass er nicht dort war. Wie das? Fast sicher. Meine Altstadterfahrung sagte mir tief im Innern, dass dort noch jemand sein konnte. Doch beim Anblick gewann der Verstand die Oberhand. Und wir rannten weiter. Wir rannten über den Kamm dieser Gebirgskette aus Trümmern. Sogar auf einer Art Pfad. Rot. Von den Ziegeln. Mit einer grauen Staubschicht. Mein Vater erinnert sich, wie ich im Lauf an etwas hängen blieb und mir den Schuh dabei zerriss.

»Und dann?«

»Nichts, du bist weitergelaufen.«

Ich kann mich daran nicht erinnern.

Nur an den Lauf. Um es ans Ziel zu schaffen. An Zurufe. Und eine immer größere Angst. Irgendwann krachte es. In unsere Gruppe. Aber es traf nicht uns drei. Es traf das Ende der Gruppe. Es gab ein Durcheinander. Mit einem Satz waren wir an der Mauer. Rechts. Da stand noch Mauer. Und bogen irgendwohin ab. Wohl in eine Straße, die Komitetowa. Ich weiß nicht, ob das Sinn hatte. Gleich hinter der Mauer warteten wir kurz ab. Vielleicht wegen der Nachhut. Und falls wir helfen mussten. Die, die näher dran waren, halfen. Sofort rannten wir weiter. Immer noch auf der Sienna. Oder vielleicht schon auf der Śliska? Doch die Śliska war genauso furchtbar. Lauter Berge. Es kam also aufs selbe raus. Bloß schnell!

Unter der Twarda war ein Gang. Unter der Straße. Ganz eng. Die Breite einer Person. In der Mitte Rohre. So dass man rutschen musste. Was danach kam, weiß ich nicht mehr. Aber auch Berge. Laufen. Und ein zweiter solcher Gang, unter der Żelazna. Ich glaube, wir rannten durch die Pańska. Denn dort waren diese Grabengänge. Was hinter der Żelazna kam, weiß ich nicht mehr. Die Mühle war in der Nähe. Auf der rechten Seite. Doch zuerst rannte man in einen Hof. Und aus diesem Hof über eine riesige Leiter. Über eine Mauer. Wirklich hoch. Und drüben über eine andere Leiter hinunter.

»Schnell! Schnell!«, trieben sie uns an.

Wir gingen direkt in die Mühle beziehungsweise in ein Gewimmel von Menschen auf dem Hof. Und an die Rampe. Diese Rampe war das Ziel. Hier wurden die Säcke aufgeschlitzt. Und geladen. Das heißt in die mitgebrachten umgefüllt. Man half sich gegenseitig. Die Rampe war hoch und lang, denn es kam mir vor, als sei ich auf der Towarowa, auf einem Seitengleis. Ich wusste, dass es nicht so war. Aber augenblicksweise vergaß ich es fast. Und wunderte mich, dass es nicht die Towarowa war. Ich hielt die Säcke. Oder packte sie von unten. Ich war wohl unterhalb der Rampe. Und Vater und Swen gingen hinein. Und füllten ab. Zum Abfüllen gab es große Schütten. Swen und Vater stritten sich ein wenig beim Abfüllen. Ganz kurz. Und nur einen Augenblick lang. Keine Ahnung, weshalb. Alle stritten sich hier. Keine Ahnung, weshalb. Und füllten ab. Es ging wohl darum, dass es schneller gehen sollte. Denn es wurde gehetzt:

»Los, los, mach schon!«

Doch jeder wollte so viel wie möglich haben. Und unterdessen waren wir unter Beschuss. Zu allem Überfluss tauchten auch noch deutsche Bomber auf. Sie fingen an, auf uns Jagd zu machen. Es gab ein Durcheinander. Plötzlich sowjetische Jagdflugzeuge. Die jene vertrieben. Wir waren gerettet.

Mit den Säcken auf dem Rücken kehrten wir zur Leiter zurück, an der Mauer. Ich hatte nur 30 oder 35 Kilo genommen. Swen hatte mehr. Und am meisten hatte Vater. Mit ihren guten Absichten hatten sie sich selbst keinen Gefallen getan. Swen hatte Angst vor Hunger. Er hatte auch kaum etwas zu essen. Und Vater wollte es für die anderen. Beide waren sehr bereit zu teilen. Für Swen war es eine Selbstverständlichkeit. Vater wiederum hatte einen Familieninstinkt. Und überhaupt einen Vorratsinstinkt. Dafür hatten sie es jetzt schwer, ganz schlimm. Schon an der Leiter kamen sie kaum hinauf. Überhaupt waren diese Leitern schlimm für Lasten. Sie schwankten. Und wie sollte man mit einer Last das Gleichgewicht finden? Und andere treiben noch an. Weshalb war hier kein Loch in der Mauer? Ich weiß es nicht. Irgendeinen Grund musste es geben. Ich erinnere mich jetzt. Swen hatte 35 Kilo. Vater noch mehr. Ich hatte 30. Ich fiel auf als der größte Egoist. Ich hatte einfach Angst, unter einem zu schweren Sack in Atemnot zu kommen. Davor, dass meine Vorräte schneller erschöpft sein würden, hatte ich keine Angst. Jemand würde mir schon etwas geben. Wir hatten Weizen. Denn den gab es noch. Gerste rührte vorerst wohl niemand an. Die stand in den Säcken herum. Wie etwas Minderwertiges.

Die Tunnelgänge unter der Żelazna und der Twarda machten sich erst jetzt so richtig bemerkbar. Wir quetschten uns mit den Säcken zwischen den Rohren hindurch. Wir mussten einander die Säcke anschieben, weiterschubsen, zurechtklopfen und zerren.

Hinter der Twarda ging es durch Höfe und Mauerlöcher von der Pańska bis an die Sienna. Auf die Höfe dieser zwei oder drei Häuser im neuen Vorkriegsstil. Die erhalten geblieben waren und noch stehen. Eines von ihnen war uns sehr vertraut, weil es dort bei Teik literarische Abende gab. In diesem Hof, bei Teik, setzten wir uns an dem Mauerloch auf den Boden, außer Atem. Die Sonne schien noch. Es war heiß. Frauen brachten einen Eimer mit Kaffee heraus, oder mehrere Eimer, und gaben allen davon. Sie waren rührend gut, freundlich. Sie sagten uns auch, wir sollten ruhig über die Złota zurückgehen. Das seien Gerüchte, dass man nicht über die Złota könne. Auf dem Hof, diesem und dem auf der Złota-Seite, war viel aufgeworfene Erde, Gräben, Gärtchen,

Pflanzen, Schuttbrocken. Alles durcheinander. In der Sonne. Und auch im Kaffee aus den Eimern. Mein Gott! Wie viel Herzensgüte es damals in Warschau gab. Einfach Güte. So viel!

Danach ging es wohl so halbwegs gut. Auf der Złota. Denn ich kann mich an nichts erinnern. Die Überquerung der Marszałkowska war wie zu erwarten. Es fühlte sich jetzt anders an – bei der Rückkehr von etwas, das man neu kennengelernt hatte. Für mich war es schließlich wichtig: dieses letzte, westliche Viertel der Stadtmitte im Aufstand kennenzulernen. Denn es war so, dass ich außer dem mittleren und südlichen Powiśle (das nördlich kannte ich ja!) die ganze Stadtmitte im Aufstand kennengelernt hatte. Den sogenannten IV. Bezirk. Irgendwo nach Überqueren der Marszałkowska auf Höhe der Złota gingen wir mit unseren Säcken, weiter die Złota entlang. Und in einem Hof entweder an der Ecke Złota und Zgoda oder an der Ecke Zgoda und Szpitalna war der Punkt, wo das Getreide abgewogen wurde. Der Hof, eher ein Höfchen, war dreieckig. An allen drei Seiten vier oder fünf Stockwerke hoch umbaut. Also sicher. Wir warteten in einer Schlange. Die war lang. Auch das Warten. Auf die Waage. Die von zwei oder drei Leuten bedient wurde. Und die Granaten krachten. Die Nachhut kam und schloss auf. Vielleicht nicht nur unsere Gruppe. Vielleicht auch eine andere Expedition, oder mehrere. Aus diesem Stadtteil. Denn aus allen zugänglichen Gebieten gingen Leute dorthin.

Es war schon völlig dunkel (und warm), und die Granaten krachten, die Waage war immer noch in Betrieb. Die Schlange wurde kürzer. Dann kamen wir an die Reihe. Sie wogen pro Person 15 Kilo ab. Und mit geschrumpfter, also leichterer Last liefen wir unter den heißen Aleje her. Vielleicht war es erst jetzt heiß dort? Nach den Bränden hier? Ich erinnere mich, dass sich dort in diesem Tunnel irgendeine Veränderung vollzogen hatte. Die Krucza war die Krucza. Wie immer. Swen bog in seine Richtung ab. Wir schlugen uns mit unserem Schatz bis zur Wilcza durch.

Ich nehme an, es war während dieser Getreidetage, dass die Hoffnungslosigkeit zurückkehrte. Nicht so wie im August. Denn in der Regel wurde man jetzt zur Zwangsarbeit nach Deutschland deportiert. Und die Arbeitsunfähigen und die mit Kindern – sogar nur irgendwo ins Gouvernement. Die Hoffnungslosigkeit bezog sich auf die Front. Und das Schicksal des Aufstands. Die Kościuszko-Truppen[34] hatten sich zurückgezogen. Die Front hatte sich verfestigt. Doch die kleine Front, unsere, die Aufstandsfront, war ungewiss. Es hieß, sie könnten uns von der Królewska-Linie[35] verdrängen. Und ich wunderte mich indessen, dass wir diese Linie noch hielten. Dass sie sich überhaupt so lange hatte halten lassen. Irgendwann einmal überquerte ich die Marszałkowska. Auf dem Weg zu Zdzisław Ś. An der Ecke Emilii Plater. (Und hier ertappe ich mich dabei, dass entweder die Überquerung der Marszałkowska bei der Expedition zur Mühle nicht die erste war. Oder – wenn ich nach der Mühle bei Zdziś gewesen war – ich erst bei dieser Gelegenheit das letzte obere Viertel von Stadtmitte kennengelernt habe. Viertel ist übrigens eine ungenaue Bezeichnung. Sagen wir – Teil.) Ich rannte also einmal eine dieser Querstraßen entlang, auf die andere Seite der Marszałkowska. Hoża. Vielleicht Wspólna. Wunderte mich, dass man hinüber konnte. Und danach wunderte ich mich, dass man weitergehen konnte. Oder vielleicht war es nur an der Ecke Poznańska? Ach was, ich glaube nicht. Unser Gebiet jedenfalls ging bis zur Emilii Plater. Oder ein bisschen weiter. Denn es war ein Eckhaus. Dieses Quartier.

Viele Aufständische. Ich fand es leicht. Zdziś machte ich auch leicht ausfindig. Er war dort. Wir setzten uns im Parterre auf die Treppe. In der Menge der Uniformierten. Die entweder saßen. Oder umherliefen. Und die Stimmung war freundlich, wie das Wetter. Zudem wurde gerade nicht geschossen. Doch abgesehen davon war die Stimmung melancholisch. War ich vielleicht zweimal dort? Dieses Mal jedenfalls – ob eines von zwei Malen oder das einzige Mal – spürten wir schon, dass der Zusammenbruch des Aufstands bevorstand. Wir saßen da. Zdzisio eine Stufe höher. Um den Durchgang nicht zu blockieren. Wir redeten wenig. Obwohl es familiär war. Zdzisio gab mir einen Zuckerwürfel.

»Da, nimm.«

Ich fing gleich an zu lutschen. Damals war es etwas ganz Besonderes, von jemandem einen Zuckerwürfel angeboten zu bekommen. Das war das letzte Mal, dass wir uns sahen. Vielleicht sehen wir uns noch mal wieder? Wir sind beide noch am Leben. Nur seit jener Zeit in verschiedenen Ländern.

Als Vater und ich damals mit dem Getreide durch die Złota zurückkehrten, fiel es uns ein, bei Sabina vorbeizuschauen. Sabina und Czesław wohnten in der Złota. Hinter der Sosnowa. Also gingen wir, ich glaube am nächsten Tag, nach der Expedition. Die Złota sah besser aus als die Siennas, Śliskas und Pańskas. Es standen noch Häuser. Es gab Haustore. Sabina hatten wir im Nu gefunden. Im Luftschutzkeller. Das heißt – im Keller. So einem ganz gewöhnlichen. Mit einem Gang. Also in einem Verschlag (für Kartoffeln). Irgendwie war es hier merkwürdig geräumig. Und ruhig. Sabina und Czesław hatten eine Tür. Sie wohnten. Für sich. Sie hatten sich eine Couch aufgestellt. Und wir saßen bei ihnen wirklich wie auf Besuch. Die Karbidlampe brannte. Es war Abend.

Wir mussten zurück. Hinaus auf die Złota. Die Złota mit den eisernen Toren. Eine Weile dachten wir an die guten Zeiten, bis sich uns alles im Kopf drehte, bis es nach einer normalen Straße roch. Es war warm. Und ganz dunkel. Und plötzlich:

Buuu-huuu!

Wir springen ins Tor. Eine Granate. Sie schlug nicht weit von uns ein. Wir rennen raus. Wir mussten ja weiter. Die nächste. Wieder bringen wir uns in Deckung. In einer Tornische. Als könnte einen das schützen. Wenn sie einmal anfingen zu schießen, machten sie einfach immer weiter. Man wusste, dass sie nicht aufhören würden. Wir wussten nicht, wie zurückgehen. Wir wussten nicht, wie bleiben. Wir gehen. Es war ganz einfach. Bis an die Marszałkowska. Aber weiter erinnere ich mich nicht mehr.

Was ist sonst noch passiert? In diesen Tagen? Der Tauschhandel auf der Krucza zwischen Hoża und Wilcza griff schnell um sich. Mit jedem Tag. Schon am dritten Tag gab es ein Märktchen. Am vierten Tag war es ein Markt. Am fünften drängten sich die Leute. Standen. Kreisten. (Dieser Abschnitt bis zum Ende war »ausgesucht«, das hieß: sicher.) Fast jeder hatte etwas in der Hand. Irgendwas. Alles konnte man zum Tausch anbieten, bloß nicht um Geld. Geld war nicht mehr wert als Abfall. Angeblich begann einer einen Handel gegen Gold. Außer den Verkaufenden trieben sich viele Scheinkäufer herum, oder Leute, die, so wie Swen und ich, nur einen Besuch abstatten wollten.

Das andere Vergnügen war das Mahlen des Getreides. Mit jedem Tag wurde mehr gemahlen. Es war wie mit dem Markt. Und auch so schnell. Denn immer mehr Leute schleiften Getreide herbei. Allerdings gab es zwei, drei Tage nach uns nur noch Gerste. Auch darüber freuten sie sich. Und es wurde gemahlen. In allen Luftschutzkellern. Von morgens bis abends. Mit unterschiedlichen Mühlen. Kleineren. Größeren. Meistens fing man mit den kleinen an. Wie wir. Mit der Kaffeemühle. Knarr-knarr-knarr – mit Kurbel.

Aber das kam uns doch sehr langsam vor. Und sehr wenig. Doch Weizen hatten wir viel. (Wir aßen schon davon. Die ganze Zeit. Gefüllte Teller. Mit Saft. Und der Kleie. Sehr lecker!) Man bewirtete die, die keinen hatten. Wir gaben den Wi.s einen Teil, denn sie hatten kaum etwas zu essen. Von der Kaffeemühle ging man zu einer Mühle für ich weiß nicht was über, jedenfalls einer größeren. Man lieh sie sich aus. Mir scheint, diese größere Mühle brauchte mehr Kraft, sie hatte eine größere Kurbel und größere Umdrehungen. Zocha machte sich sofort auf und organisierte bei entfernt Bekannten eine große Mühle. So groß, dass sie nicht zum Ausleihen war. Das heißt – nicht zu bewegen. So musste man mit dem Weizen dorthin rennen. Zum Mahlen. Fast alle rannten wir. Die Mühle war so ähnlich wie eine Heißmangel. Sie hatte eine Riesenkurbel, die man vertikal drehte. Wir schütteten Weizen hinein. Und dann wurde gemahlen. Abwechselnd. Einmal Zocha. Dann ich. Dann Halina. Dann Vater. Wir schauen in die Schublade. Da ist ein ganz kleines Häuflein in einer Ecke. Mehl. Na ja – vielleicht war es feiner gemahlen. Aber warum ging es so langsam? Wieder mahlen wir los. Abwechselnd. Jeder machte seine Kurbelrunden. Dass man ins Schwitzen kam. Wir schauen hinein. Wieder nur so ein Bitzfitzelchen. Da haben wir auf weiteres Mahlen verzichtet. Wir bedankten uns. Baten um Entschuldigung. Diese Leute. Weil es ja schon Abend sei. Und am Morgen nahmen wir wieder die verachteten Mühlchen. Die für den Kaffee. Die waren unersetzlich.

Und so mahlte die ganze Stadtmitte bis zum Schluss –

schnarr – knarr – Getreide, kochte und aß es mit der Kleie, mit Appetit und zufrieden.

An den Tagen des Mühlendrehens und des Tauschmarkts stürzten sich die Deutschen nach der Eroberung von Czerniaków auf Mokotów und Żoliborz. Ich erinnere daran: 23. September – Czerniaków – südliches Powiśle; 27. September: Mokotów fällt; am 30. September kapitulierte Żoliborz. Und die ganze Wucht der Schläge traf jetzt die Stadtmitte.

Noch einmal will ich die falsche Legende zerstreuen, Żoliborz habe sich erhalten. Und Mokotów. Dort sei nichts von alledem passiert. Ich erinnere mich, wie das eine und das andere 1945 aussah: nicht nur ausgebrannte Häuser, auch Trümmerhaufen. 1949 war ich an der Dworkowa, als sie eine Riesenmenge Leichen entdeckten (ich glaube an die zweihundert), die in einem verstopften Kanal steckten. Da, wo die Stufen sind. Die düstere Geschichte der Mokotówer Kanäle ist bekannt. Dort und damals gab es die schlimmsten Kanalgeschichten.

Und nach dem Krieg spielte Warschau mit Hingabe den Mokotówer Marsch:

... die Nächte im August, sie reichen
uns doch, und starke Arme ...
der erste Marsch
hat Wunderkraft ...
Etwas bebt in der Brust
und es schluchzt das Herz
und das Horn spielt tra ta ta
tra-tatata-ra-ta ...

Aber zur Sache. Ich war weder in Mokotów noch in Żoliborz. Andere waren da. Manche haben überlebt. Manche nicht. Diejenigen, die dort ihre erste Ergriffenheit, Hölle und Wirklichkeit erfahren haben, wissen es. Und haben es schon beschrieben. Und beschreiben es noch.

Żoliborz wartet wohl noch auf seine Geschichtsschreibung. Mokotów hat ja seine große Aufstandstradition. Fast jeder Stadtteil hat sie. Im linksufrigen Warschau. Denn wir gehen von der Weichsel bis zur Weichsel, von Nord nach Süd, wie ein Fächer.

Żoliborz.

Powązki – davon weiß ich wenig (wohl am 4. August schon verloren).

Wola – ist bekannt.

Ochota – der berühmte Zieleniak[36], wo Tag und Nacht die zusammengetriebenen Menschen saßen; einmal wurde eine Salve aus dem Maschinengewehr auf die Schlange an der Wasserpumpe gefeuert; und diese Vergewaltigungen – das weiß ich von mehreren, auch von Ludwik, der dort hingejagt worden war, mit Ludmila, der ganzen Familie – immer mal wieder kam eine Frau auf ihre Familien»parzelle« zurück, zu ihrem Mann, laut brüllend, nach einer Vergewaltigung.

Mokotów – siehe oben.

Czerniaków – weiß man.

Nach der Kapitulation von Żoliborz – am 30. September – war schönes Wetter, Hitze. (Wundert euch nicht, dass mir das plötzlich einfällt. So ist das. Und Korrekturen mache ich keine, damit dieses Ringen der Erinnerung und diese Vereinzeltheit der Stadtteile herauskommt.) Blieb nur noch Stadtmitte. Doch was war dort zu sagen, in Stadtmitte? Dass die Krucza da war? Mit den Querstraßen? Oder die Złota? Und das alles so ein Als-ob.

Und der Rest?

In Trümmern.

Den Rest gibt es nicht mehr.

Was also?

Ein paar halb- und viertelerhaltene Straßen, die allenfalls noch eine gewisse Ähnlichkeit mit einer Straße haben. So kam es einem damals vor. Jetzt würden einem auch diese nicht mehr wie Straßen vorkommen. Niemals.

Die Mühle war leer. Alles Getreide war zu den Truppen getragen worden, so viel es auch geschienen hatte, aber jetzt war es weg. An Waffen indessen hatte es nie viel gegeben. Und was für Waffen überhaupt? Gelächter im Saal. Man wusste, sie würden sich jeden Augenblick in Bewegung setzen, mit Bomben, Kühen, Panzerzügen, Artillerie verschiedenster Art, Panzern – alles drauf auf die Stadtmitte. Auf die Krucza. Und dann?

Ein Haufen Trümmer? Eingestürzte Keller? Und ein Haufen Leichen?

Unnötiges Klugscheißern. Andere haben schon längst die Geschichte gemacht und die Schlüsse daraus gezogen und verkündet. Die Sache ist bekannt. Ich rede von mir – einem Laien. Und von anderen. Auch Laien. Falls es uns gestattet ist etwas zu sagen, denn wir sind auch dort gewesen. Laien mit Nichtlaien. Alle zusammen zu ein und derselben Geschichte verurteilt. Nach den verschiedenen Septembergerüchten hatten wir immer größere Hoffnung geschöpft. Auf Überleben. Also doch nicht verurteilt? Wenn wir nur auf diesem Gelände hier noch die Katastrophe abwenden könnten? Vielleicht lohnte es sich zu verteidigen, zu retten, was man kann, wen man kann. Vielleicht lächelt an dieser Stelle jemand mitleidig. Jetzt? Nach alledem? Aber ja.

Wir lebten. Immer noch. Und dieser Mann mit der abgerissenen Wange ging indessen mit wieder angenähter Wange auf der Krucza umher, ohne Verband. Kapitulation lag in der Luft. Die Sonne auch. Der Staub auch. Das heißt: Hitze mit Krachen und Trümmern. Denn die schossen! Und schossen!

Und ich rannte wohl an diesem Tag ausgerechnet in die Żurawia. Zu Swen. Diesmal nach oben. Denn irgendwie stellte ich mir vor, Swen sei oben. Nein. Das war wohl der nächste Tag. Ich konnte das nicht denken. Dass sie am 30. September im ersten Stock sind. Oder vielleicht doch. Ich glaube, es war der 30. September. Denn da war noch etwas von dieser Gefährdung direkt von oben, aus dem Himmel. Und es war schon etwas vom Ende, Desaster, Aufgeben der Waffen. Ein Donnerschlag. Ich bitte um Verzeihung für die Metapher. Denn von Kapitulation redete man nicht nur. Es gab – meine ich jedenfalls – eine offizielle Verlautbarung zu bevorstehenden Verhandlungen.

30. September. Ich gehe zur Żurawia. Es ist hell draußen. Sonnenlicht fällt durch die Treppenhäuser, die Wohnungen. Vielleicht waren die anderen gar nicht offen, nur diese eine, auf dem ersten Stock, die Wohnung der Szu.s, von vorne bis hinten, eine Flucht. Etwas rumpelte. Überall lag etwas. Es hörte sich nach vielen Menschen an. Wo? Unten? Hier schimmerte es vor Leere. In der Sonne. Hier – im Treppenhaus. Es war früh, noch einige Zeit bis zum Sonnenuntergang. Und es zog, drängte in diesen Ajour aus Gesang. Von einer einzelnen Stimme. Heiser und brüllend. Doch fromm. Männlich-dörflich. Kellerhaft-gottesdienstlich. Obwohl sie aus dem ersten Stock kam. Wie sich herausstellte. Aus dieser Zimmerflucht. Ich wollte fast weghören. Und dennoch … Ich gehe durch die erste Tür. Warum das? Ich wollte doch wissen, was mit Swen war. Der Gesang wird immer durch-

dringender. Die nächste Tür. Das Brüllerische nimmt zu. Hier! Ich sehe jetzt, dass es Herr Szu. ist, der alte. Mit dem Rücken zu mir, zur Treppe, mit dem Gesicht zum Fenster, zum Hof und einem Punkt gegenüber. Und im Zimmer? Leere. Alles ist weggeholt. Nur dieser Gesang. Dieses Brüllen. Richtig. Mit Pausen. »Schön bist du, meine Freundin«, wie es sich gehört, halb gesprochen. Wieder Brüllen. Überlagern. Pause. Fachmännisch. Und wieder: »Wie die Zeiger der Uhr sich rückwärts bewegen.«

Was wollt ihr – vom Text des Stundengebets, von der Absicht, der beharrlichen Konzentration? Ich war wie vor den Kopf geschlagen. Das war wirklich die Liturgie des Stundengebets. Ich trete an Herrn Szu. heran. Der sitzt unbeweglich. Auf dem Stuhl. Die Hände im Schoß zusammengelegt. Und zelebriert. Und nichts. Er dreht sich nicht um. Unterbricht nicht. Sieht nicht. Hört nicht. Singt. Ich stehe hinter ihm. Soll ich fragen? Oder nicht?

»Verzeihung, soll …« Nichts.

»Verzeihung, mein Herr, kann …« Nichts.

»Ist Swen da?« Nichts, er brüllt weiter, unbeweglich.

»Ist keiner da? Hiiier? Sind sie hier? Nein?! Unten??« – laut. Und nichts. Dummer Miron. Herr Szu. brüllt, Miron macht einen Satz. Geht um ihn herum, von vorne. Herrn Szu. Dessen Augen aufs Fenster geheftet sind, auf den Himmel, die Hände wie oben (unten); singt (brüllt) und nichts. Ich ging um ihn herum und verlegen – richtig, ja, verlegen – ging ich schnellstens hinaus. Swen habe ich an diesem Tag wohl nicht gefunden, der Gesang heulte durchs ganze Treppenhaus hinter mir her, über den ganzen Hof und wohl noch weiter.

Das war doch ein seltsames Haus an der Żurawia. Und in der Anspannung zelebrierte Herr Szu. das Stundengebet zum Ende des Aufstands.

Das war ein Samstag. Noch krachten sie. Mit Mörsern, mit Kühen (keine Bomben mehr); auch in der Nacht – ich weiß nicht mehr was, man hatte sich gewöhnt. Und wohnte zwischen Federbetten im Keller unter dem Jugendstiltrutz, unter dieser »Kredenz« – Wilcza 23, das Haus hat durchgehalten, steht bis heute. Am Morgen glühte sie. Die Sonne. Weiterhin. Unverändert. Ein trockener Sommer. Und es war Sonntag. Was niemand wusste. Auch heute nicht. Sofort aber wusste man – es ist Oktober. Oktober ... Oktober ... Unfassbar. Der dritte Monat? Ja, der dritte. Also der wievielte Tag? Der zweiundsechzigste. Doch plötzlich wurde an diesem Morgen alles still. Die große Front war still. Die Deutschen waren still. Und wir waren still. Stille. Wie es sie seit dem 1. August nicht gegeben hatte. Hatten wir es schon vorher gewusst, hatten wir es uns gleich gedacht, oder war es die blitzartige Bekanntmachung, der Waffenstillstand bis zur Nacht und Verhandlungen? Ich glaube, die Bekanntmachung. Also das Ende? Wirklich? Man wusste, wenn sie verhandeln, werden sie sich einigen. Man glaubte, uns erwarte nichts Schlimmes, man wollte daran glauben, denn man hatte genug, vom Aufstand, vom Krieg allgemein, vom Hass, vom Töten, und vom Sterben. Plötzlich wollten wir – wir alle – leben! Leben! Herumgehen! Hinausgehen! Schauen! In die Sonne. Normal.

Und sofort kamen alle hinaus, aus all den Kellern, Löchern, Höhlen.

Auf die Straßen!

Weder Trauer. Noch Feiern. Unklar, was. Alles auf einmal. Einfach ein Hervorkommen der Menschen nach draußen.

Auch wir gingen hinaus. Der ganze Keller. Auf die Krucza. Auf der Krucza wimmelte es schon so von Menschen, dass man sich kaum hindurchquetschen konnte. Aber wer hatte es schon eilig? Wir gingen mit der ganzen Familie: Halina, Zocha, Stacha, Vater, Swen (er war zu uns gekommen), ich, Frau Trafna mit der Handtasche unterm Arm.

Ja, eigentlich war es ein Festtag, was soll man da verheimlichen. Wir gingen mit der Menge. Und eine andere Menge kam uns entgegen.

Die Menge strömte aus allen Toren, Höfen, Trümmern, Öffnungen und Durchgängen. An Trümmern mangelte es nicht. Die ganze Krucza bestand aus Barrikaden, Gräben. Trümmern und Menschenmengen. Im Sonnenschein. Und in dieser Stille, die durchzogen war von all dem hiesigen Rummel und Gewimmel des Hinausgehens – »in die Stadt«. An jeder Ecke traf man Bekannte, nähere, entferntere. Lief einander über den Weg. Redete. Blieb ein wenig stehen. Schaute zum Himmel. Alle mit allen. An der Ecke der Nowogrodzka stießen wir auf Irena P. mit ihrer Mutter und ihren Tanten, glaube ich. Auch hier waren Gräben. Barrikaden. Wir blieben stehen. Redeten etwas und betrachteten die Berge. Und plötzlich sahen Swen und ich hoch oben am blauen Himmel zwei Störche fliegen. Am 1. Oktober? Ich zeigte es den anderen, sie schauten, das war alles, dann redeten sie weiter. Und dann: Auf Wiedersehen, und weiter. Mit der Menge hinter die Aleje, oder eher vor die Aleje durch den unterirdischen Tunnel.

Es zog uns an die Chmielna, zu unserem alten Schuppen. Überhaupt zog es einen – man wollte gehen, gehen, schauen – nachschauen. Es war so ein Wirbel und Durcheinander der Eindrücke; diese Menschenmengen, und die Sonne, und dass es still war, und so viele Dinge am Wegesrand, das Gedränge, Entgegenkommende, ich erinnere mich nicht mehr, was weiter war. Chmielna 32, dort gingen wir hinein. Das weiß ich. Durchs Tor. Das Hinterhaus steht. Ich erinnere mich, dass wir vom Tor aus schon erspähten, dass unser Hinterhaus steht. Wir ließen den Blick über die Stockwerke wandern. Das zweite. Das dritte. Unseres. Und unsere Fenster. Ganz. Offen. Eingehakt. So wie wir sie hinterlassen hatten. Wir rannten nach oben. Das alles in der Sonne, der trockenen Hitze, dieser Durchsichtigkeit. Katzen waren keine da. Doch ja – alles war da. Stand. Auch Futter für die Katzen. Wo waren die Katzen? Wir rannten hinunter, zum Hausmeister. Der Hausmeister sagte uns, jemand habe gesehen, wie die Katzen eines Tages aus dem Fenster aufs Dach gegangen waren, und sie waren nicht mehr zurückgekommen. Die anderen blieben alle an der Chmielna. Nur Swen und ich gingen weiter, zum Platz, in die Szpitalna, und dann nach links in die Jasna. Über den Napoleon-Platz (Platz der Aufständischen). Gleich hinter dem Platz wurde es schrecklich.

Und es wurde immer schlimmer. Trümmer, nichts als Trümmer. Ruinen, nichts als Ruinen. Ich weiß nicht, was wir erwartet hatten. Es war doch wohl klar gewesen, dass diese Stümpfe von Krucza und Wilcza nicht alles gewesen sein konnten. Irgendwo stand hier und da noch was. Ein halbes Haus, anderthalb Häuser. Nur hatte das dann auch nichts mehr zu sagen.

Aber dennoch. Es war bestimmt das, was Adam sagte, als ich ihm von diesem Tag erzählte:

»Nun, plötzlich gibt es eine Rückkehr zur Norm, doch plötzlich ist keine Stadt mehr da, keine Häuser mehr, und dann eben … Verzweiflung …«

Ja, genau deshalb, weil Frieden war. Schluss. Alles vorbei. Zweihunderttausend Menschen lagen unter den Trümmern. Zusammen mit Warschau.

An der Jasna war es wohl am schlimmsten. Wir gingen

über entsetzliche Trümmer. Mal hoch. Mal tief. Hier war es leer. Swen fing plötzlich an zu weinen. Laut. Durch die ganze Straße. Das zog mir endgültig den Boden unter den Füßen weg. Ich hatte sowieso schon geheult. Nur vielleicht leiser. Wir kamen an den Dąbrowski-Platz. Auf allen vier Seiten und in der Mitte Trümmer. Und Leere. Und dieser Himmel. Mit verschlepptem Echo. Die Sonne ging gerade unter. Und irgendwo ging ein Schuss los. Im Sächsischen Garten. Und dann wieder Stille. Wir kehrten zurück. Wieder Schüsse. In der Nacht gab es ein paar Aktionen. Aber nichts Großes.

Am Morgen des 2. Oktober war alles insgesamt still geworden. Diesmal endgültig. Kapitulation. Ende des Aufstands. Wurde verkündet. Von heute an verlassen alle die Stadt. Bis zum 9. Oktober muss alles leer sein. Die ganze Stadt. Die Aufständischen legen die Waffen nieder. Die Arbeitsfähigen werden zur Zwangsarbeit ins Reich deportiert. Arbeitsunfähige und alleinstehende Elternteile werden im Gouvernement untergebracht. Die Sonne war an diesem Tag ausnahmsweise von Wolken verhüllt, denn als wir hinausgingen – Zocha, Vater, Halina, Swen und ich, diesmal auf die Piękna, um es so nah wie möglich und so schnell wie möglich an die Marszałkowska zu haben, wo wir den Abgang der ersten Leute sehen wollten –, da war es irgendwie so gedämpft. Von einem Abgang der Ersten konnte eigentlich nicht die Rede sein. Wenn man nach rechts auf die Marszałkowska sah, wimmelte es dort. Menschen … Menschen … die Schlange standen … schon warteten. Schon zum Auszug bereit, mit Bündeln, Familien. Die Marszałkowska war aufgegraben, von Sperren durchzogen. Barrikaden, Gräben. Die Menge stellte sich also auf der Seite auf, auf der wir waren. Mein Blick blieb an der Aufschrift »Imperial« (Kino) über der Menge hängen, und zwischen all den Menschen sah ich Wawa. Mit einem riesigen Hut. Wir schauten nach links: hier wogte die Menge schon über die ganze Breite der Straße. Wir gingen an unserer schmalen Kante entlang, auf unserer Seite, bis zur Ecke Marszałkowska, Koszykowa und Śniadeckich. Der eine Ausgang war gerade hier, von hier durch die Śniadeckich bis zum Platz des Polytechnikums. Und der andere führte zu den Aleje oder der Towarowa und von dort zum Zawisza-Platz. Von entfernteren Teilen der Marszałkowska und dem Erlöser-Platz kamen immer mehr Leute. Von der Koszykowa her, auf der linken Seite, noch größere Mengen. Die hatten sich alle mit ein paar armen Schluckern an der Śniadeckich zusammengeschlossen, und dort bewegte man sich jetzt ganz langsam weiter oder trat auf der Stelle, wimmelte geschäftig oder schaute sich um, rannte umher, sprang hin und her wie wir oder kam vom Mokotówer Feld zurück, von den Schrebergärten, mit roten Rüben, Karotten, Petersilie, Kürbissen, Armevoll Frisches, und diese Blätter, Düfte, Farben und die Gier, es in den eigenen Kochtopf zu tragen, um es so schnell wie möglich zu kochen und zu essen! Zum ersten Mal! So etwas – seit so langer Zeit! Diese Prozessionen vom Mokotówer Feld wurden immer größer, die Leute rannten, pflückten, trugen, kochten, aßen und rannten wieder, pflückten, aßen, nur noch ein paar Tage hierbleiben können, aufatmen, sich satt essen und dann erst weggehn.

Viele Leute, die schon fürs Weggehen bepackt waren, trieben sich um die Ecke des Hauptausgangs herum. Sie saßen auf Bündeln. Suchten Angehörige. Die Reste. Der Verirrten. Verabredeten. Koffer. Kinder. Manche bildeten regelrechte Lager. Wohl für die Nacht. An dieser Kreuzung von Koszykowa und Śniadeckich. Genau in der Mitte, wo fünf Straßenmündungen zusammenkamen, war ein großer Bombentrichter, um den die Menschen saßen, kreisten. Richtig. Das ist wahr. Diese Bombentrichter. In Abständen fallen mir immer wieder wichtige Dinge ein, dazu, wie es aussah und sich anhörte.

Dieser ganze Auszug aus der Stadt ging langsam. Er hatte etwas von einer Versammlung zum Jüngsten Gericht an sich. Wir haben wohl schon da spontan entschieden, dass wir am nächsten Tag gehen wollten, am 3. Oktober. Zaudern hatte keinen Sinn. Was sein würde, würde sein. Vielleicht würde es nicht ganz so schlimm. Klar, uns würden sie alle zum Arbeiten im Reich wegbringen. Bloß nicht in den Westen. Und bloß nicht zum Bauern (das war schon berühmt fürs Schuften und Hungern).

Der Hund beim Bauern jault,
Früh kriegt er Spülicht nur ins Maul,
Zum Mittag ein Stück Pansen dann,
so bellt er recht den Polen an.
Oj … lala lala – la – la
tra-lala-lala-la-la
alalalala-lala
alalala-lala-lala …

Wir hatten vor, zusammen zu gehen. Frau Jadwiga und Herr Stanisław. Die Wi.s komplett mit Kindern, mit Józia, Mutter, Jadzia. Wir alle. Frau Trafna. Zocha wusste Bescheid wegen Frau Trafna. Und die Woj.s wussten auch, dass sie Jüdin war. Viele Juden würden mit den Polen gehen, als Nicht-Juden. Andere blieben in den Trümmern, weil sie das lieber wollten. Doch im Allgemeinen hatten die Juden damals Vertrauen zu den Warschauern. Die Situation erleichterte auch das Vertrauen, das Nicht-Erkanntwerden, das Nichtdenken daran.

Meine Begegnung mit Juden, mit der ganzen Familie von Kuba:

Kuba war ein charmanter, gutaussehender, einfach schöner junger Jude. Er trug immer einen Hut, Stiefel mit Schäften. Und er war groß, hatte schwarze herrliche Augen und weiße herrliche Zähne. Ich kannte ihn. Ich, und auch andere kannten ihn. Er war schrecklich beliebt. Er ging umher und lachte. War sehr kokett. Aber nicht übertrieben. Da hatte er ein gutes Gespür. Und er war charmant. Das letzte Mal habe ich ihn am Dąbrowski-Platz getroffen, da, wo ich heute wohne; es war Sommer, Juni, Blitze, Gewitter, es schüttete; wir standen unter einem Vordach, und Kuba lachte mit diesen Zähnen über die Blitze. Und auch danach noch, als er mit einem Sack oder dergleichen für seine Familie davonging. Danach verschwand er. Was normal war. Ich dachte ab und zu an ihn und überlegte, ob es vielleicht schlimm um ihn stand. Und nun plötzlich – am 2. Oktober – stehen wir, treten auf der Stelle in unseren Höfen auf der Wilcza-Krucza. Wechseln die Hügel. Es waren viele. Und Täler auch. Beraten uns. Was. Wie. Wer wann mit wem geht. Ich schaue zur Seite. Diese weißen lachenden Zähne. Wie ein Maiskolben – sagt Ludwik. Unter schwarzen Haaren. Dieselbe schöne Gestalt. Ich schaue und kanns nicht glauben. Aber der lacht. Kommt herbeigelaufen.

»Kuba!«

»Wie geht es dir!«

»Bist du es?«

Er lächelt. Breit.

»Wie bist du durchgekommen?«

»Gut.«

»Wo bist du? Und sonst? Was machst du? Bist du allein? Gehst du weg? Nein? Kuba! Also so was …«

Kuba, voller Vertrauen zu mir, zu Vater, der neben mir steht, zu Herrn Stanisław – sagt:

»Wir sind hier in den Trümmern. Auf der Wilcza. Die ganze Familie. Die ganze Zeit. Sechsundzwanzig Leute. Wir haben uns eingerichtet. Und ihr? Geht ihr?«

»Na ja, sieht so aus.«

»Wirklich, ihr wollt gehen? Zu den Deutschen? Warum?«

»Ja, so richtig wissen wir das selbst nicht.« In der Tat wollte Halina gerne in den Trümmern bleiben. Ich auch. Vater und Zocha so halb, halb. Aber irgendwie schien es beschlossene Sache, dass wir gehen würden. Aber Kuba redet uns zu:

»Bleibt bei uns! Wir haben es gut. Euch wird es nicht schlecht ergehen. Wir haben zu essen. Wir haben Vorräte. Sie werden uns nicht finden.«

»Vater«, sage ich, »vielleicht doch?«

»Was weiß ich!« Vater begann zu überlegen.

»Bleibt bei uns.«

Ich wollte Kubas Zureden nachgeben. Ich fand Gefallen daran. Am Bleiben. Sie hatten Erfahrung. Kuba war klug, ein toller Kerl. Ich hatte wirklich Lust. Große. Und Halina auch. Denn ich rannte gleich zu ihr.

»Wir schauen mal«, sagte ich zu Kuba.

»Bleibt bei uns.«

Halina und ich waren entschlossen. Wir hatten überhaupt keine Lust, zu den Deutschen zu gehen, ins Unbekannte, zur Zwangsarbeit. Oder vielleicht sogar Schlimmeres? Obwohl man damit rechnete, dass die Deutschen es nicht mehr lange machen würden. Aber wie lange noch – das war die bange Frage. Noch ein halbes Jahr? War es da nicht besser, in den Trümmern zu bleiben?

»Wer soll uns finden?«

Zocha ließ es sich auch durch den Kopf gehen. Und Vater. Und einen Augenblick schien es fast, als würden wir bleiben. Aber dann bekamen sie Angst. Vielleicht war es gefährlich. Wen sie finden, den bringen sie um. Aber wenn sie uns wegbringen (wir also weggehen), dann ist das zum Arbeiten, und damit hat es sich. Zum Leben, nicht zum Sterben.

Wir wollten uns nicht wieder voneinander trennen. Obwohl es dann am Schluss doch anders wurde. Denn dann fing es an mit dem blöden Sich-Aufteilen, dem Nicht-Zusammenbleiben. Nach und nach. Immer mehr. Es fing an mit Swen. Statt mit uns zu gehen, wollte er mit Zbyszek (falls dieser als Zivilist gehen wollte), dann doch nicht. Irgendwie hatten wir uns auf nichts geeinigt. Wir hatten nichts verabredet. Das war meine Schuld. Ein wenig auch Halinas. Ach was, Halina ist nicht schuld. Ich! Schlampigkeit. Größtenteils dadurch, dass man sich verpasste. Sich nicht rechtzeitig traf. An dem Tag war Swen noch bei uns. Oder ich bei ihm. Dass Swen noch beleidigt war wegen dieser Sache mit Stacha und dem Wasser damals, und auch noch wegen diesem und jenem und anderen Kleinigkeiten – was machte das schon? Ich habe nicht gehandelt. Und ich war der Verlierer. Swen war es im September nicht gut ergangen. Mit dem Dasein. Mit dem Waschen. Mit dem Essen. Alles schlecht. Und dazu noch der Durchzug. Denn so war es an diesem Ort nun mal. Trotz der Hitze. 1939 hatte Ludwik auf dem Kercelak zwischen zwei Feuern im Tor gestanden und im Durchzug der Flammen vor Kälte gezittert.

Herr Szu., der mit dem Stundengebet, hatte damals gar nicht den Verstand verloren. Denn jetzt bereitete er mit der Familie etliche Gläser mit Schmalz vor. Ihr Sohn hatte einen Koffer voll Geld. Für alle Fälle. Was ich darüber weiß, habe ich erst soundsoviele Monate später erfahren. Nachdem ich Swen mit Mutter getroffen hatte. Seiner. Denn hier hatten wir uns irgendwie verloren, waren getrennte Wege gegangen. Swen ging mit den Szu.s. Zum Ursus[37]. Dort wurden sie hingetrieben. Die Alten wurden von ihnen getrennt. Den Sohn (den mit dem Geld) und Swen schickten sie auf Zwangsarbeit, zur Deportation im Güterzug. Aber in einem offenen Waggon. Sie fahren und fahren. Es ist Nacht. Irgendwo. Weit weg. Noch Gouvernement. Der Zug biegt ab. Verlangsamt. Sie springen raus. Zuerst irgendeiner. Ein Schuss. Was? – Wer weiß? Dann wirft Szu. den Koffer mit dem Geld runter. Swen sein Bündel. Und dann sie selbst – Hopp! Hopp! Rennen ins Dorf. Gleich da ist Schwanzdorf. Gouvernement. Kielcer Gegend. Auf Polnisch: Ogonowice … Sie gehen in eine Hütte. Nachtlager. Ausfragerei. Eine stockende Erleuchtung. Mutter, Tante Uff. und Celina. Und Lusia mit Frau Rymińska. Alle sind sie hier. Man glaubt es nicht. Aber so war es.

Unsere Altstadtfamilie: Swens Mutter, Tante, Celina, Lusia mit Mareczek und ihre Mutter waren bei der Stürmung durch die Deutschen herausgekommen, wenige Stunden nachdem wir in den Kanal gegangen waren. Einzelne Granaten wurden noch geworfen. Aber es war nicht mehr so schlimm. Wenigstens in ihrer Nähe nicht. Sie wurden nach Pruszków gebracht, das heißt zum Ursus. Der Mutter und Tante drohte nichts. Celina die Zwangsarbeit. (Sie war 1942 einige Monate in Majdanek gewesen.) Die Frauen verkleideten sie. Das heißt, sie zogen ihr an und über, was sich finden ließ. Deckten sie zu. Mit Tüchern. Damit sie alt und hässlich wirkte. Und so sind sie durchgekommen. Durch die Selektion. Alle als arbeitsunfähig. Ins Gouvernement.

Aber zurück zu dem großen Fortgehen. Dem endgültigen. Dem sogenannten Auszug. Der Tag der Kapitulation zog sich endlos in die Länge. Die einen waren schon auf dem Weg. Die anderen machten sich noch bereit. Jene überlegten es sich. Andere kamen vorbei. Berieten sich. Und alles in Bewegung. Immer mehr Begegnungen. Versammlungen. Und immer mehr Unentschlossenheiten. Dieses blöde Auseinandergehen. Dämlichkeit. Nichthü-Nichthotterei. Und außerdem noch – Wassertragen, soundsovielmal öfter als gewöhnlich, zum großen Waschen vor dem großen Weggang. Ganz Warschau begann sich zu waschen. Familienweise. Kellerweise. In allen möglichen Gefäßen. Ich weiß nicht mehr, wie es mit dem Rasieren war. Sicher, wer Rasierzeug hatte, der rasierte sich. Nach dem gestrigen Feiertag des Hinausströmens auf die Straße war heute der Tag des Sich-Herrichtens. Wir verschoben unsere Wäsche auf den Abend. Unterdessen begannen wir zu beratschlagen, was wir mitnehmen sollten. Wie viel wir tragen konnten. Und was wir angesichts dessen hierlassen und aufgeben sollten. Alle berieten sich darüber. Die Wi.s hatten plötzlich mehr Grütze, als sie gemeinsam tragen konnten. Wir hatten noch ziemlich viel Weizen übrig, den wir auch zurücklassen mussten. Teilweise. Es gab auch solche, die nichts hatten. Aber etliche mussten etwas zurücklassen, was sich noch gut hätte verwenden lassen, sei es Essen, sei es Kleidung. Aber man konnte es nicht mitschleppen. Nachdem wir beschlossen hatten, was wir nehmen, mussten wir uns darüber beraten, in was wir die Sachen mitnehmen würden. Am besten so: Jeder nimmt etwas auf den Buckel und in die Hand das, was ein jeder zusätzlich mitnehmen möchte. Vater und Zocha verfielen auf die Idee, für jeden von uns fünf eine Sacktasche zum Tragen auf dem Rücken zu nähen. Mit Gurten, à la Rucksack. Taschen aus Segeltuch. Mit Gurten aus Segeltuch. Leder gab es keins. Segeltuch aber wohl. Und eine Nähmaschine fand sich. Zocha, Halina und Stacha machten sich daran, diese Taschen zu nähen. Ich trieb mich herum auf der Suche nach Heften und Bleistiften. In einer Ecke in Frau Rybkowskas Wohnung fand ich eine Kabause. Vollgestopft mit Stapeln von Heften. Vielleicht war sie nicht ausgebeult. Aber sie wirkte ausgebeult von diesen Heften. Es war muffig. Die Hefte waren alt. Schnell riss ich die unbeschriebenen Blätter heraus. Just in dem Moment kam Frau Rybkowska herein.

»Was machen Sie da? Das sind die Schulhefte meiner verstorbenen Tochter!«

»Aber ich ...«

»Also wirklich, mein Herr!«

Mein »Aber ich« half nichts. Da das Herausreißen von Blättern aus alten Heften nichts Selbstverständliches war, ließ sie sich nicht überzeugen. Auch nicht davon, dass ich sie nur zur Erinnerung haben wollte. Als Frau R. gegangen war, machte ich mich wieder daran, Blätter auszureißen. Auf irgendetwas musste ich ja schreiben. Unterwegs. Und bei der Deportation. Sobald sie also draußen war, riss ich weiter.

Ich glaube, nachdem die Taschen genäht waren, gingen wir draußen noch ein wenig spazieren. Oder noch mal in die Chmielna? Ich weiß, dass ich mit Vater in die Złota gegangen bin. Wir wollten uns noch mal mit Sabina treffen, zum Abschied. Es war Nachmittag, bewölkt, aber kein Regen. Die Bewölktheit kam weniger von oben als von unten, von all dem Gewimmel. In dieser Richtung zogen ja auch Leute hinaus – zum Zawisza-Platz. Und kamen auch von dort, gingen vorbei, berieten sich. Die Häuser waren schwarz und grau. Zugleich. So wie die Menge. Die Balkone teils abgebrochen. Und plötzlich auf diesen Balkonen – wenngleich man kaum »auf« sagen kann – Menschen. Köpfe in den Fenstern. Es wunderte einen, dass sie von oben auf die Straße schauten. Sie waren so lange nicht mehr oben gewesen. Immer mal wieder wurde ein Verwundeter auf einer Trage vorbeigetragen. Oder ein Kranker.

Sabina und Czesław machten sich in ihrem Kellerchen zu schaffen. In Ruhe. Sie waren beim Essen. Oder wollten gerade essen. Sie hatten nicht vor, rauszugehen, weder am nächsten noch am übernächsten Tag. So spät wie möglich. Wenn es sich ordentlich geleert hatte. Wozu sich beeilen? Und sie sind am 9. oder 10. Oktober gegangen. In einem Stockwerk waren noch Wohnungen erhalten. Die von Sabina, von Czesław, von Czesławs Schwester. Ich ging nach oben und stellte mich auf den zerschossenen Balkon. Die Menge wimmelte. In Windungen. Zusammengeballt. Umging Hindernisse. Mal nach links. Mal nach rechts. Mal in der Mitte.

Die Straße war von Raunen erfüllt. Und da hinein mischte sich ein Ton, eine Art betrunkener Verrücktheit. Laut. Immer näher. Eine Ansprache? Ich sah in der Menge – doch etwas erhöht, wie auf diesen Hügeln mal gehend, stockend – einen Betrunkenen. Womöglich auch Verrückten. Er hielt seine Ansprache an die Menge:

»Leeeuute … wohin geht ihr denn weg von hier! Leeeuuute! Schon Napoleon hat gesagt …«

Niemand hörte zu. Die Ansprache war irgendwie seltsam.

Von Sabina aus gingen wir hinaus in diesen Ameisenhaufen. Auf die Krucza. Solange es noch Tag war. Um uns zu waschen.

Es war eine große Wäsche. Und eine lange. Einer nach dem anderen. In einer Schüssel, mit heißem Wasser, auf allen vier Flammen erhitzt. Alle wuschen sich. Halina, Zocha, Stacha, ich, Herr Stanisław, Frau Jadwiga, Papa.

Es kam der Dritte Feiertag. Das scheint wie eine Metapher. Aber scheint nur so. Das spürte ich damals. Und nicht nur ich. Der Tag der Kapitulation ging zu Ende. Der Tag, der am Morgen noch der letzte, der dreiundsechzigste Tag des Warschauer Aufstands im Jahre 1944 gewesen war.

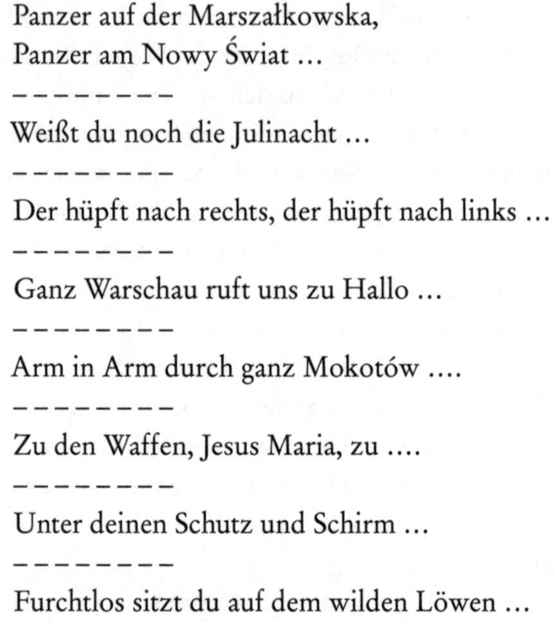

Panzer auf der Marszałkowska,
Panzer am Nowy Świat …

– – – – – – – –

Weißt du noch die Julinacht …

– – – – – – – –

Der hüpft nach rechts, der hüpft nach links …

– – – – – – – –

Ganz Warschau ruft uns zu Hallo …

– – – – – – – –

Arm in Arm durch ganz Mokotów ….

– – – – – – – –

Zu den Waffen, Jesus Maria, zu ….

– – – – – – – –

Unter deinen Schutz und Schirm …

– – – – – – – –

Furchtlos sitzt du auf dem wilden Löwen …

Es wurde einem ganz schummrig im Kopf. Am 3. Oktober, das war ein Dienstag, gingen wir noch einmal in die Chmielna. Die Leute liefen die ganze Zeit herum, bereiteten sich aufs Weggehen vor, kamen auf die Straße, trafen sich, holten sich rote Beete und Möhren vom Mokotówer Feld. Auch wir waren eigentlich dauernd unterwegs. Das Ehepaar Bałturkiewicz, die Gastgeber des Quartiers an der Ecke der Zgoda, holten uns in ihren Keller, damit wir uns richtig einkleiden konnten. Ich weiß nicht mehr, ob ich damals einen Mantel bekommen habe, ob ich ihn von Zocha und Vater bekommen habe oder von ihnen. Von ihnen habe ich jedenfalls dort Winterschuhe bekommen. Für den Auszug. Und nicht nur ich. Die ganze Familie wühlte dort im Keller herum. Zwischen den Stiefeln. Ich war stillschweigend voller Bewunderung, dass diese Leute sich noch um andere sorgen. In diesem Keller habe ich in den Kohlen den Entwurf eines meiner Stücke vergessen. Es hat sich nie wiedergefunden. Die Tür zur Chmielna war zugeschlossen. Unnötigerweise. Denn die Deutschen hatten das Haus abgebrannt. Aber wer konnte wissen, dass es in Trümmern liegen würde, dass nur mein Vater und ich hier soundsoviele Monate zu zweit verbringen würden? Dass wir mit einem Pinsel und nasser Farbe in einem Topf hierherkommen würden und dass wir in Großbuchstaben schreiben – oder malen – würden:

ZOCHA, HALINA, STACHA,
WIR SIND AN DER POZNAŃSKA 37/5.

In Schuhen und Mänteln, mit etwas (Skifahrerischem, das trug man damals) auf dem Kopf, machten wir unseren letzten Gang durch die Krucza. Voller Gedränge. Ich glaube, Swen ist noch bei uns vorbeigekommen. Dann haben wir uns also doch noch mal gesehen. Und uns für diese blöde Trennung entschieden. Und haben uns weder verabschiedet noch nicht verabschiedet.

Vater und ich holten noch im letzten Moment unsere Dokumente, Halinas Abiturzeugnis, den Fotoapparat und meine Aufzeichnungen (dieses Drama über den Aufstand – anders als in der Zgoda), geschrieben auf dem Papier von der

Kapitulna. Um sie zu vergraben. Im Keller, das heißt im Luftschutzraum der Wilcza 21. Seit zwei Tagen saß niemand mehr in den Luftschutzräumen. Wir gingen hinunter. Es war pechschwarz. Leer. Wir wickelten den Apparat in Lumpen. Legten die Papiere – alle zusammen – in eine Blechdose. Gruben eine kleine Grube. Gruben die Sachen ein. Und klopften die Erde fest. Nach der Rückkehr im Februar haben wir sie ausgegraben. Sie waren da. Andere Sachen – an der Miodowa, an der Zgoda, die sorgfältig mit Ziegeln abgedeckt gewesen waren, hatten sich in der Feuchtigkeit aufgelöst. Swen war auch dort, allein. Und auch seine Sachen waren nicht mehr da.

Schließlich nahm jeder seine große weiße Tasche aus Segeltuch auf den Rücken. Mit angenähten Gurten. Und alle gingen hinaus. Wir. Die Woj.s, die ganze Familie Wi. Über die Piękna. Zur Marszałkowska. Dort verdichtete sich die Menge schon. Und in dieser Menschenmenge arbeitete man sich vor bis zur Ecke von Śniadeckich, Koszykowa und Marszałkowska mit dem bereits erwähnten Bombentrichter in der Mitte (wo Leute nächtigten). Heute war es etwas leichter, sich in die Strömung zu finden. Denn es war eine Strömung. Da an der Śniadeckich. Das war schon die Hauptströmung derer, die auszogen. Es war schönes Wetter, meine ich, nicht ganz sonnig. Aber warm. Die Śniadeckich hatte an beiden Seiten Mauern, teils angebrannt, geborsten, teils ganz. In jedem Fall sah sie nach Straße aus. Man ging langsam. Denn die Leute nahmen die ganze Breite ein, gingen dicht an dicht. Dabei musste man achtgeben, dass man nicht in ein Loch in der Fahrbahn stolperte oder gegen Tragen mit Verletzten. Man ging und ging. Obwohl es keine lange Straße ist. Manchmal entstand links oder rechts von uns oder vor uns eine kleine Lücke. Dann ging man kurz schneller. Oder man machte einen Bogen nach links. Oder nach rechts. Keine Ahnung weshalb.

Man redete etwas. Hielt Ausschau. Was weiter kam. Aber weiter – da waren nur Menschen, Menschen, Menschen. Von all diesen Menschen zusammen stieg ein einziges Raunen auf. Man war in diesem Raunen, mittendrin. Und selbst erzeugte man Raunen. Mit den Füßen. Mit dem Sprechen. Das Raunen kam in Wellen. Denn immer mal wieder drang ein Stöhnen hervor, ein Rufen. Manchmal kamen Tragen an uns vorbei. Man spürte buchstäblich ein Wogen. Und so eine Art Fließen. Das ein Davonfließen war.

Die Mauern der Śniadeckich hörten allmählich auf. Da, ganz nah. Und dann strömte alles hinaus auf den Polytechnikums-Platz. Hier änderte sich der Widerhall. Und man geriet in ein hastiges Drunterunddrüber. Aus der Menge bogen eilig die Tragen ab, eine nach der anderen. Die Schreie der Deutschen. Heranfahren der Krankenwagen. Autos. Verladen der Kranken und Verwundeten. Grüne Uniformen. Der Nazis. Zerfetzt. Viele. Das alles vor dem Hintergrund der Barrikade, die quer über den Platz stand. Auf der Barrikade lag ein weißes Tuch. Die Barrikade reichte nur über die Hälfte. Weiter entfernt, seitlich an ihr vorbei ging der Autoverkehr. Und die Deutschen waren dort. Die, die uns übernommen hatten. Ein Offizier betrachtete uns forschend, als wir an die Barrikade kamen, mit erhobenem Kopf. Er betrachtete jeden einzeln nacheinander. Irgendwann auch mich. Er trat auf mich zu. Und tastete mich schnell ab, von oben bis unten. Und schon stand er wieder an seinem Platz auf der Seite, ließ die Blicke schweifen und sprang auf die Nächsten zu. Aber nicht so oft. Ich wunderte mich damals, dass er sich mich ausgeguckt hatte. Als Verdächtigen. Oder einen mit versteckter Waffe. Die Aufständischen sollten ja am

Schluss gehen. Und sie sollten hier ihre Waffen niederlegen. An der Barrikade. Und so war es. Zweiundzwanzigtausend. Am 9. Oktober. Diejenigen, die als Zivilisten hinauszogen, hatten alles abgelegt, was irgendwie nach Uniform aussehen konnte. Und niemand hatte vor, Waffen bei sich zu tragen. Warum? Jetzt? Offensichtlich traute man uns nicht. Heute wundere ich mich nicht, dass er mich abtastete. Sie trauten den Jungen nicht. Und ich war zweiundzwanzig. Und die Tatsache, dass ich mit Familie zog, in der Menge, mit einer Tasche auf dem Rücken, was hieß das schon … Auf gewisse Weise mussten wir für sie sonderbar aussehen. Sowohl die Zivilisten. Als auch die Aufständischen. Sie waren einander ja gar nicht so unähnlich. Alle Menschen, die damals auszogen aus Warschau, waren einander ähnlich und sahen ganz anders aus als alle anderen.

Vielleicht war dieser Tag doch bedeckt, mit leichtem Regen? Denn da war der Autoverkehr. An den Barrikaden und in die Nowowiejska hinein hörte es sich für mich nass an. Ja, so als wäre die Fahrbahn nass. Ein wenig. So sehe ich es vor mir. Und gleich dann das Spital aus rotem Backstein. Links. Ziegelverkleidet. Und auch das war glitschig … Das ist möglich. Aber nein. Ich sehe das auch nass vor mir. Niemand hat darauf geachtet. Nicht im Geringsten. Alle waren zu sehr mit diesem Auszug beschäftigt. In die Welt hinaus, was auch immer das sein mochte. Nicht so sicher. Diese Welt. Aber mit Hoffnung. Und vorläufig nicht so weit weg. Doch hinter den Barrikaden wirkte sie schon weit weg. In die weite Welt wollte niemand. Das war klar. Generalgouvernement – dann hatte man gewonnen. Groß. Solche wie wir konnten darauf nicht hoffen. Nur wenn wir uns irgendwo vom Acker machten, in Pruszków, unterwegs, aus dem Zug.

Wir sollten ins Reich bugsiert werden. Die Deutschen

machten den Eindruck, dass sie klar sahen, planvoll waren, nicht den Verstand verloren. Bis zuletzt. Imponierend, will ich schon sagen. Diese Tradition. Die es gegeben hatte. Aber unter Hitler umso schlimmer, dass sie da war. Außerdem waren sie verblüfft über unsere Menge. Dass so viele hinauszogen. Es waren doch so viele umgekommen. Und so viele hat man schon vorher hinausgetrieben. Nach dem Zusammenbruch der einzelnen Stadtteile. Der Straßenzüge. Aus allen Teilen Warschaus. Und so viele – waren noch da. Wir waren selbst erstaunt darüber. Dass wir so viele waren. Vor uns eine Schlange, unendlich. Und über die ganze Breite der Straße. Bis ins Unendliche – es ließ sich gar kein Anfang ausmachen. Und hinter uns – da ließ sich kein Ende ausmachen. Die Nachhut der Nachhut ging am 9. Oktober. In diesem Auszug nach der völligen Kapitulation.

Woher nahmen wir so viel Zuversicht? Deportationen aus Warschau waren doch schlimm gewesen. Deportationen aus dem Ghetto in verchlorten Waggons, in denen die Leute starben. Deportationen in die Lager. Deportationen zur Arbeit, Zwangsarbeit, das war ja noch ein Glücksfall. Man wusste doch nie, was sein würde. Mein Onkel, der an der Bielańska wohnte, der Mann von Tante Olimpia-Limpcia, war am 31. August nach Auschwitz deportiert worden. Deshalb habe ich gesagt »Dieser arme Stach«. Limpcia bekam eine Schachtel mit Asche. Vielleicht meinten wir, wir hätten eine Chance, weil wir zu so vielen waren. Wie diese Ameisen im Wald in Buchnik bei Jabłonna. Die ich vor dem Krieg dort gesehen hatte. Wir waren ganz nah an der Landstraße damals, nach links lag der Wald, und dann ging es ein gutes Stück bis zur Weichsel; wir wachen früh auf, ein Rauschen, wir rennen hinaus, da war die Weichsel zu uns gekommen, Hochwasser, wir schauen auf den Boden, hier fließt ein schmales

Rinnsal, dort wird es schon breiter, daneben noch eins, da noch eins, und alles wird mit jeder Sekunde breiter, und da kommt plötzlich eine große Kugel vorbeigeschwommen, aus Ameisen; ich weiß nicht, ob sie überlebt haben, oder nur die unteren nicht, oder ob sie nach und nach alle ertrunken sind. Sie hatten was erwartet und müssen sofort diese Kugel gebildet haben; vielleicht schoben sie sich auch abwechselnd in die Mitte? So wie die Menschen in dem Film »Das Wunder von Mailand«[38]. Im ersten Sonnenlicht ganz früh fahren sie auf aus ihrem verfrorenen Schlaf, drängen sich zu einem Haufen zusammen, jeder will in die Mitte, und ständig wühlen sie sich ins Zentrum. Ludwik winkte verächtlich ab, er hatte das ganz unmetaphorisch auf dem Zieleniak erlebt – die ersten Nächte des Aufstands waren kühl und nass, und sie lagen auf den bloßen Pflastersteinen.

Dieses Gefühl »wir sind so viele, da wird uns schon nichts passieren« kann gut ein Irrtum sein. Seit dem Ghetto glaube ich nicht mehr daran.

Wir gingen nun also auf der Nowowiejska. Wir hatten keine Wahl. Die Wahl hatte man vor der Śniadeckich. Wir hätten mit Kubas Familie in den Trümmern bleiben können. Unter dem Gebirge der Sienna, Śliska, Pańska. Aber wir waren nicht geblieben. Wir gingen. Langsam. Kamen näher. An die Kreuzung. Mit den Aleja Niepodległości.

Hier bog der Strom nach links. Zur Wawelska. Das heißt – Richtung Mokotówer Feld. Und wieder nach rechts. Am Rand des Felds entlang. Über die Wawelska. In der Luft lag ein Geruch nach Möhren. Nach Grünzeug. Die Sonne brach hervor. Vor uns zog und zog sich die Schlange. Ganz weit in der Ferne sah man sie noch. Denn man konnte weit sehen. Zur Rechten verbrannte Villen und die Eleganz der Staszic-Siedlung mit den Gärtchen, zweistöckigen Häusern in Gärtchen, und diese kleineren. Alles verlassen, schon lange. Wir gingen sehr langsam. Kamen sogar immer mal wieder zum Stehen, denn es gab Staus, Ballungen. Alle paar Meter schlurfte eine Wache neben uns her. Ich glaube, sie schlurfte. Oder wurden wir von einer Wache an die andere weitergegeben? In manchen Abschnitten gingen sie auf jeden Fall mit. Das waren Wehrmachtler. Andere als die an der Barrikade. Sie riefen laut, ohne Boshaftigkeit. Mit Humor. In Kauderwelsch. Sie rupften Möhren, Tomaten. Riefen den Frauen zu:

»Marijaa! He! Mariaa!«

Und gaben ihnen, was sie abgerupft hatten. Die Warschauer »Mariaas« nahmen es an und aßen. Antworteten irgendwas, in einer Mischmaschsprache.

Bei einem Stau setzten wir uns nach und nach hin. Die Wehrmachtler ließen es zu, sehr höflich. Sobald sich der Stau auflöste, riefen sie wieder:

»He, Mariaaa!« oder so ähnlich, es sollte weitergehen.

Diese Wawelska stimmte die Menschen heiter. Denn das Mokotówer Feld duftete, es krachten keine Bomben, und da waren diese Wehrmachtler. Man sah, auch Deutsche konnten Menschen sein, wie Konrad Wallenrod nach den Worten sagte: »Genug der Rache.«[39]

Vielleicht sollte ich näher beschreiben, wie Warschau am Rand aussah, so scheinbar in Gänze und zum Abschied. Denn dort war damals der Rand von Warschau. Mokotów war unsichtbar. Es brach schon früher ab. Und das Mokotówer Feld ging, nach einem Bogen um die Stadtteile Grójecka und das alte Ochota (auch kleiner, kürzer), immer weiter und weiter, bis weiß der Himmel wohin, offen, nach Koluszki und Konstantynopol. Also – Warschau vom Rand aus. Aber betrachteten wir es damals so? Ein wenig schon. Doch wir kamen ja aus der Mitte von dem, was da aufragte. Und deshalb war es nicht unbedingt beeindruckend. Ein wenig übertreibe ich. Auf der einen Seite das Mokotówer Feld, wo viel wuchs. Und kein Mensch war zu sehen. Rechts ragen immer noch Straßen auf, Häuser, eins nach dem anderen, reihenweise – und auch alles dunkel und leer. Und mitten hindurch, nach vorn und nach hinten, ziehen wir hinaus. Ziehen und ziehen. Und setzen uns kurz hin. Und gehen weiter. Und reden. Und alle gehen wir dieselbe Straße entlang. Das war eher ungewöhnlich. Hinter Żwirki und Wigury, damals noch gar nicht straßenhaft, gelangten wir ins Zentrum von Ochota. Zwischen Zertrümmerungen links und Zertrümmerungen rechts. Auf der Grójecka war bestimmt Betrieb. Aber ich kann mich nicht daran erinnern. Auch nicht an die anderen von uns – die vom Zawisza-Platz kamen. Und auch nicht an Durchfahrtsverkehr der Deutschen. Ich erinnere mich an unsere Route. Die Überquerung der Grójecka. Ich erinnere mich an Kopfsteinpflaster und Schienen unter den Füßen. Trümmer. Brandgeruch. In der Nase. In den Augen. Ich erinnere mich, wie wir uns alle umschauten. Aber ich weiß nicht mehr, nach was. Wir kamen hinaus auf das kleinere Ruinenfeld der Kopińska, wo kleine einstöckige Häuser gestanden hatten, Holzhäuser, Remisen mit Ställen. Die Kopińska hatte eng gelegtes Katzenkopfpflaster, eine laibige Wölbung, deren Seiten abfielen. Zu zwei Gossen mit Bretterstegen, über die man in die Einfahrten gelangte. Sie brach ab. Bald. Das heißt – sie ging weiter, doch schon als Übergang zum Westbahnhof, durch ein Feld mit Gärtchen, fast als wäre es noch das Mokotówer Feld. Man sah schon die Böschungen, Bahnsteige, Waggons. Güterwaggons. Viele. Eine Menschenschlange in Windungen. Und am Ende, vor dem Hintergrund der Bahnsteige, ein riesiges Durcheinander. Hinter dem Ende des Weges, also hinter den Gleisen und Bahnsteigen mussten die Trümmer von Wola aufragen, die Rundbauten und Trommeln der Gaswerke. Ich weiß nicht, ob wir dort an dieser Stelle den letzten Blick auf Warschau hatten.

Rangiergleise. Schreie. Bewegung. Zusammengedrängte Haufen von Menschen, Kram. Wir sind nicht weit von den Bahnsteigen. Ganz langsam gelangen wir dorthin. Am Ende der Kopińska taucht plötzlich eine Gruppe Polen auf. Sie tragen Schaufeln, Säcke, Beutel, Zwiebeln, Tomaten, Kartoffeln. Neben uns Schwaben[40]. Und die Bahnhofsarbeiter. Bahnsteigaufseher. Auch Schwaben. Wir sind jetzt auf einer Höhe mit den Polen, die vom Graben kommen. Nur ein Deutscher bewacht sie, und nicht sehr aufmerksam. Die Polen tragen die Säcke auf dem Rücken, in der rechten Hand die Spaten. Ich schaue: einer von ihnen ist ein Bekannter von mir. Ich trete näher. Es geht. Überall Drunter und Drüber. Hier Gleichgültigkeit. Mein Bekannter grüßt. Ich frage ihn, was sie hier tun. Seit ein paar Tagen schon kommen sie von Pruszków hierher zum Graben. Ich frage weiter – kann man sich ihnen anschließen? Er gibt mir sogleich seinen Spaten.

»Man kanns versuchen, vielleicht kommen Sie durch.«

Ich nehme den Spaten in die Hand. Einen Sack habe ich ja selbst. Ich hatte nicht damit gerechnet, wie abgestempelt ich bin. Meine, unsere Leute aus Warschau ergießen sich wie eine Lawine, wimmelnd, drängelnd. Das Ganze dauert nur einen Augenblick. Wir gehen. Der Deutsche kontrolliert aus dem Gedächtnis. Alle links ... Da seh ich sie. Und mir wird bang. Halina. Zocha. Mit diesen Taschen. Den weißen, auf den Rücken. Klappt es? Neeein. Angst vor ... was? ... Schlägen? ... Doch in der Nase den Geruch nach Wunder ... Verrat. Aber! Erstens. Die Nächsten im Stich lassen. Fast ohne ein Wort. Nichts. So ist es. Schluss. Sie haben fast nichts gemerkt. Egal. Ich weiß nicht. Plötzlich werde ich nach rechts geschubst, irgendwas von »Fafluchter!« und weiter nichts, doch kein Graben, rein in den Abschub, Schaufel zurückgegeben, adieu, Pruszkówer Freiheit – wieder Halina – die weißen Säcke, Zocha, Papa, Herde. Und ich wieder mittendrin. Hat einer was bemerkt? Keiner. Halina auch nicht? Nein. Damals war ich sicher. Und fühlte mich als Verräter. Widerwärtig. Von ihnen. Das ist die Strafe. Wir gehen schon weiter. Nichts ist passiert. Was war sonst noch? Das Einnehmen der Plätze? Wir waren ja in einen offenen Güterwaggon gestiegen. Es begann zu nieseln. Grau. Lange. Traurig. Plötzlich, mir nichts, dir nichts. Wohin? Was heißt das? Diese dämlichen Gleise ... Gleise ... Essen ... – Włochy – Halt. So viele stehen da, werfen uns – von der Straße, der Treppe, aus Fenstern, vom Bahnsteig – Möhren, Zwiebeln, Radieschen, rote Rüben zu. Die Deutschen sagen nichts. Wir fangen auf. Vater und ich auch. Eine Zwiebel. Knack, sofort reingebissen. Halb durch. Roh. Vater hat sie sofort aufgegessen. Ich konnte nicht. Wir fuhren. Langsamlangsam. Aus Warschau hinaus. Sensationell! Was gibt's in Piastów? Was in Ursus? Nieselregen. Zuwürfe an den Bahnsteigen. Dämmer. Knäuel von Zuschauer-Helfern.

Wir fuhren und fuhren. Diese fünfzehn Kilometer. In diesen Waggons. Rot. Wie unterm Weihnachtsbaum. Mit vier Jahren hatte ich einen Güterzug bekommen, mit vier Güterwaggons. Ich weiß noch, dass einer für Kohle war und einer für Holz, so ein langgestreckter. Ich und die Meinen fuhren jetzt auf dem für Kohle. In Pruszków war es schon finster. Aussteigen. Es wird gesprungen, geklettert, gerufen. Wir waren ja schon zu vielen. Aber es waren auch viele dort, die warteten. Deutsche. Und unsere von der Zentralen Wohlfahrt, die beim Durchhalten und Überleben halfen, die Suppe verteilten. Und die vom Roten Kreuz. Wir gingen direkt von den Gleisen nach rechts, in den Strom der Menge. Und gingen los in die Tiefe des Pruszkówer Eisenbahngeländes, der Werkstätten – jetzt Lager. Erst war da ein Betonzaun, Gleise unter den Füßen, und dann Hallen, Hallen und nochmals Hallen. Das Lager war ein Depot. Vielmehr – Depots. Die lange Reihe dieser Depots hatte schon in Ursus begonnen. Solcher Depots. Nicht dieser hier. Ja, stimmt. Nach Włochy kommt Ursus. Nach Ursus Piastów. Und erst nach Piastów Pruszków. Das verband ich mit Ölkreiden. Denn mit dieser Fabrik, mit diesen Ölkreiden wurde Pruszków zu etwas. Und sei es auch nur der Grund für einen städtischen Bahnhof. Dieser rechte Teil. Der, wo wir – der Transport – die Überführung – Punkt, Punkt, Komma, Strich um Strich hinzogen – das war dieser Teil, der rechte, dieses kleinere Pruszków, mit einer kleineren Pseudogotik als auf der linken Seite.

Deutsche. Prusskis. Wir – der Transport. Zum Depot. Ein Fließband. Regnete es? Wenn es geregnet hat, dann nur wenig, man sah nichts. Wir gingen. Stießen sofort drauf. Auf diese Gestalten. Jeden Meter, halben Meter. Vom Roten Kreuz. Von der Wohlfahrt. Auf beiden Seiten. Wir ganz langsam. Unter den Füßen – wir wissen nicht was. Diese auf der Stelle. In Mänteln. Damit man sie erkennt. Heller. Heller. Und diese Ausrufe. Laut. Adressen. Namen. Wird gesucht. Dauernd. Links. Rechts. Links, Rechts. Links. Rechts. Adressen. Namen. Laut verkündet. Dauernd. Von denen im Mantel, mal rechts, mal links. Die Deutschen gehen an ihnen vorbei, die für uns Zuständigen, mit Maschinengewehren. Und wir trapsen und trapsen.

»Marszałkowska 35. Jadwiga Szamotulska.«

»Chmielna 18. Andrzej Polakowski.«

»Bracka 5. Zofia Węgrzyn.«

»Malwina Kociela. Mazowiecka 5.«

»Napoleon-Platz 8.«

»Grójecka 13. Pelagia Wąchocka.«

»Antoni Marzec. Artur Marzec.«

»Malawski ... Szopena 2.«

»Kazimierz Czeladź.«

»Hoża 35.«

»Jadwiga Penetrowa. Poznańska 12.«

»Mieczysława Puchałowska.«

»Wspólna 43.«

»Zenon Kołodziej.«

»Jerzy Burza, Marszałkowska 94.«

»Jerzy und Barbara Poroscy, Złota 5.«

»Borowska Barbara, Chmielna 5.«

Weshalb konnte ich mich des Gedankens an Allerseelen nicht erwehren? Weil wir dort gingen wie man an Allerseelen vom Friedhof geht, in einer Menge von Menschen, zwischen bleich aufschimmernden – (es war ja schon dunkel) – Engelsfiguren und Reihen von Gedenksteinen der Ahnen. Das Seltsamste war, dass die ganze Zeit weder vor uns noch hinter uns überhaupt niemand auch nur auf eine Ausrufung antwortete, niemand blieb stehen oder sah sich auch nur um. Eine völlige Gleichgültigkeit.

Meine Allerseelenmetapher war gar keine Metapher. Und wenn es doch eine war, dann habe ich nie eine stärkere erlebt.

Wir gelangten in einen neuen Raum. Wenn ich sage, wir kamen ins Dampflokdepot Nr. 5, aber ohne Dampfloks, dann erklärt das nichts, es war nämlich ein neuer Raum, ohne Ränder, ohne Ende, dunkel, aber vor allem erfüllt von der Menge der hereinkommenden, sich zerstreuenden Menschen, die sich über Kerzchen gebeugt in ihren Abteilungen einrichteten ... Genauso wie auf dem Friedhof Powązki, wo, von Wegen unterteilt, jede Abteilung aus soundsovielen aneinandergrenzenden Gräbern besteht, an jedem Grab Kerzchen und die Familie, die etwas richtet, oder sitzt, oder plaudert, oder betet … Nach dem Verlassen des Friedhofs (Bródno oder Powązki) also betreten wir einen Friedhof – die umgekehrte Reihenfolge. Ich brauchte lange, um mir klarzumachen, dass es kein Friedhof war und kein Allerseelen. Sogar als die Deutschen und ihre Helfershelfer uns in eine Abteilung gesetzt hatten, auf irgendetwas … oder vielleicht auch einfach auf den Beton, da war es, als würden Grabsteine aus Bündeln und Köfferchen errichtet und wieder umgebaut. Halina und ich schauten uns sogleich nach einem Brett als Unterlage zum Schlafen um. »Wenn ich mich nur ausstrecken kann«, sage ich zu ihr. »Ich habs auch nötig. Gehen wir und sehen, ob wir was finden.«

Wir gingen tiefer in die Halle hinein. Schauten uns um, nach rechts, nach links. Überall Gedränge, Grabsteine, Kerzchen, Gewusel und Raunen, dass sich an den Wänden und der Decke der Halle brach. Eine Art Wand in der Farbe der Halle ließ sich ausmachen, vielleicht durch einen Schimmer oder eine Verdichtung von Schatten, ja, denn über allem lag das gleiche trübe Dunkel. Die Dachkonstruktion war schwerer zu erkennen.

Wir gelangten in einen seltsamen Seitentrakt mit Eisenbahnschienen, darunter eine Grube (wie man das fachmännisch nennt), von der aus die Untergestelle repariert wurden. Am Ende der Schienen stand ein Schuppen. In dem Schuppen fanden wir ein langes, breites Brett.

»Ideal«, sagte Halina.

Wir packten unsere Beute. Welche Erleichterung! Vollends glücklich trugen wir sie zu unserem Familiengrab, das sich allerdings nicht so einfach wiederfinden ließ. Wir streckten uns sofort zum Schlafen aus. Es war herrlich. Vorläufig interessierte uns nichts anderes. Wir aßen noch etwas, das Zocha uns gab, und dann brach unter fortwährendem Allerseelenbetrieb in der riesigen Halle unser erster nicht ganz zu Ende gebrachter Tag des Nicht-mehr-Aufstands ab.

Am Morgen war alles ganz anders. Nichts mehr von Allerseelen. Der Geruch von Schienen, Depot; Menschen. Bomben fielen uns keine mehr auf den Kopf. Zur Arbeit jagte uns vorerst niemand. Nicht mal zur Abfahrt. Wir hörten, dass die Wohlfahrt Suppe austeilte, es gebe viel, sie sei gut, mit Tomaten und Kartoffeln. Wir nichts wie hin. Die Schlangen vor den Fässern mit Suppe kamen schnell voran. Sie schöpften einen vollen Teller. Warme, duftende, echte Tomatensuppe mit Kartoffeln. Wir aßen. Es gebe Nachschlag, wurde verkündet. Wir aßen wieder.

Es gab schrecklich viel Suppe. Immer gut. Die Fasswagen oder Zisternen oder wie auch immer sie hießen kamen angefahren, und jeder bekam, so viel er wollte. So war es während der ganzen Zeit dort. Irgendwann kriegte ich Durchfall, rannte dauernd zu der großen langen Latrine, in der immer Gedränge herrschte.

Von Halle fünf wurden wir in eine andere verlegt.

Außer Essen, Rennen zur Latrine, Schlafen und Reden gab es noch so eine Art Herumtreiberei aus Langeweile. Bei diesen Gelegenheiten sah ich unzählige Geschäfteleien und Verhandlungen von Gruppen der Evakuierten mit Leuten von der Wohlfahrt und dem Roten Kreuz. Im Tor herrschte ständig Betrieb. Krankenpfleger und -pflegerinnen brachten ständig Leute hinaus, auf Tragen oder am Arm geführt. Ich konnte mir denken, dass da den Deutschen manches vorgemacht wurde. Ich war ärgerlich auf meine Leute, die Geld hatten, aber nichts unternahmen. Denn es zeigte sich, dass Geld doch wichtig war. So sehr, dass es mir vor Verblüffung die Sprache verschlug. Mir wurde es wohl am zweiten Tag plötzlich klar. Wir gingen zu einem kleinen Nebengebäude. Ich wusste nicht, warum dort so viele Leute waren und was wir dort wollten. Bis ich eine schmale Luke in den Wandziegeln bemerkte, so ein Fensterchen, an dem Zocha, Halina und Vater standen. Ich wusste nicht, wonach sie da Ausschau hielten. Senkrecht darüber sah ich, wie in einer Schießbude, ein Stück des Eckhauses mit Fahrbahn und Gehsteig. Hinter der Ecke trat ein elegant gekleideter Herr in die Sonne hinaus und bog ab. Er ging einfach davon. Außerhalb von Warschau nahm das Leben mit Berufen und Erledigungen also seinen ganz normalen Gang.

In diesem Augenblick trat eine Frau von der Straße, von »draußen« an das Fensterchen. Zocha und Halina redeten kurz mit ihr. Sie gaben ihr etwas. Einen Augenblick später sah ich in ihren Händen ein Stück Butter.

»Kann man jetzt was mit Geld machen?«, frage ich Halina.

»Aber sicher.«

»Und ist es was wert?«

»O ja.« Vater nickte.

Immerhin. Warum sollte außerhalb von Warschau Geld auch nichts wert sein? Hier musste man keinen Tauschhandel betreiben oder aus drei Ziegeln einen Herd bauen. Hier herrschte nicht die Urgemeinschaft des Höhlenlebens.

In Pruszków konnten wir noch bleiben. Die Klügeren machten das auch, wozu sich beeilen? Zur Zwangsarbeit? Aber Halina hatte Zocha und ihre Mutter wieder mit ihrer Vorstellung angesteckt: »Wenn es sein soll, dann auch so bald wie möglich.« Mein Vater folgte ihnen darin. Er mochte Halina sehr gern, er hing an ihr, auch wenn er ihre Schwächen kannte, nämlich, dass sie:

»Bequem war und nichts riskieren wollte« – was sie übrigens selbst zugab – und »dass sie immer ihre Koffer mitschleppt und sie und Zocha soundsoviel Wäsche zum Wechseln brauchen«. Trotzdem empfand er Respekt und sogar Bewunderung für sie.

Wir beschlossen, uns schon am Donnerstag, den 6. Oktober nachmittags zur Selektion zu melden. Selektionen wurden dauernd durchgeführt. Einteilung in die Arbeitsfähigen und die, die sich nur zur Deportation ins Generalgouvernement eigneten. In der Schlange aus Viererreihen standen die Wi.s neben uns, mit Jadzia, Tante, Mutter und zwei Kindern. Sie verabredeten:

»Du nimmst die Kleine und ich ihn.« Und so machten sie es. Ein einzelnes Elternteil mit Kind eignete sich auch nicht zum Arbeitsdienst. Die Selektion ging ruckzuck. Etliche Deutsche brüllten, fragten, selektierten, kontrollierten – alles gleichzeitig, ein ganzes Spalier dieser Oberwichtigen. Links fürs Gouvernement, rechts fürs Reich. Stacha ließ Halina nicht los. Ein Deutscher wollte sie fürs Gouvernement, sie war alt. Daraufhin nahm Stacha Halina fest unter den Arm,

»Neeein, zusammen« – und schon war sie in unserer Schlange, und schon bewegten wir uns aufs Tor zu, durchs Tor, und in die Waggons.

Güterwaggons, rote, sogenannte Schweinewaggons. Wir waren sechzig in unserem Waggon. Sie schoben außen die Riegel vor. Der Zug fuhr los. Vollgestopft. Doch so langsam wurde jeder an einen Platz geschüttelt. Plötzlich tauchte ein Problem auf: Pinkeln. Doch welche Freude, da stand ein riesiger goldschimmernder Blecheimer. Gleich machte er die Runde. Man pinkelte vor allen anderen. Daran konnte man sich gewöhnen. Schlimm war, dass ich – obwohl ich dringend musste – beim Schaukeln des Waggons nicht konnte. Ich stand und stand da mit dem Blecheimer. Wurde nervös. Bang, meine Chance zu vertun, wenn ich den Eimer weitergab, ohne hineingepinkelt zu haben, doch schließlich musste ich ihn weitergeben, weil so viele warteten. Eine Viertelstunde später klappte es. Wieder Freude.

Dann legten wir uns auf unseren Bündeln zurecht, und als wir allmählich aufwachten, fiel durch das schmale Fensterchen oben schon Tageslicht. Die Leute hangelten sich hoch und schauten durchs Fensterchen, um zu sehen, wo wir waren. Halina schaute auch hindurch, sie trug ihren Mantel mit dem aschgrauen Pelzkragen.

»Angeblich sind wir eben an Łódź vorbeigefahren.« So viel wussten wir also.

Vorläufig wusste niemand irgendetwas. Langsam wurde uns klar, dass wir nach Niederschlesien gebracht wurden.

Endlich hielt der Zug an. Es war früher Morgen. Zeit für Notdurft. Die an der Tür hämmerten mit den Fäusten daran. Bis die Riegel knirschten und wir uns drängten, um hinauszuspringen. Alle sprangen aus allen Waggons. Ich hockte mich neben Halina. Über die ganze Länge des Zuges hockte man in vier Reihen und verrichtete seine Hocknotdurft, ohne mit der Wimper zu zucken. Dann mit einem Satz in die Waggons, um die Sachen zu holen, und schon stellten wir uns auf Befehl zum Abmarsch auf.

An dem Bahnhof, der etliche Gleise hatte, lasen wir auf Holzbalken an der Seite die Aufschrift: »Lammsdorf«. Das heutige Łambinowice.

Wir wurden hinaus in die Landschaft geführt. Die erste richtige. Warme. Ohne Krachen. Seit dieser ganzen Epoche vor dem 1. August. Irgendwann durften wir uns ausruhen. Jeder ließ sich samt Bündeln und Koffern fallen, wie es gerade kam, unter Büschen, Bäumen, auf dem Heidekraut. Das stand in voller Blüte. Die Menschen legten sich hin, streckten sich aus, freuten sich, schnupperten, seufzten.

Schließlich führten sie uns durch ein Tor auf das mit Draht umzäunte Gelände eines Lagers und über eine breite, lange Allee. Auf dem Lagergelände waren Bäume, Gras, Hügel, es kam uns ruhig und freundlich vor, außergewöhnlich für ein Lager. Zu beiden Seiten der Allee zogen sich grasbewachsene Erdwälle. Erst mehr als ein Dutzend Jahre nach dem Krieg machte man sich zufällig an diesen Erdwällen zu schaffen. Da stellte sich heraus, dass sie voller Leichen waren. Deshalb waren sie da.

Das Lager erstreckte sich weit in die Ferne, denn wir bogen in eine andere Allee ab und kamen zu Reservaten verschiedener Nationalitäten, Kriegsgefangene. Zum ersten Mal sah ich ein Kriegsgefangenenlager. Ich hätte nicht gedacht, dass so ein kleiner Flecken Erde um jede Baracke für so viele Menschen da sein konnte, dann kam wieder Draht und der nächste »Auslauf«. Denn sie waren wie »Ausläufe«, wie im Zoo. Käfige.

Uns, die aus diesem Zug, ließ man in einen umzäunten Bereich gehen, ohne Baracke, ohne alles. Oder vielleicht in mehrere solche Reservatchen, denn wir passten nicht alle in eines. (Das heißt, wir hätten gepasst, den Nazis ging es ja immer darum, dass alle auf einen Haufen zusammengedrängt wurden.)

Zu unserer Linken hatten wir Polen, von 1939. Dahinter Franzosen. Weiter entfernt Engländer, Belgier und andere Nationalitäten. Ja, und auch Russen. Wir wurden sofort zur Sensation. Die Franzosen warfen uns bunte Kleinigkeiten zu. Zum Essen. Und Rasierklingen. Die Kriegsgefangenen waren verhältnismäßig gepflegt, rasiert – so wirkte es auf den ersten Blick damals. Die Polen von 1939 sagten, jetzt sei ja hier Ruhe. Vater erinnert sich, dass sie von früheren Zeiten geredet haben, in denen es schlimmer war.

Ich fragte einen der Offiziere – ich glaube, es waren nur Offiziere –, wann sie vom Aufstand erfahren hatten.

»Am ersten Tag, abends.«

»So schnell?«

»Radio«, sagte er.

Gruppenweise wurden wir zum Waschen geführt. Dazu sagten sie:

»In die Mikwa.«[41]

Wieder gingen wir ein gutes Stück, durch Wiesen. An der Baracke mit der Mikwa waren lauter Ukrainer, Kriegsgefangene. Sie mussten uns beim Waschen betreuen. Also: Umkleide, Duschen, Aufstellen, Hinausführen.

Das Waschen war, wie es eben so ist. Bis auf eine Kleinigkeit. Die Lauskontrolle. Und ein Zwangsratschlag: »Hier auf dem Pfosten in dieser Vertiefung ist graue Salbe. Jeder nimmt sich etwas davon und schmiert es sich in die Haare, unter die Achseln und an die dritte Stelle.« Es ist unangenehm, aber ich zitiere hier einen Schlager aus der Okkupation:

Am besten ist die graue Salbe,
ein wenig reicht schon auf die Schwarte.
Schmier dich gut damit ein,
dann werden deine Eier klein ...

Als wir uns auf dem Weg wieder den Frauen anschlossen, sagte Halina, sie seien auch von den Ukrainern betreut worden, also von lauter Männern. Die gingen zwischen den nackten Frauen umher, um die Duschen einzustellen, lachten und unterhielten sich.

»Und – meinst du, die wären alle empört gewesen?«

»Na? …«

»Genau. Die haben breit gegrinst und sich mit den Ukrainern zum Stelldichein verabredet.«

Als wir auf dem Weg waren, der in einem Halbrund verlief, erschien hinter der Biegung eine Gruppe in Uniformen besonderer Art, vorwiegend Khaki, mit Tornistern und Brotbeuteln. Das waren Aufständische. Die gerade in Gefangenschaft geraten waren. Wir gingen im bewachten Konvoi. Sie auch. Wir gingen einander entgegen. Erregung machte sich breit. Ein Raunen. Und dann – die Begegnung. Schreie, Rufen. Die Deutschen hetzen voran, brüllen. Die Gruppe wurde zur Mikwa geführt. Wir mussten vorläufig an den Rand treten. Warteten dort eine gewisse Zeit. Es war später Nachmittag. Warm. Sie brachten die Aufständischen aus der Mikwa und ließen sie sich dann auf einer Wiese am Weg aufstellen, doch weit von uns entfernt. Zuerst standen sie. Dann wurde ihnen befohlen, Sachen aus den Bündeln und Tornistern zu nehmen, vielleicht alles, was sie hatten. Danach – genau zum Zeitpunkt des Sonnenuntergangs – zogen sich die Aufständischen auf Befehl aus. Dann dunkelte es, und sie ließen uns zu unseren neuen Plätzen gehen. Wir sahen von dort die Aufständischen immer weiter stehen, vorerst bis auf die Unterwäsche entkleidet. Dennoch, es hing nichts Bedrohliches in der warmen Luft. Bekanntlich mussten sie sich dann jedoch nach Einbruch der Dunkelheit nackt ausziehen und warten. Was dann geschah, ist schwer zu sagen. Einen Teil von ihnen haben sie an einen anderen Ort gebracht. Einige von ihnen kamen zurück. Hatten überlebt. Doch die anderen – keiner weiß, was mit ihnen passiert ist. Sie sind verschwunden. Wurden sie in dieser Nacht still und heimlich beiseitegeschafft? Oder später? Es hat sich nie geklärt.

Jetzt wurden wir in einen weiten Bereich gebracht, auf einer grünen Erhebung, mit Gras, Bäumen, von dem restlichen Lager getrennt, fast direkt an der Landstraße und Feldern mit Rüben und Kartoffeln zu beiden Seiten der Senke.

Ein paar große Zelte erwarteten uns. Als wir in unser Zelt traten, sahen wir, dass wir auf einer dicken Schicht Holzspäne schlafen sollten. Sie waren in zwei Reihen ausgelegt, dazwischen ein Durchgang. Die Späne hielten warm. Aber es war auch eine warme Nacht.

Wir bekamen etwas zu essen. Aber wir aßen auch noch etwas von den Vorräten aus Warschau. Wir hatten Saft, Nudeln, Würfelzucker. Wir aßen etwas, ohne zu kochen, und gingen schlafen.

Erst am zweiten Tag ging es morgens mit dem Kochen los. Auf Herden aus drei Ziegeln, auf richtigen Öfen – ich weiß nicht, woher sie kamen –, aber vielleicht waren es auch keine Öfen, sondern nur etwas Mitgebrachtes. Zocha und Stacha kochten auch Nudeln, doch am Abend stand Zocha als Austeilerin am Kessel mit Grütze. Nach einer Portion Krupnik ging ich mit meinem Geschirr zum Nachschlag, denn Zocha hatte mir zugezwinkert und gab mir noch eine ganze Kelle voll.

Erst am Tag schauten wir uns auf dem Gelände näher um. Es gefiel uns sehr. Zudem war das Wetter schön, es war immer noch warm. Hinter der Reihe Zelte, also sozusagen hinter dem Hof dieser neuen Heimstatt war ein Flecken mit Heidekraut. Wer nicht kochte oder in den Zelten war, saß gerne dort. Halina und ich saßen auch dort und redeten. Wir fühlten uns wohl, wie früher am Wandertag in der Schule.

Am Abend machte ich, wie es meine Gewohnheit war, einen Rundgang mit genauerer Betrachtung. In den Zelten war es geräumig und bäuerlich. Auf dem »Hof« machten sich die Leute zu schaffen und gingen umher, am Rand des Hofes, den Zelten gegenüber, war ein Graben und dahinter eine Böschung mit Büschen. An dem Graben standen die dampfenden Herde in einer Reihe, da machten die Warschauerinnen, jede für sich, Abendessen. Gleich hinter den Herden spielten Kinder. Und hinter den Kindern, vor dem Hintergrund der Gebüsche über dem Graben, saßen die Männer auf den langen Planken einer völlig offenen Latrine und schissen. Vom Ende des Hofes her, aus dem letzten, kleinsten Zelt, kam ein frommer Gesang, aber nicht so, wie ich es kannte. Ich dachte, es seien sicher Russen aus Warschau, unsere Leute, Zivilisten. Sie blieben die ganze Zeit für sich. Am Schluss ihrer Gruppe ging immer ein Mann, der einen Karren mit Federbetten, Bündeln und einer Nähmaschine schob. Sie bekamen ein Zelt für sich. Ich warf einen Blick hinein: in einer Ecke des Zelts stand eine dicht zusammengedrängte Menge vor einer Ikone und Kerzen und sang unter ständigen Kreuzzeichen und Verneigungen die orthodoxe Vesper.

Am Abend, als wir schon alle auf den Spänen und dem Sägemehl lagen, wurde es in unserem Zelt gesellig, und es kam der Vorschlag, etwas Kulturelles zu veranstalten. Ein Herr trat in den Gang zwischen den Sägespänen und rezitierte Wiech[42], ein anderer, junger, spielte ein Konzert von Wieniawski auf der Geige.

In der Nacht gab es ein Gewitter, und ein paar Warschauer stahlen sich im Regen hinter den Drahtzaun und holten Rüben.

Fast den ganzen Sonntag saßen wir im Heidekraut.

Selektionen für die Transporte gab es fast täglich. Die Deutschen kamen an, ein Dolmetscher gab bekannt, fragte, übersetzte. Es wurde bekanntgegeben, wohin jetzt welche Gruppe zusammengestellt wurde und wer mitfahren wollte. Man konnte sich nicht nur aussuchen, ob man zum Bauern oder in die Fabrik wollte, sondern auch, wie weit weg. Der Bauer kam für uns von Anfang an nicht in Frage:

Der Hund beim Bauern jault,
Früh kriegt er Spülicht nur ins Maul

Jetzt ging es um den Ort.

Ich bestand darauf, dass wir so nah wie möglich an der Gouvernementsgrenze bleiben sollten, um bei erster Gelegenheit nach Tschenstochau zu flüchten. Halina träumte von Wien. Sie sang gerne das Lied:

Ich hab mein kleines Herz verlorn,
In Wien, wer hats mir da gestohln …

Ich sagte, in einer solchen Zeit sei das unangebracht, und außerdem sei es so weit. Darauf versetzte sie:

»Aber ich will dorthin und basta, du willst doch nur nach Tschenstochau wegen deiner Liebchen.«

Und so begann sich eine weitere Spaltung abzuzeichnen. Vater wollte sich nicht von mir trennen, Zocha und Stacha nicht von Halina. Aber Zocha wollte auch Vater nicht verlieren, und auch Vater war daran gelegen – und zwar sehr –, Zocha und Halina in der Nähe zu haben. Später dann, in Opole, hat er vor Kummer über diese Trennung fast nichts mehr gegessen.

Am Montagvormittag ging eine Gruppe nach der anderen. Und dann kam die Frage:

»Wer will nach Opole?«

Vater und ich meldeten uns. Halina weigerte sich. Wien und damit basta. So nahmen wir schnell Abschied voneinander. Und ab mit den weißen Rucksäcken, einem Rest Nudeln und Zucker – auf den Zug. Das war am 9. Oktober. Am 11. November, nach einem Monat Arbeit als Maurergehilfen beim Bau des Gaswerks in Oppeln, flüchteten Vater und ich nach Tschenstochau. Im ersten Schnee. Mit Hilfe von jemandem aus Tschenstochau, der auf einem Umweg über Berlin gekommen war, um uns abzuholen.

Die erste Person aus dem Aufstand, die ich plötzlich eines Abends an einem Straßenkiosk in Tschenstochau sah, war Swens Mutter, und die zweite war Swen, der sie untergehakt hielt.

Warschau sah ich im Februar 1945.

Esther Kinsky
Das Ringen der Erinnerung

Zur Übersetzung von Miron Białoszewskis »Erinnerungen aus dem Warschauer Aufstand«

Im Originaltitel wird dieses 1970 zum ersten Mal erschienene Buch als *Pamiętnik* bezeichnet. Das Wort »pamiętnik« kommt von »pamięć«, Erinnerung, Gedenken, Gedächtnis. Ein *pamiętnik* ist ein Erinnerungsbuch, ein Gedenkbuch, von der konventionellen Form der »Memoiren« bis hin zum Poesiealbum. Üblicherweise bezeichnet es auch eine Art Tagebuch, ein Notizbuch mit Aufzeichnungen der Dinge, die durch die Niederschrift in Erinnerung bleiben sollen.

Miron Białoszewski war zweiundzwanzig Jahre alt, als er im Spätsommer 1944 den Warschauer Aufstand miterlebte. Das Erinnerungsbuch schrieb er 1967, mit fünfundvierzig Jahren, doppelt so alt, wie er zum Zeitpunkt der Erfahrung selbst war. Diese zeitliche Entfernung macht es auch zu einem Buch des Aufsuchens, des Suchens von Erinnerung. Des Sich-in-Erinnerung-Rufens. Das Polnische hält es da knapper: Białoszewski spricht gleich auf der ersten Seite vom Schreiben als »przypominając sie«, sich (aktiv) erinnernd oder sich in Erinnerung rufend. Oder: nach einer Erinnerung suchend. Das Wort »przypominać«, das ohne Reflexivpronomen auch das transitive »jemanden erinnern an« bedeutet, hat denselben Stamm wie »pamiętnik«: Wie in allen slawischen Sprachen lassen sich im Polnischen mittels Suffixen und Verbalaspekten die verschiedenen Stufen, Phasen und zeitlichen Einordnungen von Handlungen und Vorgängen kompakter und subtiler differenziert artikulieren als im Deutschen. Doch zu den Fragen und Problemen des Übersetzens des Textes später.

Das Erinnern jedenfalls wird hier eine Handlung, ja es wird *die* Handlung, die das Schreiben bestimmt. Białoszewski stellt gleich auf der ersten Seite seines Textes diesen Ansatz klar, nennt die zeitliche Distanz beim Namen, bereitet den Leser darauf vor, dass er unzählige Tatsächlein (so in der Übersetzung) ausbreiten wird, wobei sich das polnische »fakciki« als Diminutiv von »fakt« nicht ganz so ungewöhnlich anhört. Und es schwingt keine Verniedlichung mit, eher das Zugeständnis, dass es sich nicht um bedeutende Fakten im herkömmlichen Sinne handelt. Nicht um das, von dem die offizielle Geschichtsschreibung berichtet. Ungewöhnlicher als der Diminutiv indessen ist wohl die Behauptung der »Faktizität« nach so langer Zeit und noch ungewöhnlicher das damit verbundene Versprechen, sozusagen als Belohnung fürs Ertragen der »Tatsächlein« gebe es auch wirklich nur die Wahrheit – »prawda«.

Man braucht nicht auf dem neuesten Stand der Neurowissenschaften zu sein, um bei dieser Verbindung von Erinnerungsarbeit, Tatsachen und Wahrheit stutzig zu werden. Jedes Aufsuchen einer Erinnerung legt einen neuen Film der Sichtweise und Befindlichkeit über das erinnerte »Feld«, Schichtungen entstehen, die sich überlagern und den unmittelbaren Zugang zur Erinnerung verwehren – was hat da das Versprechen einer »Wahrheit« zu bedeuten? Bei der Lektüre merkt man bald, dass diese Frage nach der Wahrheit von Erinnerung eines der großen Themen des Textes ist. Wie kann sich die Sprache dem Erinnerten annähern? Wie lässt sich Authentizität finden, wie vermitteln? Welche Sprache – im Sinne von Idiom – eignet sich dafür? Wenn man es unternimmt, dem Autor auf seinem kantigen und manchmal mühsamen Weg der Wortfindung zu folgen, wenn man sich auf die unzähligen »vielleicht«, »scheinbar«, »wohl«, »angeblich« als Ausdruck einer getriebenen Suche nach einer verlässlichen Darstellung von »dem, was war« einlässt, wird man merken, dass es sich um einen grandiosen Versuch der Wiedererweckung durch Benennung handelt. »Pamiętam« – »ich erinnere mich«, »ich kann mich erinnern«, »ich weiß noch« – wird zur Beschwörungsformel, die unzählige Sätze einleitet. Dem passiven »pamiętam«, dem Fluss der aufsteigenden Erinnerung, steht das aktive Erinnern – im Sinne von »przypominać się« – gegenüber, bei dem es immer um das Finden von Namen geht, um das Benennen. Und auch immer wieder, wie ein Wegweiser auf den labyrinthischen Pfaden der Sätze und Sprachfetzen, das an den Leser gewandte »przypominam«: Ich erinnere an …

Die zu Anfang versprochene Wahrheit liegt in der Artikulation, die bei Białoszewski ganz eigenen, an keiner Konvention orientierten Regeln folgt, ja sie schöpft ihre Gültigkeit aus der Absage an literarische, sprachliche Konvention einerseits und traditionelle Erzählung des Tragischen oder zumindest Dramatischen andererseits. Sie erwächst aus einem Erinnerungsvorgang, bei dem die Erinnerung selbst die Handelnde ist und der Schreibende ihr Vollstrecker. An einer Stelle, gegen Ende, ist die Rede von »szamotanie pamięci«, dem Reißen, Zerren, Raufen, dem »Ringen« der Erinnerung selbst und nicht *mit* ihr, ein Vorgang, der dem Schreibenden in die Sprache fährt wie der Wind in die Bäume.

Der Warschauer Aufstand vom 1. August bis 1. Oktober 1944, als Ereignis stets im Schatten des Ghettoaufstands im April und Mai 1943, war eine vorwiegend von den beiden Untergrundarmeen AL (Volksarmee) und AK (Landes- oder Heimatarmee) organisierte Erhebung gegen die bereits fünf Jahre währende brutale deutsche Okkupation. Die Alliierten rückten im Westen stetig vor, die sowjetische Armee stand jenseits der Weichsel, und die Organisatoren des Aufstands verließen sich – eine tragische Fehleinschätzung – auf eine baldige Niederlage der Deutschen im Osten. Seitens der AL (und der Bevölkerung) rechnete man mit dem Eingreifen der hörbar nahen sowjetischen Armee und der Kościuszko-Truppen, einer polnischen Einheit, die unter dem Kommando der Roten Armee kämpfte. Vielleicht hatte man außerdem die Hoffnung, die Bereitschaft zum Widerstand würde sich auf den Rest des Landes ausweiten. Auch das trat nicht ein. Warschau blieb eine isolierte Insel des Aufstands und erlebte – nach dem Kriegsbeginn und der Vernichtung des Ghettobereichs 1943 – die dritte Zerstörungswelle durch Luftangriffe und Artillerie. Nach dem Zusammenbruch des Aufstands und der Massendeportation der verbliebenen Bevölkerung wurden die letzten noch stehenden Reste der Stadt dem Erdboden gleichgemacht.

Białoszewski erlebte den Aufstand nicht als Mitglied einer Untergrundarmee, sondern als ein Einzelner in der unübersehbaren Menge, die zwischen den Orten der Gräuel hin und her wogte, in Luftschutzkellern existierte, ununterbrochen um ihr Leben bangte, eine Zersetzung und Zertrümmerung jeglicher Ordnung und Norm erfuhr. Er legt ein Zeugnis ab, das sich permanent in der gedenkenden Selbstbefragung legitimiert und seine Wichtigkeit eben dadurch gewinnt, dass der Erzähler keine typische Rolle – als Held oder Opfer – einnimmt. Er ist der nachträgliche Chronist eines Zerfalls durch Zerstörung. Als Beobachter steht er immer am Rand.

Sicher, er gehört in seinen Darstellungen oft zu denjenigen, die sich melden, wenn Hilfe gebraucht wird, beim Transport von Verletzten, beim Errichten von Barrikaden oder dem Ausheben von Gräben. Aber er ist kein Held und er ist nie Herr des Geschehens. Zudem bezieht er politisch keine Stellung. Er zeichnet auf, aus dem Gedächtnis, und zwar weniger die großen Ereignisse als die bedrückende, ausweglose Reduzierung des Lebens auf den Versuch des Überlebens. Doch er schreibt auch nicht als Leidender, kaum je als Bangender, nie als Hassender. Als der *Pamiętnik* 1970 erschien – Białoszewski selbst war vor allem durch sein experimentelles Zimmertheater längst eine Größe der polnischen Avantgarde und über die Grenzen des Landes hinaus bekannt –, sorgte er anfangs für zwiespältige Reaktionen. Für einen guten Teil des polnischen Publikums grenzten die Sprache des Textes und der völlige Verzicht auf Heldenverehrung an Gotteslästerung. Seit anderthalb Jahrhunderten nährte sich das nationale Selbstverständnis von der Vorstellung des Polen als Held und Opfer zugleich und artikulierte sich pathetisch und erhaben. Zwar wird auch hier – ziemlich am Ende der Erinnerungen – aus *Konrad Wallenrod* zitiert, dem Versepos von Mickiewicz, das nie fehlen darf, wenn die Rede auf den Kampf gegen Okkupationsmächte kommt, doch ist es ein fast müdes, postmartialisches Zitat: »Genug der Rache«. Anstoß erregte auch der Umgang mit Fragmenten und Fetzen aus Mariengebeten und katholischer Liturgie, beides ebenso unauflöslich mit dem polnischen Selbstverständnis verbunden. Zweifellos stellte der Text einen Tabubruch dar, doch offensichtlich war es ein längst fälliger, denn die *Erinnerungen aus dem Warschauer Aufstand* wurden – ungeachtet des biederen Vorworts eines parteitreuen Publizisten – bald zum Kultbuch. Das lag zum einen an der radikal »unliterarischen« Sprache, die, von ihrer eigenen Poetik der Mündlichkeit und Subjektivität getragen, ganz neue Ausdrucksmöglichkeiten eröffnete, zum anderen auch an dem Anspruch, »nur« authentisch zu sein: Unzählige fanden hier ihre eigenen, von blanker Angst und Not geprägten Erfahrungen aus diesen beiden traumatischen Sommermonaten wieder. Der Hauptgrund jedoch lag sicher in der Einmaligkeit der Beschreibung der Zerstörung der Stadt Warschau. Während und nach der Lektüre ist man versucht, von der *Ermordung* Warschaus zu sprechen.

Gleich im zweiten Satz – nach einer kurzen Wetterbeschreibung, deren Bedeutung sich erst im Laufe des Textes erschließen wird – ist der Leser mit einem Straßennamen konfrontiert, der Chłodna, nur der Name, ohne den Zusatz »-Straße«. Die Chłodna war »damals meine Straße«, wie es heißt, und gegen Ende des Buches werden wir wissen, dass von dieser Straße ebenso wie von den meisten Straßen und Plätzen, die im Buch genannt werden, nichts geblieben ist. Nichts Wohnliches, nicht Bewohnbares, nur noch ein Name und ein Trümmerfeld. Was sich auf den Seiten zwischen diesem Auftakt und der Betrachtung der endgültigen Trümmerlandschaft entwickelt, ist eine zunehmend atemlose Bewegung: der Flucht vor den Angriffen, der Suche nach Schutz, nach Nahrung, nach Wasser, nach Angehörigen, nach vertrauten Orten, nach Erinnerungen, nach Leben, eine Bewegung, die sich an Straßen- und Ortsteilnamen, an den Namen von Kirchen, Klöstern, Wahrzeichen orientiert. Es werden etliche Kirchen genannt, die das Stadtbild der Altstadt prägten, jede für sich ein Stück Warschauer und polnischer Geschichte, die nach und nach – zusammen mit den Tausenden Schutzsuchenden in ihren Kellern – den Bomben und Feuern zum Opfer fallen. Unvermeidlicherweise nimmt der Autor immer wieder Bezug auf Katholizismus, Marienverehrung, bestimmte Heilige, doch sind sie weniger Ausdruck seiner Identifikation mit diesem Bestandteil polnischen Lebens als Element der Textur Warschaus, einschließlich der auch nur als Trümmer und Fragmente zitierten traditionellen Gebete. Bemerkenswert ist, dass Białoszewski an einer Stelle – in Zusammenhang mit einer Erinnerung an die Muranówer Kirchen seiner Kindheit – auf die »Jüdischkeiten« in der Liturgie zu sprechen kommt, die sich jedoch, wie alles in diesem Buch, unauflöslich mit Warschau verweben und einen Vergleich der Stadtzerstörung mit der Zerstörung des Tempels nahelegen. Der Urbizid als Zerstörung des Identitätsstiftenden schlechthin. Entsprechend liest sich der Auszug aus den Trümmern Warschaus wie der Zug ins babylonische Exil.

Alle mit der Stadt verbundenen Namen, die sich durch diese Chronik ziehen, gelten schließlich nur noch Ruinen, bezeichnen nur noch Brandstätten, nur noch Schauplätze der Zerstörung, nur noch unmarkierte Massengräber. Man braucht Warschau nicht zu kennen, man braucht nicht einmal den geschilderten Bewegungen auf der Karte zu folgen, um sich in dieser Litanei der Namen zu orientieren, denn es geht nicht um die Nachvollziehbarkeit von Fluchtrichtungen und Angriffspositionen. Es geht um den Namen selbst, um ein beschwörendes, geradezu biblisches Beim-Namen-Rufen und das Lauschen in die Erinnerung auf die biblische Antwort »Hier bin ich«. Ein Totengebet für eine Stadt, zugleich ein Existenzbeweis und eine Vergewisserung des eigenen Ich in seiner Zugehörigkeit zum aufgerufenen Ort.

Bei alledem hat Białoszewskis Ton nichts von der Feierlichkeit eines Gebets. Dem Text ist jedes Pathos, jegliche Erhabenheit fremd, er geht nur konstatierend auf die sich ringsum vollziehende Tragödie ein. Grausigkeiten – nach einem Angriff findet eine Frau den Schuh des kleinen Bruders mit einem Stück Bein darin, Innereien und Körperteile Zerfetzter werden mit Schaufeln beseitigt, der blitzartige Tod von über zweihundert Aufständischen in ihrem gezielt bombardierten Luftschutzkeller – werden sprachlich banalisiert, denn das Grauen selbst wurde banal. Nach ein paar Dutzend Seiten seiner Aufzeichnungen formuliert der Autor seine Ästhetik: »ohne künstliche Ausgefeiltheit, sondern einzig eben natürlich«, heißt es da, fast rechtfertigend, Kritikern vorgreifend, die ihm vorwerfen können, er bleibe »an der Oberfläche«. Doch darum geht es eben, um das Verzeichnen des Sichtbaren, der Oberfläche, der diese unvorstellbare Versehrung widerfährt. Das »Natürliche« der Sprache liegt in ihrer scheinbaren Umgangssprachlichkeit, die sich in Wahrheit nur dünn über eine poetische Sprache der Brüche, Wiederholungen, Atemlosigkeiten breitet, über Splitterung und Fragmentierung von Sätzen, die die Sprachlosigkeit angesichts der umgebenden Wirklichkeit illustrieren. Die unzähligen Variationen des Verbs für »rennen«, dieses ausweglose flüchtende Kreisen und knappe Entrinnen, das die Dynamik des Textes prägt, die beinah abstumpfende Wiederkehr der Wörter für »Krachen«, »Explosionen«, »Einschläge« (wobei das Polnische mit »huk«, ein besonders klangsuggestives, einprägsames Wort für diese Laute der Zerstörung hat), grammatische Idiosynkrasien, Gebetssplitter und ein grobes Vokabular zur Bezeichnung der körperlichen Funktionen, die zwangsläufig nicht mehr zur Privatsphäre gehören – das alles zusammen bildet mehr eine Kunst- als eine Umgangssprache.

Für den Übersetzer, der zuerst einmal der Textur des *Pamiętnik* gegenübersteht, wird das Ringen der Erinnerung unweigerlich zum Ringen der Sprache, die sich auf den Seiten des

Buches zu einer überwältigenden Vielschichtigkeit verwebt. Unzählige Fragen der Übersetzbarkeit stellen sich. Ganz allgemein erheben sich diese Fragen bei jedem Text besonders, dessen Form und Sprache Ausdruck einer tiefgreifenden persönlichen Erfahrung sind und also diese Erfahrung in ebensolchem Maße vermitteln wie der »Inhalt«. Was geschieht in der Übersetzung mit dem Anspruch, die »Wahrheit« zu schreiben, wenn diese derart eng und unablösbar an die Form gebunden ist? Wie findet man in der Übersetzung diesen Ton, diese Geste, wie mobilisiert man diesen Impuls des gleichzeitigen Splitterns und Verwebens bei der übersetzenden Annäherung an diese Sprache – eine Annäherung, die unweigerlich analysierend ist? Wie kann das nachgestellt Authentische und deshalb unvermeidlich Künstliche der Übersetzung dem formulierten Anspruch der absoluten »Unkünstlichkeit« des Autors gerecht werden? Und der Frage nach dem »wie kann man?« folgt auf dem Fuß die nächste: »Sollte man?«.

Zur zweiten Frage eine rasche Antwort: Natürlich sollte man: zum einen, weil es ein Text ist, der auf eine unvergleichliche Weise eine historische Erfahrung artikuliert. Weil er von Notwendigkeit und Schwierigkeit des Erinnerns handelt und eine kollektive Leidenserfahrung vor dem Vergessen bewahrt. Weil er das konventionelle Narrativ durch seine Sprache unterwandert. Doch zum anderen sollte man ihn auch deshalb übersetzen, weil es dabei ja eben um dieses Schleifen der Sprache an den Widerständen des Fremden geht. Das Ziel kann nicht die Abbildung des Originals sein, sondern eine Variante, eine Version des Werks, die aus dem Verständnis des Übersetzers für die Sprache des Textes erwächst. Übersetzungen sind immer eine Art Empathieübung, in der es um ein ganz dem Fremden zugewandtes Sich-Einlassen geht, ein

Nachvollziehen der Sprachbewegung des Autors, des Originals. Immer wird es Schwierigkeiten zu bewältigen geben, die in der Unvereinbarkeit sprachlicher Konzepte liegen: Das Deutsche verfügt nicht über diese Breite an Möglichkeiten, die Bewegung des »Rennens« – hierhin und dorthin und im Kreis – wiederzugeben, es sieht keine Tempussprünge vor, es verlangt hier und da den Konjunktiv, den das Polnische nicht hat, die Gebete sind nicht Teil des kollektiven Bewusstseins und werden deshalb in ihrer Zerbrochenheit eine andere Rolle für die dissonante Symphonie spielen, und das beschwörende »pamiętam«, das so viele Sätze einleitet, muss des Tons wegen manchmal mit »ich weiß noch« übersetzt werden. Doch das größte Problem stellen die idiosynkratischen Elemente dar: bewusste grammatische Inkorrektheiten, Wortschöpfungen, Tempuswechsel, Ellipsen und Anspielungen, die wie Bruchstücke erscheinen, Leerstellen lassen und schaffen, wie Fragmente eines Dialogs wirken – mit einem früheren Ich, mit einem Toten, mit der getöteten Stadt. Darf man, soll man übersetzend und klärend eingreifen? Wie viel darf für den Leser im Dunkeln bleiben?

Ich würde sagen: Die Dynamik und Intensität des gesamten Textes, seine Vielschichtigkeit und Zerrissenheit bilden den Pfad, dem man folgen muss. Manches wird für Leser der Übersetzung unklar bleiben, aber Verständnis und Zugang werden hier letzten Endes nur über die Nachvollziehbarkeit der Erinnerungsbewegung möglich sein. Das Ringen muss sichtbar bleiben.

Zum Abschluss noch eine Bemerkung: Ich übersetze Miron Białoszewskis *Erinnerungen aus dem Warschauer Aufstand* zum zweiten Mal. Vor fast 30 Jahren war dieses Buch einer der ersten Texte, die ich übersetzt habe. 2014 erschien der *Pamiętnik* in Warschau in einer neuen, von Zensureingriffen und Glättungen befreiten Ausgabe, die Anlass gab, an eine überarbeitete Neuausgabe der Übersetzung zu denken. Ich habe für eine Neuübersetzung plädiert und bin dankbar, dass mir diese Gelegenheit gegeben wurde. Zum einen deshalb, weil jeder Text nach einer so langen Zeit eine Neuübersetzung verdient. Zum anderen, weil es für mich selbst zu einer Erinnerungsarbeit ganz besonderer Art wurde. Ich habe meine eigene alte Übersetzung an keiner Stelle konsultiert, habe seit Jahren nicht mehr in das Buch geschaut. Doch legte die Beschäftigung mit dem Text sofort wieder die von so vielen anderen Büchern und Spracharbeiten überlagerte Erinnerung frei, und ich fand mich zurückgeworfen ins Warschau der achtziger Jahre, das noch so viele rohe, raue, ungeglättete und ungehobelte Białoszewski-Spuren trug und ein Ort ist, dem ich selbst – was wenige verstehen – nachtrauere. Der Übersetzungsprozess entwickelte sein eigenes Ringen und Reißen und Raufen um Bilder, Klänge, Wörter – und Erinnerungen. Es ist also eine Neuübersetzung, an der ich vom ersten bis zum letzten Wort des Originals dem Text aufs Neue gefolgt bin, doch trägt sie auch das Echo der alten Arbeit. Man bleibt man selbst in der Sprache.

Anmerkungen

1 A. A. Wlassow – Kommandant der mit den Deutschen kollaborierenden »Russischen Befreiungsarmee«.

2 Taubenhalter – Aufstandsjargon: Heckenschütze.

3 »Stolica« – Die Hauptstadt: Warschauer Wochenblatt.

4 Nick – der Hofnarr in Juliusz Slowackis Drama Maria Stuart (1830).

5 Otwock – Erholungsort (vor allem Sommerfrische) unweit von Warschau, in Kiefernwäldern gelegen.

6 Gęsiówka – ursprünglich umgangssprachlicher Name eines Gefängnisses in der ulica Gęsiówa (Gänsestraße), das unter den Nazis zum Konzentrationslager wurde.

7 Kleinsches Gewölbe – geht zurück auf Johann Franz Kleine (Białoszewski schreibt Klein), der das Patent auf feuersichere Eisenbalkendecken hielt, die im Bauboom der Großstädte des ausgehenden 19. Jahrhunderts am häufigsten gebaut wurden (Kleinesche Decke).

8 AK – Armia Krajowa, Heimatarmee, national ausgerichtet, im Gegensatz zur AL – Armia Ludowa, Volksarmee, sozialistisch ausgerichtet.

9 KB – Korpus Bezpieczeństwa: ab 1943 aktive polnische Untergrundorganisation, Mitte links (zwischen AK und PPS) im politischen Spektrum des Widerstands.

10 Odrowąz – Adelsgeschlecht im mittelalterlichen Polen, das eng mit der katholischen Kirche verbunden war. Jacek Odrowąz ist der Schutzheilige Warschaus (siehe S. 104).

11 Sakramentki – Benediktinerinnen vom Heiligsten Sakrament.

12 Barbakan – Der 1540 errichtete Festungsturm »Barbakan«, zwischen der »Altstadt« und der »Neustadt«, beides Teil des alten Stadtkerns, wurde im 19. Jahrhundert von einem großen Mietshaus, dem Danziger Keller, umbaut. Zu der Bezeichnung »Keller« kam es wegen der Lage am Abhang; die beiden unteren Geschosse waren für die oberen praktisch Keller oder Souterrain.

13 PL – Białoszewski meint vermutlich PAL: Polska Armia Ludowa (Polnische Volksarmee).

14 Popioly – Film über die Napoleonischen Kriege von Andrzej Wajda 1965 (»Cendres«, »Ashes«, »Legionäre«).

15 Wunder an der Weichsel – Am katholischen Feiertag »Mariä Himmelfahrt« kam es zum Wendepunkt im Russisch-Polnischen Krieg

1920, als es polnischen Truppen wider Erwarten gelang, die russische Armee östlich der Weichsel zurückzuschlagen.

16 Marysienka – Königin Marysienka, Frau von Jan III. Sobieski. Der Stadtteil Marymont ist nach ihr benannt.

17 Novemberaufstand – Der Aufstand im November 1830/31, initiiert und betrieben von den Kadetten der Offiziersschule, war die erste Erhebung der Polen (gegen Russland) nach der Teilung auf dem Wiener Kongress 1815. Er scheiterte nach anfänglichen Erfolgen, weil es keinen ausreichenden Widerstandswillen auf dem Land gab.

18 Pawiak – Das Gefängnis »Pawiak« wurde 1835 in Warschau erbaut und diente wiederholt als Gefängnis für politische Häftlinge. Unter den Deutschen wurde es ab 1939 zu einem Todeslager.

19 Bolesław Prus (Pseudonym von Alexander Głowacki; 1847-1912), bedeutender polnischer Schriftsteller des Positivismus, durch seinen Roman »Die Puppe« besonders mit Warschau verbunden. Prus war aktiv am Aufstand von 1863 beteiligt.

20 Sieben Schmerzen – Gedenktag im katholischen Kalender mit besonderer Liturgie, am 15. September. Gemeint sind die sieben Schmerzen der Maria.

21 Wanda Wasilewska (1905-1964), polnisch-ukrainische Schriftstellerin und kommunistische Aktivistin, die nach dem deutschen Überfall auf Polen Anfang September 1939 mit anderen Linksintellektuellen nach Lemberg floh und später nach Moskau ging. Vertraute Stalins und wesentlich beteiligt an der Gründung der Kościuszko-Infanteriedivision (siehe S. 260).

22 Sławojowa-Składkowska – Frau von General Sławoj-Składkowski, geborene Jadwiga Szoll, eigentlich nur bekannt durch ihren Mann, Innenminister unter Piłsudski und sein Nachfolger; nach dem Krieg Mitglied der polnischen Exilregierung in London.

23 Siehe Anm. 7.

24 Stanisław Mikołajczyk, 1901-1966, Mitglied der polnischen Exilregierung im Zweiten Weltkrieg.

25 »Mit dem Rauch der Feuer« – »Z dymem pożarów«, ein anlässlich der Morde an polnischen Adligen in Galizien im Jahre 1848 verfasstes Lied, das in der zweiten Hälfte des 19. Jahrhunderts die Rolle einer Nationalhymne spielte.

26 Konföderation von Bar – Konföderation polnischer Kleinadliger, 1768 auf der Festung Bar in Podolien gegründet.

27 Kubuś-Puchatka-Straße – Pu der Bär (Winnie the Pooh von A. C. Milne), in der Übersetzung von Irena Tuwim »Kubuś Puchatek«, ist seit der Zwischenkriegszeit eines der wichtigsten polnischen

Kinderbücher, von dem viele nicht einmal wissen, dass das Original auf Englisch verfasst wurde.

28 Siberien – »Syberia« wurde das riesige Güterbahnhofsgebiet an der Towarowa-Straße im Stadtteil Wola genannt. »Siberien« war eine Welt für sich, deren Name angeblich auf die rauen und starken, auch kriminell angehauchten Burschen in dieser Güterverladezone zurückgeht. Es gab auch berüchtigte Unterkünfte für Arbeiter. Eine halbe Untergrundwelt, aus der nur wenige herausfanden.

29 Siehe Anm. 34.

30 Szucha – Aleja Szucha: Szuch-Allee, Gestapo-Hauptquartier.

31 Krzywousty – Bolesław III. Krzywousty: Bolesław Schiefmund, 1085-1138, ab 1102 Herzog von Polen, ab 1107 Alleinherrscher, aus der Dynastie der Piasten.

32 Anfang September 1939 war B. vor der deutschen Wehrmacht mit seinen Eltern nach Osten geflüchtet, und sie kamen auch nach Równo (heute Westukraine). Später kehrten sie nach Warschau zurück (siehe S. 51). B. benutzt das Wort »rajz« in Anführungsstrichen; es bezeichnet eigentlich eine Schiffsfahrt. Möglicherweise bezieht B. sich auf einen (in den 60er Jahren entstandenen) Kultfilm über eine Schiffsreise auf der Weichsel. »Tour« soll entsprechend die Diskrepanz zwischen dem Ernst des Anlasses und der Bezeichnung zum Ausdruck bringen.

33 Warszawianka – zum Novemberaufstand 1831 entstandenes patriotisches Lied, ursprünglich auf Französisch als »La Varsovienne«.

34 Kościuszko-Truppen – unter der Roten Armee organisierte Infanteriedivision, die den Angriff auf die deutschen Truppen in Praga am 14. September 1944 führte.

35 Królewska-Linie – eine der Fronten im Aufstandsgebiet, an der Królewska im Bezirk Stadtmitte.

36 Zieleniak – ehemaliger Bauernmarkt.

37 Ursus – Maschinenfabrik im ehemaligen Stadtteil Szamoty im linksufrigen Warschau. Von den Deutschen ab 1939 zur Waffenfabrik umfunktioniert.

38 Das Wunder von Mailand – Kinofilm von Vittorio de Sica: *Miracolo a Milano* (1951).

39 »Genug der Rache« – aus *Konrad Wallenrod* (benannt nach dem Hochmeister des Deutschordens im 14. Jahrhundert), Versepos von Adam Mickiewicz aus dem Jahr 1828. Im 14. Jahrhundert in Litauen angesiedelt, ist es ein Kerntext des polnischen Nationalbewusstseins. Zitate aus dem Versepos haben in allen polnischen Aufständen eine Rolle gespielt.

40 Abfälliges Wort für Deutsche.

41 Der Name des jüdischen Ritualbads wird hier als Spottname seitens der Deutschen benutzt.

42 Stefan Wiechecki, 1896-1979, polnischer Journalist und Schriftsteller, der vor allem seiner Texte im Warschauer Dialekt wegen beliebt war.

Editorische Notiz

Die polnische Originalausgabe erschien erstmals 1970 unter dem Titel *Pamiętnik z powstania warszawskiego* bei PIW (Państwowy Instytut Wydawniczy).

Die deutsche Erstausgabe erschien 1994 unter dem Titel *Nur das was war. Erinnerungen an den Warschauer Aufstand* in der Übersetzung von Esther Kinsky im Verlag Neue Kritik in Frankfurt. Die Neuübersetzung folgt der überarbeiteten, korrigierten und um die zensurbedingt gestrichenen Stellen erweiterten Ausgabe, die 2014 im Rahmen der von Adam Poprawa herausgegebenen Gesamtausgabe der Werke Miron Białoszewskis bei PIW in Warschau erschienen ist. Die Textfassung beruht auf der Neuauflage des Buches aus dem Jahr 1976, die der Autor noch autorisiert und korrigiert hatte und berücksichtigt zudem die Fassung des Typoskripts.

Inhalt

Bibliothek Suhrkamp
Verzeichnis der letzten Nummern

1302 Claude Simon, Die Akazie
1303 Hans Blumenberg, Begriffe in Geschichten
1304 Friederike Mayröcker, Benachbarte Metalle
1305 S. Yishar, Ein arabisches Dorf
1306 Paul Valéry, Leonardo da Vinci
1308 Octavio Paz, Im Lichte Indiens
1309 Gertrud Kolmar, Welten
1310 Alberto Savinio, Tragödie der Kindheit
1311 Zbigniew Herbert, Opfer der Könige
1314 Augusto Roa Bastos, Die Nacht des Admirals
1315 Frank Wedekind, Lulu – Die Büchse der Pandora
1316 Jorge Ibargüengoitia, Abendstunden in der Provinz
1317 Marina Zwetajewa, Ein Abend nicht von dieser Welt
1318 Hans Henny Jahnn, Die Nacht aus Blei
1319 Julio Cortázar, Andrés Favas Tagebuch
1320 Thomas Bernhard, Das Kalkwerk
1321 Marcel Proust, Combray
1322 Ludwig Wittgenstein, Logisch-philosophische Abhandlung
1323 Hermann Lenz, Spiegelhütte
1325 Sigrid Undset, Das glückliche Alter
1326 Botho Strauß, Gedankenfluchten
1328 Paul Nizon, Untertauchen
1330 Sherwood Anderson, Winesburg, Ohio
1331 Derrida / Montaigne, Über die Freundschaft
1332 Günter Grass, Katz und Maus
1333 Gert Ledig, Die Stalinorgel
1335 Heiner Müller, Ende der Handschrift
1337 Konstantinos Kavafis, Gefärbtes Glas
1338 Wolfgang Koeppen, Die Jawang-Gesellschaft
1339 Jorge Semprun, Die Ohnmacht
1341 Hermann Hesse, Der Zauberer
1342 Hermann Broch, Hofmannsthal und seine Zeit
1343 Bertolt Brecht, Kalendergeschichten
1344 Odysseas Elytis, Oxópetra / Westlich der Trauer
1345 Hermann Hesse, Peter Camenzind
1346 Franz Kafka, Strafen
1347 Amos Oz, Sumchi
1348 Stefan Zweig, Schachnovelle
1349 Ivo Andrić, Der verdammte Hof
1350 Rudolf Borchardts Leben von ihm selbst erzählt
1351 André Breton, Nadja
1352 Ted Hughes, Etwas muß bleiben
1353 Arno Schmidt, Das steinerne Herz
1354 José María Arguedas, Diamanten und Feuersteine
1355 Thomas Brasch, Vor den Vätern sterben die Söhne
1356 Federico García Lorca, Zigeunerromanzen

1357 Imre Kertész, Der Spurensucher
1358 István Örkény, Minutennovellen
1360 Giorgio Agamben, Idee der Prosa
1361 Alfredo Bryce Echenique, Ein Frosch in der Wüste
1363 Ted Hughes, Birthday Letters
1364 Ralf Rothmann, Stier
1365 Arno Schmidt, Seelandschaft mit Pocahontas
1366 Bertolt Brecht, Geschichten vom Herrn Keuner
1367 M. Blecher, Aus der unmittelbaren Unwirklichkeit
1368 Joseph Conrad, Ein Lächeln des Glücks
1369 Christoph Hein, Der Ort. Das Jahrhundert
1370 Gertrud Kolmar, Die jüdische Mutter
1371 Hermann Lenz, Vielleicht lebst du weiter im Stein
1372 Ludwig Wittgenstein, Philosophische Untersuchungen
1373 Thomas Brasch, Der schöne 27. September
1374 Péter Esterházy, Die Hilfsverben des Herzens
1375 Stanislaus Joyce, Meines Bruders Hüter
1376 Yasunari Kawabata, Schneeland
1377 Heiner Müller, Germania
1378 Du kamst, Vogel, Herz, im Flug; Spanische Lyrik
1379 Giorgio Agamben, Kindheit und Geschichte
1380 Louis Begley, Lügen in Zeiten des Krieges
1381 Alejo Carpentier, Das Reich von dieser Welt
1382 Nagib Machfus, Das Hausboot am Nil
1383 Guillermo Rosales, Boarding Home
1384 Siegfried Unseld, Briefe an die Autoren
1385 Theodor W. Adorno, Traumprotokolle
1386 Rudolf Borchardt, Jamben
1387 Günter Grass, »Wir leben im Ei«
1388 Palinurus, Das ruhelose Grab
1389 Hans-Ulrich Treichel, Der Felsen, an dem ich hänge
1390 Edward Upward, Reise an die Grenze
1391 Adonis und Dimitri T. Analis, Unter dem Licht der Zeit
1392 Samuel Beckett, Trötentöne/Mirlitonnades
1393 Federico García Lorca, Dichter in New York
1394 Durs Grünbein, Der Misanthrop auf Capri
1395 Ko Un, Die Sterne über dem Land der Väter
1396 Wisława Szymborska, Der Augenblick/Chwila
1397 Brigitte Kronauer, Frau Melanie, Frau Martha und Frau Gertrud
1398 Idea Vilariño, An Liebe
1399 M. Blecher, Vernarbte Herzen
1401 Gert Jonke, Schule der Geläufigkeit
1402 Heiner Müller / Sophokles, Philoktet
1403 Giorgos Seferis, Ionische Reise
1404 Christa Wolf, Nachdenken über Christa T.
1405 Günther Anders, Tagesnotizen
1406 Roberto Arlt, Das böse Spielzeug
1407 Hermann Hesse / Stefan Zweig, Briefwechsel
1408 Franz Kafka, Die Zürauer Aphorismen
1409 Saadat Hassan Manto, Schwarze Notizen

1410 Arno Schmidt, Die Gelehrtenrepublik
1411 Bruno Bayen, Die Verärgerten
1412 Marcel Beyer, Flughunde
1413 Thomas Brasch, Was ich mir wünsche
1414 Reto Hänny, Flug
1415 Zygmunt Haupt, Vorhut
1416 Gerhard Meier, Toteninsel
1417 Gerhard Meier, Borodino
1418 Gerhard Meier, Die Ballade vom Schneien
1419 Raymond Queneau, Stilübungen
1420 Jürgen Becker, Dorfrand mit Tankstelle
1421 Peter Handke, Noch einmal für Thukydides
1422 Georges Hyvernaud, Der Viehwaggon
1423 Dezső Kosztolányi, Lerche
1424 Josep Pla, Das graue Heft
1425 Ernst Wiechert, Der Totenwald
1427 Leonora Carrington, Das Haus der Angst
1428 Rainald Goetz, Irre
1429 A. F. Th. van der Heijden, Treibsand urbar machen
1430 Helmut Heißenbüttel, Über Benjamin
1431 Henri Thomas, Das Vorgebirge
1432 Arno Schmidt, Traumflausn
1433 Walter Benjamin, Träume
1434 M. Blecher, Beleuchtete Höhle
1435 Edmundo Desnoes, Erinnerungen an die Unterentwicklung
1436 Nazim Hikmet, Die Romantiker
1437 Pierre Michon, Rimbaud der Sohn
1438 Franz Tumler, Der Mantel
1439 Munyol Yi, Der Dichter
1440 Ralf Rothmann, Milch und Kohle
1441 Djuna Barnes, Nachtgewächs
1442 Isaiah Berlin, Der Igel und der Fuchs
1443 Frisch, Skizze eines Unglücks / Johnson, Skizze eines Verunglückten
1444 Alfred Kubin, Die andere Seite
1445 Heiner Müller, Traumtexte
1446 Jannis Ritsos, Monovassiá
1447 Volker Braun, Der Stoff zum Leben 1-4
1448 Roland Barthes, Die helle Kammer
1449 Siegfried Kracauer, Straßen in Berlin und anderswo
1450 Hermann Lenz, Neue Zeit
1451 Siegfried Unseld, Reiseberichte
1452 Samuel Beckett, Disjecta
1453 Thomas Bernhard, An der Baumgrenze
1454 Hans Blumenberg, Löwen
1455 Gershom Scholem, Die Geheimnisse der Schöpfung
1456 Georges Hyvernaud, Haut und Knochen
1457 Gabriel Josipovici, Moo Pak
1458 Ernst Meister, Gedichte
1459 Meret Oppenheim, Träume Aufzeichnungen
1460 Alexander Kluge, Gerhard Richter, Dezember

1461 Paul Celan, Gedichte
1462 Felix Hartlaub, Kriegsaufzeichnungen aus Paris
1463 Pierre Michon, Die Grande Beune
1464 Marie NDiaye, Mein Herz in der Enge
1465 Nadeschda Mandelstam, Anna Achmatowa
1467 Robert Walser, Mikrogramme
1468 James Joyce, Geschichten von Shem und Shaun
1469 Hans Blumenberg, Quellen, Ströme, Eisberge
1470 Florjan Lipuš, Boštjans Flug
1471 Shahrnush Parsipur, Frauen ohne Männer
1472 John Cage, Empty Mind
1473 Felix Hartlaub, Italienische Reise
1474 Pierre Michon, Die Elf
1475 Pierre Michon, Leben der kleinen Toten
1476 Kito Lorenc, Gedichte
1477 Alexander Kluge/Gerhard Richter, Nachricht von ruhigen Momenten
1478 E.M. Cioran, Leidenschaftlicher Leitfaden II
1479 Christa Wolf, Kein Ort. Nirgends
1480 Renata Adler, Rennboot
1481 Julio Cortázar/Carol Dunlop, Die Autonauten auf der Kosmobahn
1482 Lidia Ginsburg, Aufzeichnungen eines Blockademenschen
1483 Ludwig Hohl, Die Notizen
1484 Ludwig Hohl, Bergfahrt
1485 Ludwig Hohl, Nuancen und Details
1486 Ludwig Hohl, Vom Erreichbaren und vom Unerreichbaren
1487 Ludwig Hohl, Nächtlicher Weg
1488 Fritz Sternberg, Der Dichter und die Ratio
1489 Felix Hartlaub, Aus Hitlers Berlin
1490 Renata Adler, Pechrabenschwarz
1491 Pierre Michon, Körper des Königs
1492 Joseph Beuys, Mysterien für alle
1493 T.S. Eliot, Vier Quartette / Four Quartets
1494 Walker Percy, Der Kinogeher
1495 Raymond Queneau, Stilübungen
1496 Charlotte Beradt, Das Dritte Reich des Traums
1497 Nescio, Werke
1498 Andrej Bitow, Georgisches Album
1499 Gerald Murnane, Die Ebenen
1501 Georg Baselitz/Alexander Kluge, Weltverändernder Zorn
1502 Annie Ernaux, Die Jahre
1503 Roberto Calasso, Die Literatur und die Götter
1504 Friederike Mayröcker, Pathos und Schwalbe
1505 Cees Nooteboom, Mönchsauge
1506 Jorge Barón Biza, Die Wüste und ihr Samen
1507 Gerald Murnane, Grenzbezirke
1508 Miron Białoszewski, Erinnerungen aus dem Warschauer Aufstand
1509 Annie Ernaux, Der Platz
1510 Sophie Calle, Das Adressbuch
1511 Szilárd Borbély, Berlin-Hamlet, Gedichte
1512 Annie Ernaux, Eine Frau

Miron Białoszewskis Aufenthaltsorte und Wege während des Warschauer Aufstands

- Christlicher Friedhof
- Jüdischer Friedhof
- Parks und Gärten
- Bebauung
- Bahngleise
- Wege durch Straßen
- Wege durch Kanäle
- Weg aus der Stadt hinaus, nach dem Fall des Aufstands
- Grenze des früheren Ghettos
- † Kirchen
- • Einstiegsluke in den Kanal

Zufluchtsorte von M. B.

1. Chłodna 40 – Wohnung von M. B. (1942-1944). Er ging am 1.8. aus dem Haus und kehrte am 6.8. kurz zurück.
2. Chłodna 24 – Wohnung von Irena P., einer Freundin von M. B. aus der Untergrunduni. 1.-6./7. 8.
3. Rybaki 14/16 – Keller im Haus von Swens Mutter. 7.8-26.8.
4. Miodowa 14 – In den Trümmern des Chodkiewicz-Palais. 26.8.-1.9.
5. Chmielna 32 – Keller des Hauses von M. B.s Vater sowie Zocha, Stacha und Halina. 1./2.9.-6.9.
6. Wilcza 21 und die Keller des Hauses Wilcza 23, wo M. B. bis zum Ende des Aufstands blieb. 7.9.-3.10.

Stationen M. B.s während des Aufstands

- A Ogrodowa 48 – Wohnhaus von Tante Józia. 6.8.
- B Bielańska 16 – Souterrainwohnung von Tante Limpcia und Oma Frania. 15.8.
- C Brunnen in der Podwale 5
- D Besuch in der Druckerei bei Onkel Stefan in der Górskiego
- E Ecke Chmielna und Zgoda, 5./6.9. nachts
- F Nowogródzka zwischen Bracka und Krucza, 6./7.9. nachts
- G Żurawia 6 – Besuch beim Schulfreund Zdzisław Ś.
- H Mühle auf der Prosta
- I Besuch bei Swen in der Żurawia
- J Besuch bei Aufständischen in der Emilii Plater

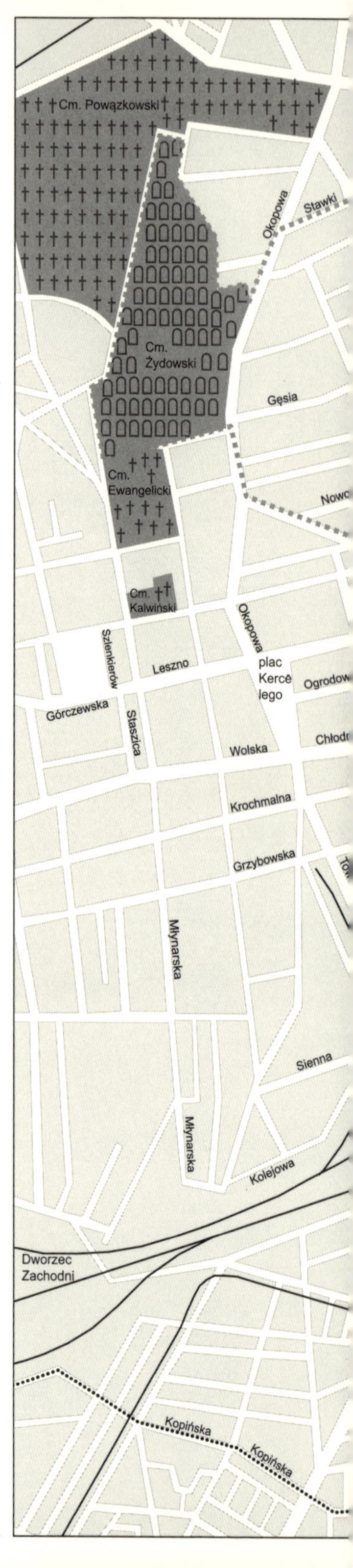